# 구술로 본 해외 한인
# 통일운동사의 재인식 중국지역

이 저서는 2006년도 한국학술진흥재단의 지원에 의하여 연구되었음(KRF-2006-322-B00007).

**구술로 본 해외 한인**

**통일운동사의 재인식** 중국지역

초판 1쇄 발행 2010년 6월 22일

지은이   우병국 외
펴낸이   윤관백
펴낸곳   선인

제 작   김지학
편 집   이경남 · 장인자 · 김민희 · 하초롱
표 지   김현진
영 업   이주하

등록   제5-77호(1998.11.4)
주소   서울시 마포구 마포동 324-1 곳마루빌딩 1층
전화   02)718-6252 / 6257
팩스   02)718-6253
E-mail   sunin72@chol.com

정가 · 24,000원
ISBN   978-89-5933-354-7(세트)
        978-89-5933-358-5   94900

· 잘못된 책은 바꾸어 드립니다.

# 구술로 본 해외 한인
# 통일운동사의 재인식 중국지역

우병국 외

# 서문

통일연구원 기초연구사업팀은 해외 한민족 통일운동사를 실증적으로 규명하고자 한국학술진흥재단의 지원을 받아 "해외통일운동사의 재인식: 문헌 및 구술자료 수집을 통한 실증적 연구(KRF-2006-322-B00007)"를 주제로 2006년 7월부터 2년간 4개국(미국, 일본, 독일, 중국)의 재외동포 사회를 대상으로 통일운동 관련 주요 인사들을 발굴하고 구술녹취 작업을 진행하였다. 본 자료집은 중국지역을 대상으로 한민족 통일운동의 형성과 변화과정에 관련된 주요 인사들의 구술 증언을 발굴, 수집하여 한인 통일운동을 체계적으로 정리하고 고찰하고자 하였다. 이 책에 담긴 당시 현장에 있었던 인사들의 구술녹취는 한반도의 평화와 통일과정에 있어서 남북교류 활성화에 대해 재중동포사회가 발휘할 수 있는 역할과 한계 및 장래의 발전 가능성을 이해하는 데 도움이 될 수 있을 것이다.

재중동포사회는 중국의 공민이라는 정치적 특성, 그리고 중국 소수민족의 하나라는 한계로 인해 한반도 통일과정에서 공개적이고 단체적인 역할을 하는 데는 명백한 한계가 존재한다. 그럼에도 불구하고 재중동포사회는 지리적 인접성과 문화적 배경의 동질성 및 인적 유대관계 등에서의 장점으로 인해 타 지역 동포 사회들보다 한반도와 밀접한 연계를 맺어 왔고, 지금도 다양한 방법을 통해 개입하고 있다. 재중동포사회의 다수 지식인들은 한반도의 남북이 획기적인 전환을 이루거나 통일을 맞이하게 될 경우 재중동포사회는 동북아의 중심지로 부상할 수 있게될 것이며, 자신의 특수한 역할을 발휘하게 될 것으로 기대하고 있다. 조선족사회와 한반도 간에는 상당히 큰 이익구도가 존재하고 있으며 또 멀지 않은 미래에 이러한 이익구도는 점점 뚜렷해질 것이라는 인식이다.

남북의 통합에 아직 많은 난관이 가로놓여 있는 상황 하에서 남북교류를 활성화시키고 민족통합을 앞당기기 위해서는 재중동포는 물론 다른 국가, 지역의 재외동포들과 모국의 연계를 강화하고, 또한 이들이 남북통일 과정에서도 일정한 기여를 할 수 있도록 구체적인 정책들이 추진되어야 할 것이다. 재중동포사회의 역할을 적시하고 충분히 활용하기 위해서는 무엇보다 동포 사회의 목소리를 경청할 필요가 있다. 그런 점에서도 본 자료집에 수록된 재중동포사회 지성인들의 제언들은 중요한 의미를 갖는다고 볼 수 있다. 다만 아쉬운 점은 여러 가지 사정으로 인해 연구기간 동안 녹취한 구술자료 전체를 수록하지 못하고 일부만 정리하여 수록했다는 점이다. 추후에 나머지 부분을 활용할 기회가 있을 것으로 믿는다.

　　끝으로 본 연구의 수행에 직·간접적으로 도움을 주신 많은 분들께 감사의 말을 전한다. 무엇보다 구술자료를 활용한 실증적 해외 한인통일운동사 연구의 중요성을 인식하고 연구수행에 있어 물심양면의 지원을 아끼지 않은 통일연구원에 깊은 감사의 말을 전한다. 그리고 구술녹취자료를 문서화하는 과정에서 수고를 아끼지 않은 박선욱, 조한나, 유재수, 박경훈 제군들의 노고에도 감사를 드린다.

2010년 6월
중국지역 연구책임자 우병국

# 목차

# 1. 고경수

연변대 역사학과 교수

# 1. 고경수

면담일자: 2007년 3월 23일 금요일
장     소: 중국 길림성[吉林省] 연길[延吉]
면 담 자: 우병국
구 술 자: 고경수 연변대 역사학과 교수

**우병국**  예. 교수님 저기 조금 전에도 말씀드렸는데, 저희들이 해외 동포사회의 통일 인식과 운동에 대해서 구술 작업을 하고 있습니다. 먼저 교수님께서 중국에 정착하시게 된 배경과 그간의 경력을 간단히 말씀해 주시면 감사하겠습니다.

**고경수**  저는 동포 3세예요. 아버지가 연변서 출생하셨거든요. 그 후에 물어보니까 여기 들어온 지 100년이 채 안 된대요. 딱 경술년에, 1910년에 들어온 거예요. 우리 고모가 사망하셨는데, 고모가 11년생이거든요. 고모가 중국에 와서 출생한거야. 그러니까 그 해가, 우리 할아버지가 들어온 해가 10년. 그러면 경술국치 거기에 반발해서 나오신 거 아니냐? 그런 정치적 계기나 이런 건 없는데, 모두 농민들이었어요. 함경남도에서 우리 할아버지 3형제가 다 들어오신 건데, 들어와서 이 화룡현에 정착하셨다가. 지금 할아버지들은 다 돌아가셨고, 우리 아버지 형제는 아직도 한 분 계십니다. 아버지는 돌아가셨지만 저희 삼촌이 한 분 계셔요. 저희들은 3세에 속합니다. 일단은 우리 아버지도 뭐 서울도 못 가봤고 평양도 못 가봤고, 저는 운이 좋아서, 그리고 또 여기 무슨 〈조선문제연구소〉를 한다는 허울로 평양도 다녀왔고, 서울도 갔다 왔고 두루두루. 그리고 동포문제와 관련해서 어깨너머로 그냥... 본격적인 연구나 그렇지는 않고, 그래서 이 지역 사람들도 통일운동이라고 하기도 힘들어. 여기 중국 교포라고도 하는데, 우리는 중국 사람이야. 중국 동포라고 부르지 않아요. 여기도 교포 있죠. 조교들은 명실 공히 통일운동 할 수 있죠. 하지만 우리들은 통일에 관심이 많다고 해서, 운동하고는 조금 거리가 있습니다. 거기에 대한 관심은...

**우병국** 관심과 간접적인 지원을 하실 수는 있는 거지요?

**고경수** 지원 그거는 할 수 있지. 운동은 그분들이 직접 하는 거고. 여기서 어떤 사람은 열정적으로 활동하는 분들도 운동이라든가 할 수 있겠지만 범세계적인 범위에서 운동이라고 할 수 있지. 여기 중국 같은 데서는 조금 특이한 체제를 갖고 있기 때문에.

**우병국** 예, 그렇죠.

**고경수** 외국의 정치나 외국의 이런 활동이나 공개적인 캠페인 같은 거 벌이기가 좀 힘들거든요. 그러나 학술적인 차원에서는 아주 자유롭지. 마음대로 다룰 수 있지. 뭐 남북한의 통일 정책 비교 같은 거. 중국에서 마음대로 답변할 수도 있고, 그 통일 정책에 대한 비판도 할 수 있고 지금 많이 전개되고 있죠.

**우병국** 그래서 방금 남북한의 통일 정책에 관해서 학술적인 활동을 활발하게 하신다고 하셨는데 그것과 관련해서 기존의 남한도 좋고 북한도 좋고 통일 정책을 해왔는데, 거기에 대한 인식이 어떠신지?

**고경수** 대략적인 건, 큰 테두리 범위에서 우리는 여태까지 북한의 영향을 많이 받았거든. 북한의 영향을 많이 받고, 김일성에 대한 것 많이 설명하고, 한국에 대한 것은 한동안 관계가 단절됐던 것만큼 또 그만큼 몰랐어요, 한국에 대해서. 한국에 마음대로 드나들면서 수교 후 한국에 대한 자료들을 많이 접촉하게 되고 한국하고 학술회의를, 공동학술회의를 오히려 북한보다 더 많이 했거든. 이러니까 그 사이에 한국의 통일 정책에 대한 것도 점차... 발전 과정에 대한 정당성이나 혹은 북한의 통일 정책과 비교도 그때 할 수 있던 거죠. 그 전에는 80년대 후반까지만 해도 우리는 계속 고려연방제가 괜찮을 것 같다, 하하. 연방제라는 말이, 우리가 연방제나 무슨 거기에 대해서 뚜렷한 개념이 있는 것도 아닙니다. 중국에는 연방제 그래 가지고 미국식으로 들어볼 때보다 영국식 연방, 뭐 이런 것들로 생각하지. 뭐 한반도에서의 연방이라는 것은 참 우습게 생각한 거죠. 같은 민족이고 갈라졌다가 그걸 연방이라고. 그런데 어쨌든 김일성 주석이 그걸 제안했으니까 일리가 있겠지 하고 우리도 거기에 접근하려고 노력한 거예요, 그때는. 그걸 이해하려고, 동감하려고 그렇게 생각했습니다. 그래서 아주 오랫동안 저 같은 경우에는 90년대 중반까지만 해도 그것을 따라야 될 것으로 생각했습니다. 그리고 95년도까지만 해도 통일을 그렇게 먼 일로 보지 않았거든요.

**우병국**  아. 곧 이루어지는 걸로.

**고경수**  그건 '지난 세기 안에, 지난 세기 말에나 뭔가 윤곽이 나타나겠다.' 이렇게 생각했거든요. 그러면서 연방제에 대해서 어느 정도 추진할 필요가 있는 것으로, 그리고 남북이 어느 정도 합의가 이루어진다면, 그때 김일성 주석이 사망하지 않고 만약 YS가 평양가신다면 뭐 그 사이에 또 큰 흐름이 있으면, 지난 세기 말 어느 정도 윤곽이 잡혀 가지고 통일이 돼서 한번 나가지 않았을까? 이런 생각도 아주, 우리도 한참... 허황찬 무슨 빛이라느니 하하. 이런 빛에 젖어 있었댔어요.

**우병국**  하하. 그러셨구나.

**고경수**  예. 그랬는데 2000년도에 김대중 씨가 평양 방문 하시면서 그때만 해도 흥분한 건 사실이지만, 그러나 남북관계에 대해서 우리가 차분하게 생각을 할 수 있게 된 겁니다. 그 후는 남북 다니면서 한국 어느 정도 파악해 알고 있고, 그냥 읽을 수 있기 때문에 한국에서 제기하는 문제, 통일에 존재하는 문제, 이런 것들이 점점 눈에 비쳐 들어오기 시작했어요. 그 전에는 그 문제를 그렇게 크게 고려하지 않았어요. 그래서 통일 접근하는 것이 어느 정도 내실 있는 접촉을 할 수 있는 그런 계기가 정상회담 이후에 이루어진 겁니다. 그러나 아직도 이 지역에, 얘기해 보시면 아시지만, 우리가 만나는 사람들 다 통일에 대해서 어느 정도 공부한 분들이거든요. 이 분들은 남북한 통일 정책에 대한 이러저러한 견해를 가지고 있지만, 일반 사회의 우리 동포들은 남북한에 대한 통일 논의에 대해서 기본적인 상식도 모르고 있죠. 여기서 보편화되지 않았거든. 또 요즘에 와서 TV를 많이 보니까, 한국 TV를 직접 여기서 시청할 수 있으니까. 그런데 그걸 또 제한하지만, 그래도 모두 앞에 나가 앉아서 보지요. 그게 재미있으니까. 그것도 통일문제에 관심 있어서 그런 게 아니라 한국 드라마 보기 위해서. 하하.

**우병국**  하하. 예. 그렇죠.

**고경수**  한류라고 하지만 한류라는 건 기실 중국 사람들에 대한 한국의 영향을 말하는데, 여기 동포 사회에는 한류라고 말하기 어렵죠. 그건 동포 사회가 동포 나라에 그 뭐 문예 같은 그런 프로젝트를 선호한다고 해서 한류라고 하면 안 되지만 그래도 한류는 먼저 여기에 들어온 거지. 이 사회를 통해서 지금은 중국 사회로 완전히 퍼지는 이런 거지. 동포 사회도 그렇거니와 중국 전체도 그렇습니다. 중국도 통일문제에 대한 이해를 하는 사람은 아주 소수 사람들이에요. 관심 가진 사람이 소수지요.

**우병국**  주로 정치하는 분들만 관심을 가진다?

**고경수**  네. 관계가 있는 사람들. 중한 교류에 책임 있는 사람들. 또 무역하는 사람들도 여기에 관심이 있습니다. 상인일을 하더라도 그 문제가 어떻게 발전할까. 자기 장사에 어떤 영향을 미칠 것인가, 이런 고려를 하기 때문에, 북한이 어떻게 돌아가는가, 한국은 어떤 정책을 하는가, 이런 것을 궁금해 하지요. 그래서 어떤 때는 우리들에게도 문의를 합니다. 여기 학자들이 혹시 거기에 대해서 전망 똑똑히 하고 있는가, 해서.

**우병국** 중국 정부에서요?

**고경수** 아니. 여기 장사하는 사람들끼리. 중국 정부도 그건 계속 같이 토론하는 거니까, 수시로. 그건 해마다 세미나 같은 걸 몇 번씩 그렇게 하지요. 정책이나 상황에 대한 것을 어떻게 파악하고 있는가. 그러나 장사하는 사람도 여기 회사에서도, 기업인들도 어떻게 연구하는 사람들 있잖아? "아, 이거 어떻게 변하는데 어디로 가야 되겠느냐." 무슨 투자를 해야겠는데 가능성이 어떻게 되는지, 전망이 어떻게 되는지? 그것보다 제일 중요한 게 혹시 여기서 싸움이 나는 건 아닌지. 남북한 전쟁이 일어나는 건 아닌지. 전쟁은 절대 안 난다. 김대중 씨가 안 난다고 얘기 했으니까 안 나겠지. 믿어야 되지. 그런데 이 통일문제는 점차 더 복잡해지고 어려워지는 것이 발전 추세라고 보는 겁니다, 저희가. 핵문제 해결도 마찬가지야. 핵문제 해결도 아주 쉽게 풀린 것 같지만.

**우병국** 아직까지는 시기상조다?

**고경수** 이번 6자회담이 그건 아주 당면한 자리가 되는 거야. 금방 뭘 할 것 같아요. 어느 나라 사람이나 거의 다 '봄이 왔다.' 뭐 이런 식으로, 김계관까지 그렇게 말했어요. '봄이 왔네.' 그러나 그것에 접하는 우리들 태도는 아주 차분했어요. 19일 날 모두 들었는데 중국 측의 어느 방송에서 모두 지금 흥분해 있는데, 금방 흥분해 하지 않는다. 김계관 씨가 이미 북경에 도착하자마자 "BDA 자금이 우리 손에 들어와야 그때 핵 폐기를 한다."

**우병국**    예. 그때 그런 얘기를 했죠.

**고경수**    그런 얘기를 하는데 아주 강경하게, 그러니까 BDA 돈이 어느 때 자금 세척이 완전히 제대로 해야. 그러니까 이번 회의 기간에 그게 채택 가능성이 있느냐? 그런데 미국 사람들은 아주 통 크게 중국은행에다 해준다 하는데, 중국은행에다 해준다고 하고는 어제까지도 우리는 그걸 이체하겠다는 통지를 받은 적도 없다는 거예요. 미국 사람들이 신문, 뉴스에다 공개했을 뿐이니 정식으로 은행에다가 연결은 안 했다는 겁니다. 거기에는 아주 복잡한 문제가 있는 겁니다. BDA가 아직 중국은행하고 연락할 단계가 오지 않은 거예요. 예금 구조 인명에 대한 핵심 그 사람들의 신청이 있어야 하는데. 뭐 쉽게 구좌에 몇 사람, 아니 이게 한 장 가져 왔다 하지 않아요? 그걸 다 '중국 측에 넘겨주시오.' 뭐 이런 식으로. 그러면 일단 진짜 예금주가 나타나면 어떻게 설명하겠느냐. 그래서 마카오 쪽에서는 어떻게 구좌에 개개인의 명확한 사실 증명을 해야 한다. 뭘 하더라도 그 사람이 이 사람한테 위탁했다는 이런 것이라도 있어야 한다. 그런데 그것까지 이루어지지 않고 있으니까.

**우병국**    이 사태를 우리 조선족 학계에서는 냉철하게, 그렇게 바라보셨다는 거죠?

**고경수**    예. 그런데 그날 우리가 조금 기분이 이상한 것은 미국과 북한이 같이 이런 토론을 했다 그렇게 말합니다. 그러면서 니콜라스라는 그 사람이 신문 발표를 하는데 일과 같이 그 호텔에서 합니다. 니콜라스가 오늘 또 옵니다. 중국에. 이것 때문에 중국 측에서도 조금 이의가 있는 거예요. 중국은행에다가 이체를 한다 하는데 중국은행에는 아직 통보를 아직도 못 받았거든요. 그런데 정치의견은 "또 중국은행에서 이것을 거부를 한다. 접수를 거부한다." 한국에서도 막 이렇게 보더라고

요. 그런데 우리는 통지를 받지도 못했는데 뭐 거부가 있느
냐. 그러니까 미국 사람들이 지금 니콜라스라는 사람이 차관
보 무슨 조진가 그런 사람을 또 보냅니다. 오늘. 오늘 또 북경
에 와서 중국은행하고 교섭을 할 겁니다. 그런데 이 과정에
일부 한국에서도 이런 보도가 나옵니다. 미국에서 아주 교묘
하게 핵은 중국이 터뜨린다.

**우병국** 아, 떠 미루고 있다?

**고경수** 미루고 있다고 떠밀고 있다고. 그리고 제재하는 BDA은행에
대한 제재를 접근한다는 겁니다. 그게 은행에 대한 제재면 역
시 또 중국은행에 대한 어느 정도 불이익을 주는 거거든요.
그래서 중국 사람들 어느 정도 여기에 신경 쓰지 않을까 우리
가 그런 논리로 생각하고는 있는데, 노상 뻥이오, 뻥이오 하
니까. 뭐 뻥만은 아니다. 하하.

**우병국** 하하. 아직 갈 길이 멀다고 보시는군요.

**고경수** 한국 분들은 어떤 분들은 꽃샘추위라고.

**우병국** 꽃샘추위. 예.

**고경수** 참, 이 중국 언론도 또 문제 있는 것이 한국처럼 아주 체계
가 정연하게 언론들이 보도하는 그런 게 아니고, 어제 저녁에
중앙 방송도 우리 조선말 방송도 합니다. 조선말 방송인데 그
전날에 보도를 했어. 방송이라는 것이 그렇게 하면 안 되지.
그러니까 김계관이 그냥 뭘 대답하고 또 어느 정도 진전이 좋
은 것처럼 이렇게 얘기해. 그런데 어제 우린 김계관하고 러시
아 대표가 이미 다 북경 떠난 걸 알고 있는데. 그건 다른 뉴
스에 다 떴는데 그런데 조선말 중앙 방송에서는 전날 걸 가지
고. 야, 어찌나 속 타는지. 방송국에 전화해서 의견 얘기할까
하다가. 괜히 뭐할까 해서 놔뒀어요. 하하.

**우병국** 우리 동포 학계에서 이런 분석, 정확한 분석을 많이 함으로
써 중국정부에도 영향을 미치고 하는 것 같습니다.

**고경수** 우리도 북경 사람들이 물어보니까 이런 생각을 대답하는 거지. 그런데 동포 사회도 또 갈라졌지. 여러 가지로 나온 북한에 대한 의견이. 그런데 여러 가지로 나온다는 것이 북한에 대해 연구하는 사람들이 반대되거나 이럴 때, 이분들이 왜 아주 갈라지느냐? 이렇게 물어볼 필요 있지만, 일반 백성들이나 혹은 지금 정세에 대해서 전면적인 파악을 하지 못한 분들의 아주 단발적인 이런 평론 같은 거는 고려할 필요가 없고. 주먹구구식으로 밀어 버릴라 하는 사람도 있거든. 그러면 안 되지. 정치에 관심 있는 사람들이 또 그런 얘기를 할 때는 왜 저럴까, 한번 또 무슨 근거에 의해서 다시 한 번 물어봐야지.

**우병국** 해외운동과 관련해서 중국 내에서 드러내놓고 통일운동 활동을 하는 조교 사회가 있는데, 거기에 대해서, 조교 사회의 활동에 대해서 우리 재중 동포 사회, 그러니까 조선족 사회는 어떤 인식을 갖고 있습니까?

**고경수** 교포사회하고 우리 동포 사회하고는 완전히 사상을 달리하고 있습니다. 그것이 일부 지역에서는 아주 말단 조직들에서는 뚜렷하게 나타나긴 하지만, 그러나 활동의 중심은 지금 심양입니다. 원래는 연길이었어요.

**우병국** 아, 원래는 연길이었습니까?

**고경수** 연길이었고 동맹 위원장이 사망했거든요. 최영('최영'으로 추정, 녹취불분명)이라는 분. 그분이 원래 중국교포, 조교 동맹 위원장이었죠. 그분이 돌아가신 후 이 활동 중심이 심양으로 서서히 움직입니다. 책임자가 심양에서 나왔다고 하니까. 그러니까 심양에 양 뭐이라고.

**우병국** 예, 양영동 의장.

**고경수** 예. 그분들이 연길의 활동을 지도하고 이럴 겁니다. 그때 연길에서 할 때는 우리가 그분들을 접촉할 수 있을 땝니다. 최영이라는 분 할머니. 그분 이야기 듣고 평양 갔다 온 소식

듣고 그랬는데. 후에 저쪽에 간 후에는 심양 사람들은 제대로 접촉할 시간이 없거든요. 또 특별히 찾을 필요도 없고. 그래서 그분들 활동을 지금 잘 파악 못하고 있습니다. 여기 있는, 어쨌든 교포 수는 연길에 제일 많을 겁니다. 연길시에 또 절반쯤 될 겁니다. 명절이나, 중요한 명절 있잖아요? 김일성 생일이나 누구 생일 있을 때, 그러면 이 사람들이 활동 장소를 꾸려 놓고, 후에는 유경호텔 거기서 활동했고, 두만강 호텔이 있는데 지금 두만강 호텔은 완전히 해체되고 지금 무슨 쇼핑센터인데, 원래 거기에 모여서 행사 하고 그렇게 하던 게, 지금은 어디에 모이는지 모르겠어요. 지금은 저 아래 연관호텔이라는 데에 거기에 유경식당이 거기 있거든요. 유경식당에, 그 2층에 나선대표부가 있으니까. 거기에서 활동할 수 있었겠지요. 그 전에는 조선 식당이 여러 개 있었는데 지금은 몇 개 없습니다.

**우병국** 2000년 6월 15일 날 남북 정상이 공동선언문을 발표하지 않습니까? 6·15공동선언문을 발표했는데, 그 선언문을 실천하기 위한 실천 연합이라는 조직을 해서 북측본부, 남측본부, 해외본부를 이렇게 꾸려서 다 이렇게 만들었는데 후에 해외본부가 원래는 미국, 일본, 유럽 이렇게 세 개가 있었는데, 중국 측도 이제 하나 만들자는 의견이 나와서 중국 측에서는 아까 말씀드린 〈재중조선인총연합회〉에서 그 대표단을 파견해서 한국의 모임에 참석하고 평양도 가고 그런 걸로 알고 있습니다. 그런데 그분들이 중국 동포들을 대표해서 참석하는 것에 대해서 어떻게 생각하십니까?

**고경수** 아니, 그것은 응당한 거지. 6·15공동선언이 원래 어느 정도 추진할 수 있는 이런 바탕을 만들어 주었기 때문에 거기에서 또 남북한 모두 도움을 받은 거죠. 그러니까 그것을 추진하는 데에 후에 여러 가지 사태가 발생했지만, 원래 계획대로 하면 그것들이 아주 가시적인 성과가 있어야겠지. 여기에 있는 교포단체에서 활동에 참여하면 여기 사람들 이분들에 대한 이야기도 할 수 있고, 사실 또 중국에 사는 교포들이 어느 정도 우리하고 거의 같은 생각을 가진 것은 저도 알아요. 평양에 가서 평양 말을 하지만, 이 지역에 있을 땐 이 지역 동포들하고 거의 같이 생활하는데, 같은 생활환경인데 그냥 그쪽에서 갖는 지지가 조금씩 우리 쪽에 보단 틀리니까. 그때는 지탱하는 데선 자기가 생각은 머리는 똑같은데 표현이 달라. 하하.

**우병국** 아, 예. 표현 방식이 다르고.

**고경수** 하하. 그렇죠.

**우병국** 그래서 조교 사회에서 중국을 대표해서 대표단을 파견하는 것에 대해서 별로 이의가 없으시고?

**고경수** 근데 그냥 이의 없는 것보다. 그냥 한국에 대한 예도 도울 수 있죠.

**우병국** 서로 교통을 많이 하는 모양이죠?

**고경수** 그러니까요.

**우병국** 단체끼리의 어떤 만남은 없어도, 일반 여기 교포 분들하고 동포 사회하고 서로 접촉하면서 살기 때문에 그런 교류가 많이 있겠습니다.

**고경수** 근데 교류가 그렇게 자유롭지는 못해요.

**우병국** 자유롭지는 못하고요?

**고경수** 오히려 여기 교포들이 한국의 활동이나 동참하고 이럴 때 그분들 가운데에는 반드시 해야 하는 말들이 있지. 이 지역은 안 돼요. 이 지역은 경험해 봤는데, 그 〈조평통〉 부국장이 안영호든가? 그분도 여기 와서 활동을 한 번 했는데, 만났었어요. 그분들 활동 다 한 다음에 마지막에 한 번 만났어요. 저희들이 하는 소리는 그냥 그저 인사치레만 하지, 그때 한국 분들하고, 한국 분들도 그땐 저 누군가. 〈경남대〉 북한 잘 아는 분들 있잖아요. 〈극동문제연구소〉 분들이, 그분들이 와서 아주 활기 있게 활동하시고. 그런데 우리는 그런 활동에는 공식적으로 참가를 못하게 합니다.

**우병국** 아, 중국 정부 자체에서요?

**고경수** 네, 그분들이 여기 와서 최익환? 문익환?

**우병국** 예, 문익환 목사요.

**고경수** 문익환 목사 서거 10주년 활동 하면서 그분 통일밭('통일밭'으로 추정, 녹취불분명)인지 뭔지 원래 조직이 그런 게 있더군. 그 활동을 하는데 저희들이 그 성질을 파악한 이상 동참 못하지.

**우병국** 아, 예.

**고경수** 그래서 어떤 활동을 했는지 모르고 있지요. 저 어디 어느 호텔에서 한다고 통지 왔던데, 저한테 하고 김성목 선생님한테 하고 통지 왔어요, 오라고, 그런데 우리가 정부에서 그런 활동에 참가하지 말라고 하니까 그건 내부의 활동이니까 "너희들은 분명 중국 사람이니까 그런 활동에 참가하지 말라." 끝나는 날 우리 연합모임을 하는데, 저녁을 같이 먹는데 그렇게는 함께 했지만 그렇게 우리와 교포들과 남북한 그런 얘기할 장소가 또 있는 겁니다.

**우병국** 그렇죠. 주로 학술적으로 교류를 통해서 동포 사회의 지식인들이 모국 내지는 고국의 통일을 위해서 영향을 미친다고 볼 수 있겠는데요, 어느 정도의 기여가 있다고 생각하십니까?

**고경수** 학자들로서는 여기에 아주 뚜렷한 가시적인 기여를 말하기 힘들어요. 여기 있는 학자들의 남북한의 당사자보다 통일문제에 대한 이해가 아직도 얕지요. 심도 있게 연구를 못하고 있지요. 그러나 이 부분에 대해서는 중국말로 '제3자가 뚜렷하다'는 그런 얘기죠. 바깥에서 들여다보는 방관자가 뚜렷하게 들여다 볼 수 있겠지만, 그러나 이 남북한 정책에 직접 영향을 미칠 수 있는 그런 아이디어를 내기에는 여기 있는 분들이 아직 부족합니다. 욕심은 많지만 아직도 그것에 대해선 부족하고, 그리고 실지 남북한에 대해서 왕래자유 같은 것들을 어떻게 하면 우리가 중개자로, 소개자로서 발전시킬까 하는 게 있습니다. 남북한의 학술 교류를 위해서. 90년대 초반, 우리들이 중한수교 그 시절에. 그 시절에 남북한이 자유롭지 못할 때, 연길이나 혹은 중국이나 그런 장소를 이용해서 학술회의 같은 것을 해서 남북한 또는 중국 사람들도 한자리에 앉을 수 있는 이런 자리를 마련함으로써 우리가 자기 역할을 하지 않았느냐. 그렇지만 그것도 한 때지. 그 후에 2000년 6·15 때 직접 남북이 성사되고 남북이 다니고 하니까, 우리 쪽에서는 준비하래도 할 일이 없는 거예요. 하하. 점차 더 그렇게 되는 겁니다. 남북한이 직접 만나고 있는데 우리가 뭘, 중국 사람이 오히려 이해가 더 부족한 거예요. 통일문제에 대한 이해가 더 부족하니까 이쪽 분들이 토론하는 데 동참 할 수 있는 충분한 바탕을 가지고 있고, 돈이 많으면 모르겠는데. 이분들 무슨 큰 기업가나 이런 사람이면 몰라도 그분들 사이에 적극적인 기여를 하는 게 지금은 아주 제한될 수밖에 없습니다. 우리가 힘이 아주 미력하지요. 그러나 미력하나마 어느 정도 하겠다는 거지, 동포들이 참여하는 연구소들이 더러 있습니다. 연구소들에서 적극적인 토론을 한다. 우리도 좋은 생각을 내서 양쪽 정부를 관여하자는 생각은 합니다. 그런데 그게...

**우병국**  주로 그런 단체들, 학술활동을 하는 단체들이 어떤 단체들이 있습니까?

**고경수**  여기는 주요하게 학교는 〈연변대학 동북아연구원〉도 있고, 저희들은 이때까지 〈조선문제연구소〉로 활동했고, 〈조선문제연구소〉는 사실상 해체되었고, 저는 이미 역사학부로 들어갔습니다. 역사학부에서 조선사를 강의합니다. 조선 한국사지요. 조선 한국사를 강의하면서 학생들에 대한 위주인데, 학생들이, 지금 당대, 현대 하는 학생들이 이 분야에 대해서 관심이 높습니다. 중국 학생들이. 그래서 그 학생들을 위해서 저희들이 이 방면들의 자료들을 번역을 해서 애들한테 공부시키죠. 북한을 어떻게 이해해야 하나. 그래서 여기 강용범 박사 같은 분들의 학생들이 아주 흥미 있어 합니다. 핵문제나 이런 걸 직접 다루려고 했고 납치문제도 다루려고 했다는 이런 얘기도 있고, 학생들이.

**우병국** 관심이 많군요.

**고경수** 아주 힘든 문제를 막 접근합니다. 그런데 강 박사도 아주 담대하기 때문에 "해라!" 그러죠. "자료 분석하면 내가 도와준다."이런 식으로.

**우병국** 현실적인 문제와 관련해서 북한이 핵실험을 했고, 핵무기를 개발하는 것이 한반도의 통일에 어떤 영향을 준다고 보고 계십니까?

**고경수** 이 핵문제에 대한 것은 간단하게 말할 수 있는 상황이 아닌데 저희들은 어떻게 보면 북한의 입지에서는 저희들이 또 이때까지 많이 북한 대비했던 사람들입니다. 지난해 미사일과 핵실험으로 인해서 지금 바꾸었다는 겁니다. 미국과 어느 정도 대화할 수 있는 그런 여건을 창조했다는 것입니다. 북한 스스로가. 미국은 수십 년 동안 압살 정책으로, 미국은 언제든지 대화 자체를 하지 않은 거예요. 없애 버려야 될 폭정의 전초기지요, 얼마나 말을 많이 했습니까? 그런데 이것들을 뭐 어떻게 풀어줄 기미가 약간 있는 것 같으면서도 풀어 주지를 않았거든. 그래서 북한이 어려울 때는 계속 어려운 때로 지냈습니다. 북한이 어려우면 지금 북한 측에서도 미국의 압살 정책 때문에 그렇다고 하지만 여러 가지 원인이 있지요. 사회주의권이 붕괴되면서 그리고 중국이 시장화로 나가면서도 북한에 대해서 영향을 미쳤고, 북한의 생존 여건 아주 악렬해 졌는데 거기서 중요한 것이 미국과의 관계인데, 미국에서 그리 양보를 안 해준 겁니다. 양보를 안 해줬기 때문에 이런 결과를 가져 왔다. 그래서 어떻게 하면 이 핵은 미국을 상대하는 데서는 아주 필요한 거죠.

**우병국**  아, 그렇게 보시는 군요.

**고경수**  그러나 이것이 더 확산되거나 한반도의 안전을 위협하는 요소로 나타나면 그것은 또 중국에서 거부하게끔 발전된다면 그것은 당연히 부정적인 작용을 할 수밖에 없다. 미국과의 관계에서는 긍정적이지만, 한국이나 중국에 대해서는 또 부정적일 수 있다. 그래서 6자 회담에서 중국이나 한국 같은 국가들이 비핵화를 계속 끝까지 주장하지 않았나. 비핵화를 주장을 한다 하지만 그러나 북한의 입장에서는 자기들의 이익이 걸려있는 것을 아주 쉽사리 포기하지 않을 거예요.

**우병국**  그렇죠.

**고경수**  그것을 쉽사리 포기한다면 여태까지 한 노력이 수포로 돌아가는데? 그래서 저희들은 북한에서 핵 위해서 노력한 이 성과들이 제대로 빛을 내라는 겁니다. 제대로 빛을 낸 다음에 어느 정도 뭐 그 대가, 보상을 받은 다음 폐기하거나 해체하거나, 그 다음 유리한 방향으로 전개해 나갈 수 있죠. 1차에 그것을 완전히 지금 폐기한다는 것은 이거는 안 된다는 겁니다.

**우병국**  그것과 관련해서, 중국의 북한 핵에 대한 정책 내지는 전체 한반도에 대한 정책은 어떤 방향이라고 생각 하십니까?

**고경수**  중국 정책은 그냥 세계 국제적인 핵 관리 정책에 따라서, 그것도 중국도 동참해서 만든 것이니까, 핵 통제 정책과 관련해서는 핵 가진 나라들에서 지정한 정책 아닙니까?

**우병국**  그렇죠.

**고경수**  핵이 없는 나라들에 대해서는 불공정한 면이 많지요.

**우병국**  예. 하하.

**고경수**  그러니까 중국도 글쎄요. 그건 어떻게 미안하지만. 그러나
또 세상이라는 게 어차피 그렇게 또 나가야 하니까 그래서 큰
나라들끼리 모여서 한 정책이라 하더라도 전반적인 세계 흐
름을 대표로 하고 있다. 그래서 그쪽으로 나가야 되지만, 그
러나 구체적으로 중국 사람들이 북한에 대해서 다른 사람 없
을 때 일대일로 마주 앉아서 "당신 핵 하면 안돼요." 이렇게
말할 자격이 없습니다.

**우병국**  아.

**고경수**  그럼 북한 사람들이 "당신은 왜 안 지켰어?" 이런 말 나올
것 아니요? "우리가 얼마나 지금 힘들게 살고 있는데 미국의
압제에 대해서, 우리가 미국에 대항해서 그것 만드는데 당신
은 지원은 하지 못할망정. 하지 말라고 하느냐." 그런 막말이
나올 수 있다는 것이지. 그러니까 저희들이 다시 생각해 볼
때 중국 지도부에서 김정일하고 만났을 때, 김정일에게 "당신
은 핵을 만들면 안 돼!" 이런 말 절대로 안 한다, 할 수 없다는
것이지. 그러나 전반적인 국면, 세계 흐름, 그리고 중국의 국
가 이익에서 봤을 때, 직접 치고 들어가는 거지요. "당신들이
했기 때문에, 우리가 지금 어떤 곤경에 처해 있다. 그리고 이
러한 곤경이 더 발전될 때 결국 북한에 어떤 해를 가져올 수
있다" 이런 식으로 설득을 할 수 있죠. 그러나 당신이 핵을 포
기해! 그건 좀 그렇잖아. 또 전통 우의라는 것이 있잖아, 중국
과 북한하고. 서로 이해를 바탕으로 해서 서로를 존중하면서
"이러면 안 되는데." 그럴 순 있지요. 그런데 막 "그렇게 하면
안 된다. 버려라!" 절대로 그렇게 못하죠.

**우병국**  남북한 사이에 우리민족끼리라는 얘기도 계속 하고 있고,
일반적인 교류도 활발해지고 있는데 앞으로 남북관계가 좀
더 건설적인 방향으로 나가도록 하려면 어떤 방향을 설정하
는 것이 바람직하다고 보십니까?

**고경수** 남북관계는 지금 많이 애쓰고 있는 한국 정부가 아닙니까?
특히 통일부에서는 역대 많은 장관들이 다 이 노력을 해서 또
일정한 성과가 있는 것으로 봐야하지요. 그런데 그것이 북한
측에서도 이미 다 인정하고 있는 거 아닙니까? 한국의 기관,
북한 사회에 대한 경제 회생이나 여기에 대한 영향, 그것이
계속 이렇게 발전하는 것도 좋은데, 발전해야 되는데, 그런데
지금 남북관계가 계속 미국과의 관계의 종속 변수로서 작용
하고 있기 때문에 미국관계에서 비틀어지거나 조금만이라도
어떤 일이 생겨도 남북한이 그것에 계속 영향을 받는데, 이것
이 취약성을 말하는데, 그러나 그 취약점을 극복하려면 남북
한이 더 성의 있는 자세로 접근해야 된다고 봅니다. 그러니까
어떻게 하면 북한 최대 원래 그 상태로 봐서 그 수령이 나와
서 하지 않으면 안 되는 거거든, 어느 장관급이 나와서는 해
결을 못한다는 거지. 그러니까 지도 책임자가 한국과 다시 어
떤 약속을 하거나 어느 이해를 통해야 그래야 발전을 할 수
있는 것이지 어느 기층 무슨 책임자들 어느 부서의 사람들하
고 이걸 빨리 추진해야겠다. 그래선.

**우병국** 결국 정상회담을 통해서 뭔가 돌파가 있어야 한다는 말씀입
니까?

**고경수** 그렇죠. 정상회담을 통해서 그리고 또 북한도 어느 정도 뭘
개변하려는 의지를 선명히 해야 그래야 한국 기업이 기어들
어가는 거지 한국이 북한 개방을 유도한다는 이런 말 조금 거
북하지만 유도하겠다는 말을 할 수밖에 없는 것이 햇볕(陽光)
정책이라는 것도 그렇죠. 햇볕정책이라는 걸 북한에서 반발
하지 않습니까? "햇볕정책이라는 것은 우리를 무시하는 것이
다." 저희들도 처음엔 햇볕정책에 대해서 그렇게 말했어요.
그러나 햇볕정책은 우리 식으로, 이런 뜻으로 공개하려는 것
이 아니라, 실제적으로 우리가 어떤 정책을 해야 되겠다 하

는, 그리고 또 한국사회의 공개성, 투명성 때문에 그것들이 어디에서 비밀리에 토론하는 것도 다 나타나야.

**우병국** 그렇죠.

**고경수** 그래야 속 편안해 하는 약간 그런 것도 있기 때문에 그런 언론에서 싹 드러내 놓으니까 숨긴 것 없이 다 나오는 거죠. 그러니까 이걸 북한도 이해를 해야 합니다. 그러니까 여기에 맞게끔 북한도 어느 정도. 그러니까 우리를 유도한다고 하는데, 그러면 우리도 유도당해서 우리들도 시장화하면, 그래야 체제가 완전히 불능한 이런 체제 하에서도 협력 같은 것도 확대를 할 수 있겠다. 그렇지 않고 지금은 자성적으로 아주 이벤트 식으로 이렇게 하는 것은.

**우병국** 하하. 그렇죠.

**고경수** 당과하지 못한 것이거니와 그리고 또 지원하는 데서도 빛이 제대로 나타나지 못하고 중국에서도 공개 투명성 때문에 군인들도 도둑질 하지 않았느냐, 군사적으로도 우리가 중국 쌀 팔아먹지 않았느냐, 이런 식으로 하니까 지원하는 것도 꺼림칙하고 지원 받는 데에서도 반갑게 생각하지 않고. 그러니까 환경을 어느 정도 더 개선해야지. 아주 불편한 관계지. 주고받고 할 때마다 우린 이번엔 어느 정도 감수해야 할지 우리도 괜히 또 그런 고려를 하게 되지.

**우병국** 예. 조금 모호한 질문을 마지막으로 하나 드리면요, 한반도가 언제쯤 대략 통일을 달성할 수 있을 거라고 생각하십니까?

**고경수** 김대중 씨가 20년이라고 얘기하지 않았습니까.

**우병국** 김대중 선생이요? 20년이라고 하셨는데 그것을 믿으십니까?

**고경수** 20년이라는 게 2020년을 말하는 건데. 2020년이면 김대중 씨는 105세고. 105세인가? 100세. 그분이 25년생이지요? 24년 생인가?

**우병국** 제가 확실히 잘 모르겠습니다.

**고경수** 24년생일 거예요. 24년생이면 100세 안 되죠. 94~95세 될 거
예요. 그때 지켜볼 수 있겠는지.

**우병국** 하하.

**고경수** 그리고 북한의 지도자도 20년이면 41년 되니까. 그러면
80~82. 김일성 주석도 82세 돌아가셨으니까. 많은 건 아니죠.
그때 결심하면 되겠지.

**우병국** 하하하.

**고경수** 그런데 그것도 지금 우리가 김대중 씨의 말을 받아들일 수
있는 게 지난 세기 마지막 10년대 95년도 그때 남북한이 다
이런 얘기를 많이 했거든 또. 세기 말에 통일로 한 발짝 들어
간다. 이런 식으로 그저 평양에선 그런 얘기 많이 했어요. "95년
을 통일 원년으로 하자" 이런 식으로. 그러니까 "몇 해만 기다
리면 통일이 되겠구나." 우리는 또 그렇게 생각하다가 그게
다 꿈같이 깨지니까 이제는 눈앞의 5년만으로 얘기하는 게
아니라 10년 혹은 20년 이렇게 장기적으로 사고하는 것이 편
안하겠다. 혹은 틀리더라도 20년 후에 누가 추궁하지 않으니
까, 그러니까 김대중 씨 얘기도 20년 후를 얘기했기 때문에
그때 가면 그분이 생존 할지 모르겠지만, 책임 안 져도 된다
는 거야. 그때.

**우병국** 예. 하하.

**고경수** 우리도 역시 그 정도로 이해를 하는 겁니다. 또 누가 책임
질 수도 없거니와 전망하기도 힘들 것이다. 그러니까 부지런
히 노력해서, 이 노력이, 양쪽의 노력이 같이 진행되어야 한
다. 한쪽만 노력해서는 안 된다.

**우병국** 물론 동포 사회도 같이 노력을?

**고경수** 그렇죠. 동포 사회도 미력하나마 어느 정도 환경을 조성하
는데 어느 정도 협력할 수 있겠지만, 그러나 당사자하고, 이
동포 사회에 대한 건 어떻게 보면 또 얘기가 복잡해질 수 있

는데 동포 사회도 다 보호했다가 조국이. 동포 사회를 아주 무시했다가 그리고 동포를 쫓아 버렸다고 이렇게 얘기하거든. 완전히 무시당하거나 또 멸시당한 이런 동포들에게 조국에 대해서 어떤 감정을 가지고 있는지, 이 사람들에 대해서 어떤 기여를 바라는 것인지, 그런 물음도 제기될 수 있지요.

**우병국** 그렇죠.

**고경수** 그러니까 우리가 누군데, 우리가 왜, 그런 문제가 제기되니까 그러니까 들여다 볼 때 조심해야하는 겁니다. 일부에서는 "별 문제를 가지고 다 생각한다. 우리가 뭔데 우리에게 뭘 해줬는데 우리에게 뭘 하라 하느냐? 우리가 왜 여기서 살게 됐는데, 쫓겨 나와서 살고 있는데, 그런데 이제 와서 이러쿵저러쿵 뭘 해달라고 하면 반가워하겠느냐."

**우병국** 아, 그런 분들도.

**고경수** 그렇죠. 그리고 만약 통일이 이루어진다 하면 통일이 이루어진 다음 그 다음 너희들이 우리를 또 어떻게 대하겠는지? 또 어떻게 우리를 대해서 불행한 일을 주겠는지, 우리를 또 무시하겠는지 그걸 고려하는 사람들도 있을 수 있지.

**우병국** 그럴 가능성도 충분히 있겠군요.

**고경수** 그건 아주 충분한 거지. 지금도 우리 동포 사회 가면 한국 사회 모순들 많이 있죠. 그런데 그 사람들 다 정당하다고 하기는 힘들지만, 그러나 그 사람들이 지금 이쪽에 생활이 어려워서, 힘들어서, 생계 때문에 가서 생계형 불법체류지. 그런데 그분들이 계속 숨어 다니면서, 그것이 할 짓인가 이겁니다. 그런 현상들이 없기를 바라면서, 그 이산의 아픔. 이것이 남북한만이 이산이 아니거든. 해외에 있는 사람들도 그것도 이산이거든요. 그런데 그것도 자발적으로, 자진해서 나왔을 때, 그건 좀 다르죠. 그건 또 더군다나 더 좋은 나라에 간 사람들은 그렇게 생각한다고. 자기가 미국이나 캐나다 같은 데 이민했을 때 그건 자신들이 서울보다 더 좋은 데 찾아가겠다고 간 것이거든. 가서 또 아주 더 윤택한 생활을 마련했을 때 이분들은 민족문제에 대해서 그리 큰 기대가 아무 의미 없지요. 그러나 어려운 지역에 살고 있는 사람들 발전한 한국을 볼 때, 그래도 발전한 한국에서 어느 정도 우리를 관심해주고 우리들의 생활에 대해서 어느 정도 힘 보태 준다면 고맙게... 이 조국은 그런 것이 아니라 총 들고 우리를 쫓고 그런 식으로 당하고 있으니까, 이분들은 돌아서면 "다신 한국 안 간다. 뭐 하지도 않는다."고 이런 식으로 욕설까지도 막 나온다고. 그것이 빈곤한 나라에 있는 사람들이 그러지, 미국에 있는 사람은 안 그런다고. 그러니까 아직도 우리 동포 사회에 여러 가지 형태가 지금 존재하고 있는 거지요. 일본 같은 데서도 잘사는 사람들도 또 잘사는 사람으로서의 불만이 있을 수 있겠죠.

**우병국** 그렇죠.

**고경수** 동포 정책에 대해서. 동포 정책이 잘 됐는가, 못 됐는가, 정부에서 여러 면으로 다 고려해 가지고 아주 여기에 대해서 잘 해줬을 때, 동포에 미안한 게 없을 때, 동포 사회에 역할도 더 발휘할 수 있는 요구를 제기를 할 수 있는 거지요. 제대로 처리하지도 않았고 그냥 이용만 하고 그러니까 많은 이용했다고도 할 수 있습니다. 이용했다가 필요하지 않다고 해서 차버릴 때, 이럴 때 또 고려를 해야 합니다. 그래서 동포 사회와도 어떤 교감이 많아야 되죠. 정책 배경 같은 것도 충분한 설명을 해줘야 합니다. 그래야 동포들도 이 정책 때문에 한국이 어떤 어려움을 겪고 있고 행정적으로도 어떤 난관에 부딪쳤고 이것이 국제법상으로 어째서 위배되기 때문에 어느 정도밖에 할 수 없다는 걸 충분히 설명해주면.

**우병국** 그렇죠.

**고경수** 그러면 동포들도 동감하고 또 자발적으로 교체를 했다가 다시 가고.

**우병국**   예. 최근에 법이 많이 바뀌었습니다.

**고경수**   금년에 많이 완화된 거죠. 동포 사회가 많이 맞춰서 가지요.

**우병국**   한국 사회라는 것이 법으로 움직이는 사회이기 때문에 그런 법률이 제정되기까지 시간이 많이 걸립니다. 그래서 중간에 많은 부작용이 생겼었는데, 앞으로도 많이 보완이 되어야 한다고 저는 보고 있습니다.

**고경수**   그렇겠죠. 많이 보완되고 이래야 되죠.

**우병국**   선생님도 앞으로 그런 문제점을 많이 제기해 주시고 또 통일에 대해서 상호간에 이해를 깊이 할 수 있도록 많은 글을 발표해 주시면 감사하겠습니다.

**고경수**   있는 힘껏 노력하겠습니다.

**우병국**   예. 감사합니다.

# 2. 김 철

시인, 중국작가협회 명예위원

# 2. 김 철

면담일자: 2007년 3월 16일 금요일
장    소: 중국 북경[北京直轄市]
면 담 자: 우병국
구 술 자: 김 철 시인, 중국작가협회 명예위원

**우병국** 해외 한민족 사회에서 과거에 이루어져 왔고, 또 현재 이루어지고 있는 통일운동사에 대해서 저희들이 구술 녹취작업을 하고 있습니다. 그래서 그것을 연구자들에게 자료로 제공하고 또 보존하는 것을 목적으로 하고 있습니다. 먼저, 김 회장님께 여쭤보고 싶은 것은 간략하게 선생님의 배경에 대해서, 그리고 주로 하시는 활동에 대해 말씀해 주시면 고맙겠습니다.

**김  철** 저는 그러니까 우리 중국 동포 이주의 제 1.5세대라고 봐야 되죠. 우리 부친 때 건너왔거든요. 저는 일본 태생입니다. 일본 시모노세키 태생인데 옛날 왜정시대에 일본 동경 대지진 때 우리 부친이 바로 일본에 계셨었어요. 그래서 그때 지진 때 일본 놈들이 이걸, 이제 우리 그때는 조선 사람이죠. 조선인을 이제 그 학살하기 위해서 엉뚱한 이유를 달았어요. 왜냐하면 동경에 지진이 탁 일어나니까 집이 무너지고 목조건물이니까 동네가 불바다가 돼버린 거거든요. 그런데 이 불바다가 된 것을 왜놈들이 "이건 조센징, 조선 사람이 불을 놓은 것이다." 이렇게 덮어씌운 거예요. 그래 가지고 그때 우리 한국 사람들이 많이 죽은 걸로 알고 있습니다. 한국 사람으로 보이면 무조건 죽여 버렸으니까. 우리 부친은 그때 마침 자기 친구가 일본사람이 하나 있는데 그 집에 숨어서 꼼짝하지 않고

구사일생으로 살아난 이런 가족입니다. 그래서 저의 태생은 일본인데 그 후에 일본에 살 수가 없어서 대만으로 건너갔다가, 대만에서 살 수 없어서 그다음에 한국에 왔다가 우리 고향은 전라남도 곡성입니다. 거기 이제 왔다가 제2차 세계대전이 일어났는데, 그 또 너무도 탄압과 착취가 심하니까 견딜 수 없어서 우리 부친이 중국으로 뛰쳐나갔거든요. 그래서 중국에 와서도 많은 고생을 했습니다. 왜 그러냐면 처음에는 일본제국주의가 와서 우리를 막 이렇게 총칼로 탄압하고 우리는 일본제국주의하고 맞서서 싸웠거든요. 그래서 우리 제1세대는 거의 죽었다고 봐야죠. 우리 지금 살아남은 제2세대라고 봐야죠. 그랬다가 일본제국주의가 투항한 다음에 또 국내전쟁이 있었습니다. 장개석과 우리 팔로군의 국내전쟁. 3년 동안 국내전쟁인데. 그것도 큰 전쟁이었죠. 그러니까 국민당의 800만 정규부대를 이제 공산당의 군대가 다 소멸해 버렸거든요. 이게 3년 동안에 800만을 소멸한다는 게 대단한 전쟁입니다. 세계전쟁사에서 아마 이런 게 드물 겁니다. 중국의 한 큰, 중국에서는 전역이라고 하는데, 전투?

**우병국**  예. 전역.

**김 철**  응, 전역. 전투는 조그마한 게 전투고 그거보다 큰 것이 전역이거든요. 그 한 개 전역에서 소멸한 국민당 군대가 40만, 50만이에요. 그런데 전투를 생각해 보세요.

**우병국**  어마어마하죠.

**김 철**  이렇게 싸움이 아주 심한 데서 우리는 중간에 끼어 가지고 피난을 하고, 우리가 공산당 쪽이니까 국민당이 오면 쫓겨서 또 어디로 해서 고생을 많이 했습니다. 그래서 저희들은 사실 정말 중국에 와서 많은 파란만장한 그 과정을 겪어서 아주 오늘까지 겨우 살아남았습니다만, 사실 지금은 우리가 나름대로 잘 살고 있습니다. 에, 우리는 중국공민으로서 또 공무원이나 군대나 다 제대로 저만 잘하면 이제 출세를 할 수 있고, 그래서 전 원래 연변의 〈예총〉 회장이고 〈작가협회〉 주석으로 오랫동안 있었습니다. 그랬다가 〈중국작가협회〉에서 소환을 받아 가지고 전근되어 왔지요. 1984년도에 〈중국작가협회〉에 전근되어 가지고 〈작가협회〉 안에 전 중국의 55개 소수 민족을 관할하는 잡지가 있습니다. 『민족문학』이라고. 거기에 주필로 있다가 제가 정년퇴직하고, 그리고 이제 후에는 〈북경고려문화경제연구소〉 소장 그리고 〈세계문학교류협회〉 중국본부 총재로, 그 외에 뭐 여러 가지 많습니다. 아, 그리고 〈국제안중근사상연구회〉 쪽에 총회장을 맡고 있습니다. 그래서 지금 나름대로 중국에서 배운 사람으로서 사업을 하고 있습니다.

**우병국** 예, 말씀하신 대로 참 역사적으로 파란만장한 시기에, 항상 그 시절을 느끼고 겪으시면서 살아오신 것 같은데요. 그러시면서 아무래도 같은 민족으로서 고국이 분단이 되고 그런 상황에서 통일문제에 대한 관심도 항상 가져오셨을 거라고 저는 생각하고 있습니다. 그래서 그런 관심과 함께 통일에 대한 어떤 관련된 활동을 하신 것이 있으신지, 거기에 대해서 간략하게 말씀해 주시면 감사하겠습니다.

**김 철** 사실 세계적으로 남북통일에 대해서 관심을 많이 갖고, 또 가장 실제적인 이런 물밑 작업을 하는 것은 아마 우리 중국의 동포들이라고 저는 생각합니다. 왜 그러냐 하면, 제가 제1차 제전 때 〈통일원〉에 가서 남북 교류문제에 대한 저의 소견을 발표했던 일이 있습니다, 〈통일원〉에 가서. 89년도. 그때 이제 세계 각국에서 온 학자들 따로. 그러니까 운동선수들, 학자들 또 뭐 청소년 이렇게 하자 해서. 우리는 학자들 따로 해서 남북통일에 대한 세미나를 한 적이 있었어요. 그런데 그때 기조연설을 누가 했냐면, 김학준 씨라고 아시죠?

**우병국** 예. 알고 있습니다. 지금 『동아일보』 회장 하시는.

**김 철** 지금 그렇습니까? 원래는 〈서울대학〉의 총장으로 있다가... 그래서 그 양반이 기조연설을 하는데, 주로 견해가 무엇이냐 하면 세계 공산주의, 사회주의 진영이 다 무너졌다. 구라파가 무너지고 뭐 소련도 무너졌다. 중국말은 안 합디다. 이런 상황에서 북한의 김정일 정권도 방금 무너질 것이다. 그러면 우리의 남북통일이 바로 눈앞에 다가왔다. 이런 견해더라고요. 그것을 위해서 뭐 말을 많이 합디다. 그것부터 동서독이 통합을 했고, 이러니까 남북통일이 방금 눈앞에 다가왔다. 이런 견해더군요. 그래서 제가, 나는 사실 정식 초청된 것도 아닌데, 누가 가자고 해서 간 건데, 내가 그 자리에서 마이크를 들고서 정면으로 반박했습니다. "나는 당신 견해에 동의할 수 없다. 왜 동의할 수 없느냐? 첫째, 구라파나 소련이 무너졌다고 해서 북한의 김정일 정권이 방금 무너진다는 것은 내가 볼 때 당신 모르는 소리다." 내가 그때 북한에 갔다 왔거든요. "왜냐하면 북한이 곤란하고 또 그 반대하는 사람도 많은 것도 사실이고 그렇지만, 그 이면에 김정일의 고압수단의 통치가 그 만큼 강화되고 있는 것이 북한이다. 그렇기 때문에 누가 무슨 데모를 일으킨다든지 정변을 일으키는 것은 이거는 도저히 상상을 할 수 없는 나라이다. 이런 나라가 어떻게 방금 무너진다고 말할 수 있느냐. 그리고 소련이나 구라파가 무너졌다 해서 북한이 방금 제도가 무너지는 것은 아니다. 그리고 동서독일이 이제 합해졌으니까 우리 남북도 통일도 다가왔다. 그것도 내가 동의할 수 없다. 왜? 동서독일의 합방은 우리 남북과 다르다. 그 사람들은 민족상잔의 전쟁이 없었고, 우리는 민족상잔의 그 아픈 전쟁을 겪은 사람들이다. 그렇기 때문에 우리 남과 북에는 서로 민족지간에 원한이 맺혀있는 민족이다. 이런 원한이 맺혀있는 민족의 감정을 해소하는 많은 작업을 하고, 많은 시간이 필요하고 많은 과정을 거쳐야 되는 것이지, '남북통일 자 합하자!' 해서 그렇게 되는 게 아니다. 당신 그 너무나 순진한 생각이다." 내가 반박을 했다고.

**우병국** 예.

**김 철** 하. 그러니까 어떤 사람이 막 나를 공격합디다. "그따위 소리를, 그거 전부 치우라!"고 말이야. 그러니까 난 무슨 말인지 모르고 말하다가 딱 끊어버렸거든요? 그러니까 또 다른 교수들이 "왜 남의 말을 가로 막느냐?"고 "말하게 둬라!" 그러니까 또 내가 용기를 내서 말했거든. 그리고 중간에 휴식에 커피 마신다고 하는데, 그 사람이, 나는 모르는 사람이지. 딱 찾아 와서 내 손을 잡고 "선생님, 말씀에 도리가 있습니다. 죄송합니다."그래서 "당신 누구요?" 그러니까 "나는 칠레('칠레'로 추정, 녹취불분명)에 있는 대학교수다" 그런데 "왜 당신이 그렇게 끼어 들었냐?"하니까 "우리 부친이 바로 6·25전쟁 때 북한군에 의해서 죽은 사람이다. 그래서 내가 원한이 찼기 때문에 그런 말이 나오면 나는 그렇다" 이거야. 아, 그러면 내가 이해할 만하다 이거야. 그리고 휴식 끝난 후에 바로 또 말했어. "아까 나를 말 못하게 한 사람이 바로 그런 우리 민족의 사무친 원한이 있는 사람이다. 그러면, 남에 원한이 있으면 북에는 없겠는가? 남북이 다 비참한 게 마찬가지니까, 그렇기 때문에 우리의 통일문제를 그렇게 간단하게 생각해서는 안 된다. 동서독일이 합친 것과 완전히 딴 문제다." 이런 걸 이야기 했거든요. 그러니까 막 박수를 쳐 줍디다. 그때 나는 나름대로 긴장을 했어요. 나는 또 솔직한 사람이라고. 그 자리에서 말 안하면 견디지를 못하겠어요.

**우병국** 하하하. 예.

**김 철** 사실 나는 말을 안 해도... 정식대표도 아닌데, 그 자꾸 긴장되더라고 안기부에서 나를 붙잡아가지 않겠나, 또 시끄럽게 굴지 않겠나. 그랬더니 이튿날 〈통일부〉에서 전화가 왔더라고. "선생님 죄송한 부탁인데 우리 〈통일부〉에 와서 한 말씀 좀 해주지 않겠느냐." 〈통일부〉에 거기에 내 친구가 있습니다. "나를 잡아가려고 그러지 않아?" 그러니까 "아니, 그럴 수 없습니다." 그래서 가니까 한 30명 모였는데, 50대 좌우해서 상당히, 이제 국장급이나 이런 분들인 거 같아, 내가 보건데. 그래서 "이 사람들이 누구냐" 그러니까 남북대화 전문 담당 직원이라는 거야. 그래서 내가 얘기를 했습니다. 그 가운데 한 가지 저의 견해를 얘기했는데, "당신들이 지금 남북문제에서 짝사랑 하고 있지 않느냐? 남은 떡을 줄 생각도 않는데 김치 국물부터 당신들이 마시면서 자꾸 이러는데 나는 안타깝다. 우리는 객관적으로 딱 본다." 중국에 무슨 말이 있느냐하면, '방관자청(旁观者清)'이라는 말이 있습니다. 아시죠?

**우병국** 예. 알고 있습니다.

**김 철** 객관적으로 보는 사람은.

**우병국** 그렇죠. 똑똑히 볼 수 있다.

**김 철** 좀 똑똑히 볼 수 있다. "우리는 객관적으로 보기 때문에 좀 똑똑히 볼 수 있는데, 그것이 상당히 안타까운데, 이런 상황에서 당신네들 한 가지 생각해봐라. 무엇이냐? '곡선지원' 당신들은 북을 지원하려는 그 성의는 좋은데, 지원을 할 때 북에서 응답도 안하고 거들떠도 안 보는데 자꾸 그거 해서 뭘 하느냐" 이거야. 그래서 "당신들이 곡선지원이라는 걸 한번 생각해 보라." 내가 그랬어요.

**우병국** '곡선지원'이라 하시면 우회적으로 지원하라는 말씀이시지요?

**김 철** 그렇지. 북한을 지원하는데 남북대화가 잘 안되잖아요. 그때는 더구나 안 될 때죠. 안 되는데 자꾸 억지로 그러면 안 되니까, 그럴 때는 중국을 통해서 북한을 지원하는 방법도 그것도 한 가지 방법일 수 있다. 중국에 있는 우리 동포들을 이용해 가지고, 그들을 통해서 당신들이 북한을 도와주겠으면 도와주고, "근데 실제적으로 지금 우리 민간적으로 되고 있다."고 내가 말했어요. 이 사람의 친언니가 청진에 있는데 우리가 많이 도와줍니다.

**우병국** 아하, 예.

**김 철** 많이 도와줬는데 우리 생활도 보세요. 북한보다는 좀 낫지만 우리는 한계가 있잖아요? 더 많은 것을 지원을 해 줄 수 없으니까. 우리가 한국에 가서 받아온 선물을 다 우리가 언니한테 줘요. 그것도 한 개 민간적인 차원에서 곡선지원이라고 말할 수 있죠. 우리 단체 쪽으로 좀 더 큰 범위에서 이것 좀 모색할 수 있지 않느냐. 그리고 또 우리가 북에 가서 얘기하면 우리말 통하거든요? 그래서 당신네들이 안 되는 짝사랑하지 말고, 우회적으로 곡선지원을 모색할 수 없느냐고 이런 얘기를 하니까 그것도 도리는 있다고 하는데. 하하. 그래요. 별로 얘기가 없습디다.

**우병국** 예. 많은 계시를 받은 것 같습니다.

**김 철** 하하.

**우병국** 예. 조금 전에 제가 여쭤 보려고 했는데, 벌써 먼저 말씀을 다 하셨습니다. 제가 뭘 여쭤 보려했냐 하면, 통일과 관련해서 지금까지 남한도 그렇고, 북한도 그렇고 통일 정책을 쭉 펼쳐왔는데 회장님께서 생각했을 때 장단점을 좀 말씀해 주셨으면 하는 질문을 하려고 했는데, 남한 부분의 그것은 이미 짝사랑이고, 곡선지원 방면으로 노력을 해야 한다고 말씀하신 것 같습니다. 그러시면 북한의 통일 정책에 대해서는 어떻게 생각하고 계시는지 말씀해주십시오.

**김 철** 저희들이 남북대화를 위해서 많은 작업을 해 왔습니다. 그 동안에. 에, 우리가 아까 말한 것처럼 정식으로, 우리는 중국 공민이기 때문에, 뭐 남북통일 이런 거 단체로 이렇게는 못하지만, 우리는 중국에 있는 사람들의 단체이거든요. 우리 이 단체를 이용해 가지고서 남과 북이 어떻게 하면 조금 화해를 할 수 있겠는가, 또 중매 작용을 우리가 좀 할 수 있겠는가, 이런 것은 많은 일을 해왔는데, 예를 들면 우리가 어떤 국제회의를 할 때는 꼭 남도 청하고 북도 청합니다. 남에서는 잘 와요, 그런데 북에서는 참 오기가 어려워해요. 그래서 우리가 여기 〈고려학회〉라는 게 있습니다. 〈국제고려학회〉라고. 여기서 그 세미나를 할 때는 꼭 북의 대표 남의 대표를 청하고 세계 각 대표를 청하는데, 그때 북에서 왔어요. 〈사회과학원〉에서 대표단으로 해서 왔습니다. 남에서도 오고. 반가운 좋은 일 아닙니까? 오게 한 것만으로도 성공이거든요. 그런데 한 자리에서 무슨 세미나를 하고 토론을 붙어 놓으면 첫마디부터 싸움이에요.

**우병국** 하하하. 예.

**김 철** 대립되는 거예요. 그도 그럴 수 있겠죠. 각자 견해가 다르니까. 그래서 처음에는 웃으며 만났다가 후에는 불쾌하게 헤어지고 이런 적이 많이 있었고. 또 우리가 예를 들어서 미술 전시회 같은 거. 이것을 한국의 관련 부문에서도 많이 모색해요. 영화, 미술 전시회를 하는데 목적은 북을 참가시켜서 남과 북이 같이 하는 거. 이런 거를 자꾸 제기해서 우리는 그거 많이 해봤어요. 그런데 초청하면 잘 안 와요. 에, 김대중 대통령 시절에 그 영화공사가 거기 저 누구던가. 무슨 채, 탤런트 사장, 박규채. 그 양반이 사장일 할 때 나하고 친합니다. 그 사람하고 모색한 게 남과 북이 같이 동참하는 영화를 하나 찍을 수 없겠냐? 나보고 어떻게 힘 좀 써 달라고. 그래서 좋기로는 금강산을 배경으로 하고 남과 북의 배우들이 합작해 가지고 이걸 하는 걸로. 그래 나는 그걸 추진하려 했어요. 그래하다가 저번에 대통령이 바뀌면서 그 양반이 너희들 앞으로 그만하라고 해서 못했는데, 그래서 우리는 어떤 방법으로 했냐하면, 북에서는 남과 북이 단독으로 한자리에 모인다면 안 와요. "누가 옵니까?" 그러면 나는 "남에서 옵니다." 또 "누가 옵니까?" "북에서 이렇게 하려고 합니다."이러면 안 와요. 에, "국제회의를 합니다." 이러면 옵니다. 그래서 심지어 뭐 국제회의도 크게 하기 곤란하니까 아세아의 무슨 각 국, 그러니까 "중국, 일본, 한국 또 무슨 인도 이렇게 합니다." 하면 오기는 와요. 그래서 이렇게 수없이 하다가 그 북을 동원하기가 힘들더라고요. 오면 얼마나 좋아요. 중국의 북경에 와서 이제 어울려서. 근데 경비를 다 대줘야 해. 그건 물론 다 대줘야지. 모든 걸 우리가 부담하는 걸로 하고, 그렇게 하면 좋을 텐데 안 오니까. 에, 그러다가 이제 조금 잠잠해 졌는데. 여기 또 솔직한 고백을 하나 할게요. 우리가 이런 사업을 하는 것은 완전히 순리적이지 않습니까. 남과 북이 어떻게 하면, 그리고 우리가, 시집간 딸이 친정집에서 서로 싸우지 않고 잘 살기 원하거든요. 그것밖에 더 없죠. 우리가 바라는 게 뭐가 있겠습니까? 그래서 이런 걸 하는데, 어떤 사람은 이걸 곡해하거나 혹은 또는 악의적으로 여론을 조장하는 사람이 있더라고요. 예를 들어서 내가 남에는 한 30번 가고, 북에는 두 번 갔는가? 그래서 북에는 적게 갔는데, 남에 가고 북에 가고 왔다 갔다 하니까 사람들이 이상하게 생각하더라고. "저 사람은 간첩이 아니야?"

**우병국** 하하. 예.

**김 철** "남의 간첩 북의 간첩, 이런 노릇을 하지 않냐" 이렇게 보는 사람도 있더라고요. 그래서 하다보면 아주 기분이 상해요. 또 양쪽 대사관이 있잖아요. 양쪽 대사관에서 또 그... 남의 대사관은 우리가 북에 가면 "저 사람 북의 뭐가 있는 게 아닌가"

또 우리가 남에 가다보면 북쪽 대사관에서 남의 간첩이 아닌
가. 심지어는 북에서 나를 변절자라고 해요. 남에 자꾸 가니
까. 이러니까 기분이 나쁘거든. 일을 기껏 해서 마지막에 떨
어지는 게 그거 밖에 안 떨어진단 말이에요. 아무 보수도 없
는데.

**우병국** 좋은 일을 하시는데 그런 오해를 받으시니까.

**김 철** 그렇죠. 예. 그래서 지금은 여기 많은 사람들이 "아이고 야.
남북통일 그 힘든 거 손대지 말자. 우리가 해도 뭐 그렇다고
해서 성사할 것도 아닌데" 이런 정서도 있습니다.

**우병국** 남이건 북이건 자체적으로 동포 사회에 대한 어떤 그 인식
도 많이 바뀌어야 될 것 같고, 그분들의 역할에 대해서 올바
른 시각으로 보는 그런 노력이 필요할 것 같습니다. 그래서
방금 양쪽에 활동을 하시면서 느끼신 문제점 같은 것도 지적
해 주셨는데, 지금 선생님께서는 통일에 대한 어떤 이념적인
자신의 확고한 입장이 있으신지요?

**김 철** 총적으로 저는 그렇게 생각합니다. 통일이라는 게 목적은
절대 아니거든요. 여기에는 여러 가지가 복합적으로 작용하
니까. 특히 이제 이념, 노선, 국가 제도의 차이 이런 것들이
있고, 또 사람들의 의식형태가 또 다르고 이런 상황에서 우리
가 통일을 한다는 것도 힘든 일이라고 생각합니다. 힘든 일인
데, 이걸 하자면 어디까지나 단계적으로 해야 한다는 생각입
니다. 한시에 통일한다 해서 통일되는 게 아니거든요. 그다음
에 한시에 통일해 버리면 이념이 같지 않지, 지혜도 같지 않
지, 또 경제 수준도 같지 않지, 사람들의 생각도 같지 않지.
절대 안 돼요. 여기 한 가지 우스운 얘기는요, 남의 한 할머니
가 북에 있는 자기 오빠를 찾느라고 그렇게 애를 썼어요. 그
다음에 자기가 녹음한 것을 북으로 연변에 있는 심부름꾼을
주었다가, 그게 가서 들켜 가지고서 간첩인가 해서 북에서 풀

어보니까 별 일 없고, 그저 그립다 오빠 어떻다 이래 가지고 저희들이 풀어놨는데, 그렇게 노력해서는 오빠가 왔어요. 바로 북경에 와서 만났는데, 그렇게 그리워하던 오빠와 동생 지간에 만났는데 만난 그 순간부터 싸움이 벌어지는 거예요.

**우병국** 하하. 어떤 뭐 이념적인 그런.

**김 철** 이념적인 거죠. 그래서 남의 동생도 말을 주의 있게 해야 하는데, 오빠 네는 어찌 그리 못사느냐, 그런 다음에 김일성이 어떻고... 오빠가 좋아하나? 좋아할 리가 없잖아요. 거기서는 또 김일성이나 김정일이라 하면... 교육받고 하니까 그건 머리에 속에 쿡 박혀요. 그건 누가 시켜서 그런 게 아니라. 어린애 때부터 '위대한 수령, 친애하는 지도자. 크~ 우리는 그 덕분에 잘살고 있다. 밥 먹을 때도 뭐.', '오징어 하나도 다 그 덕분이고 우리가 지금 조금 못 먹는 건 남조선의 굶주린 동포들을 위해서고, 남조선 해방되면 우리도 허리띠 풀고.' 뭐 이게 우리는 들으면 우습잖아요. 그 사람들은 아이 때부터 그렇게 딱 박혀 있는 거예요. 심지어 김일성이라든지 김정일 사진을 놓잖아요? 우리는 "야. 이거 김일성이다. 이건 김정일이다."이러면, 그 사람들은 꼭 "왜 이렇게 말하느냐!"고, "이분은 위대한 수령이십니다. 이분은 친애하는 지도잡니다." 이렇게 말해야 한다고. 봐봐, 벌써 이게 틀려요. 여러 가지 이제 차이가 많은데, 이런 두 부류가 갑자기 한 데 합쳐 놓으면 안 됩니다. 그러니까 완전히... 그래서 이튿날 가버렸어요. 그렇게 울며불며 만났다가. 그러니까 단계적으로, 나는 어떤 주장이냐 하면 남북이 만약에 통일을 위해서라면 먼저 큰 틀부터, 서로 쌍방이 상대방의 제도와 상대방의 모든 것을 존중하는 기초 위에서 서로 합하는 것, 이런 기구 결성하는 것, 틀을 연방처럼. 그러니까 고려 연방제도 내가 볼 때는 도리가 있다고 생각해요. 그래, 북은 북대로 사회주의 해라 남은 남대로 자본주의를 해라. 그래서 이제 만약에 정부를 한다면 남에 얼마고, 북에 얼마고 어떻게 하고 어떻게 해서 대체적인 틀은 먼저 하되, 각자 생활은 각자 행동을 해야 한다 이겁니다. 갑자기 합하면 합치지 못합니다. 남은 남의 그 생활방식이 있고, 자본주의 그런 뭐 있고 다 생각이 그런데, 갑자기 북에서 사회주의 그걸 가지고 합해 놓으면 안 돼요. 그다음에 이렇게 하면서 각 부분의 교류가 활발해지고 그러면 그 교류를 통해 가지고 점차적으로 접근하는 겁니다.

**우병국** 신뢰를 쌓고?

**김 철** 신뢰를 쌓고, 그러면 그게 자연스럽게 서로 이제 접근하는 게 아니겠어요? 그래서 그 일정한 시간이 지난 다음에... 그동안에 경제 방면에도 북을 도와서 자체로 일어나게, 갑자기 합쳐 가지고 남에서 북을 먹여 살리고 그건 천만의 말씀, 안 됩니다. 그러니까 이렇게 일정한 시간을 통해서 남에서 북을 경제적으로 지원하면서 북에다 기술도 주고 자기 자력갱생 할수 있는 밑바탕을 주면서 북에서 자체로 일어나게 해야지. 그래서 그 수준이 비슷하거나 차이가 있어도 조금 있는 정도로 올려놓은 다음에 합해야 이게 비슷하지. 솔직히 말하면 거지하고 부자하고 한집에 살면, 그거 살겠습니까?

**우병국** 하하. 아주 좋으신 말씀이십니다. 조금 전에 남매 상봉을 말씀을 하셨는데, 그럼 그 상봉은 회장님께서 주선하신 겁니까?

**김 철** 네, 우리가 조금 도와줬죠. 그런데 만나자마자 싸움부터 하니까... 싸우면 우리가 말릴 수 없잖아요.

**우병국** 이산가족이 그렇게 상봉하는 일을 자주 도와주신 거죠?

**김 철** 그렇죠. 네.

**우병국** 좋은 일을 하셨는데.

**김 철** 그래서 그때 남북통일 세미나를 할 때, 그 김학준 회장한테 그런 말을 했습니다. "여보시오, 한마을 형제간에 동생은 못살고, 형은 잘산다 할 때, 그러면 형이 동생을 도와주면서 모름지기 살살 도와줘야지, 앞에다 대놓고 야! 이놈아, 너는 왜 이렇게 가난뱅이냐! 너 왜 거지처럼 사느냐! 그러면 동생은 못살아도 자기 자존심이 있지 않겠는가? 그 사람이 형의 것을 받아들일 수 없지 않겠는가? 그러지 말고 뒤로 슬슬해서 동생 먹고 잘살게 하고 그러면 서로 이게 화해가 되지 않느냐? 북에서 지금 못사는데 남에서 자꾸 너희들 못산다. 너희들 봐라, 김정일 때문에 못산다 말이야, 니네 뭐 어쩐다, 이러면 북에 사람들이 수긍하겠어요? 이렇게 하면 안 된다." 자존심을 살리면서, 상대방의 자존심을 존중하면서 서서히 단계별로 나눠서 이렇게 하는 것이 바람직하지 않겠는가, 그런 생각을 좀 하고 있습니다.

**우병국** 통일에 대한 주장 참 잘 들었습니다. 그것과 관련해서, 한반도의 통일과 중국에서의 통일운동에 대해서 중국의 정부라든지 아니면 사회 내에서의 여론에서는 어떤 생각을 갖고 있는지, 사람들이 어떤 생각을 가지고 있는지?

**김　철** 통일문제에 대해서 중국에서는 뭐 다른 생각은 없습니다. 통일문제에 대해서 중국 정부가 적극적으로 협조를 하는 그런 게고. 그러면서 이제 남북이 통일을, 화합을 했으면 하는 이것도 중국 정부에서 바람이거든요. 그러기 때문에 우리 동포들이 이런 작업을 하는 데에 대해서 뭐 구속을 하거나 혹은 나쁘게 생각하는 건 없고. 그런데 여기 지금 한 가지 우리가 조심스러운 게 뭐냐 하면, 어디까지나 우리는 한국의 동포이면서도 국적은 중국의 공민이거든요. 이런 상황에서 한국 사람들이 자꾸 와서 "우리 한인 동포 아~" 이렇게 하면 그거는 중국 정부에서 안 좋아 합니다. 왜 그런가하면 중국에 지금 56개 민족이 있는데 55개 민족이 소수 민족입니다. 그 소수 민족의 문제가 지금 아주 미묘합니다. 그렇지 않아요?

**우병국** 맞습니다. 예. 특히 티베트하고.

**김 철** 특히 티베트라든지, 위구르라든지, 내몽고라든지 이런 데서는 상당히 지금 좀 민감한 상태로... 조선족은 아직까지 그런 게 없었는데 한국에서 자꾸 "한인이요. 한인 동포요" 막 이러니까. "간도는 우리의 것이다. 뭐, 광개토왕이 어떻소. 발해왕이 우리 것이다" 하니까. "백두산이 우리 거다" 그러니까 중국 정부에서 자꾸 신경이 쓰이잖아요. 그러니까 이제까지는 중국 정부에서 그런 게 개별적으로 있었지만 모르는 것처럼 하고 그저 지났는데, 지금은 자꾸 그러니까 그건 아예 정부적으로 조치를 취했죠. 동북공정이라는 게 그게 아닙니까? 아예 "너, 말을 말라" 이거야. 저번에 운동원들이 백두산 동계운동 하면서 스케이트를 탈 때 뭐 하러 자꾸 백두산에 올라가서... 그런데 보니까 중국 정부에서 "아니다 이건 당나라시기에 북방의 소수 민족 정권이다. 그러니까 이것은 너 고구려하고 상관없다." 이래 버리는 것도 사실 우리 역사를 지켜보면 뻔하지만, 너무 자꾸 와서 집적거리니까 중국에서 막아버리는 거예요, 그건. 그러니까 그것 때문에 중국에 있는 동포들도 피해를 많이 봤습니다. 그러니까 중국 정부에서 아직도 우리를 자꾸 한인이라고 하지.

**우병국** 민족 감정을 자극하는 그런 행동을 자제를 많이 해야 한다?

**김 철** 그렇죠. 이번에 회의에서도 제가 발표를 했는데, 이게 보니까 '해외 한인 동포의 날' 그것을 제정한 거예요. 어버이날, 어머니날 이런 것과 마찬가지로. 그런데 이 사람들이 원래 이름을 뭐라고 했냐하면, '세계 한인의 날'이라고 했다고요. 그래 내가 그 말 했어. 여보세요. 당신네들 한인의 날은 안 된다. 이게 법적으로 엄격히 말하면 중국의 200만, 일본의 지금 많은 사람이 귀화를 했거든요. 어쩌다 일본의 정부가 강압해 가지고 많이 귀화를 했거든요. 앞으로도 많이 귀화할 겁니다. 또 미국의 미국 국적을 가진 사람들, 다른 나라들, 러시아. 이런 사람들은 법적으로 그 나라의 공민인데 당신네들이 우리를 한인이라고? 그건 법적으로 안 통하는 거다. 그리고 만약에 한인의 날로 하면 적어도 700만 해외 동포들 가운데 3분의 1이 여기서 제외되는 것이다. 그러니까 한인이라고 하면 안 되는데, 해외동포의 날이라고 하면 그건 옳으신 말씀이다. 우리는 동포는 동포니까. 그렇게 제안을 했는데 모르겠어요, 받아들일지. 그리고 중국에서요. 내가 지금 그 〈세계해외한인무역협회(OKTA, 옥타)〉 거기 부회장을 오랫동안 맡았거든요. 그 〈옥타〉에서 지금 해마다 어느 나라 수도에 가서 대회를 합니다. 일본에서 했고, 미국에서 여러 번 해봤고, 한국에서도 하고 그랬는데, 그 사람들은 중국에 와서 하길 원해요. 나를 보고 중국에서 어떻게 대회를 좀 하게끔 해달라고. 내가 하려고 해도 무엇 때문에 못하냐면 두 글자 때문에, '한인' 이 두 글자 때문에 못해요. 그걸 하게 되면 '세계해외한인무역협회대회'라고 해야 하는데, 그건 우리가 나서서 뭐 주관하고 어쩐다 하면 중국 정부에서 "너 뭔데 한인이냐? 니가 무엇인데 한인이냐? 니가 왜 이런 대회를 주최하느냐?" 그러면 내가 조사를 받을 거거든요. 만약 이것이 중국에 있는 중국사람, 혹은 중국단체, 혹은 또 세계 다른 나라의 사람이 와서 하면 그건 또 상관이 없어요. 우리 조선족이 나와서 하면 문제가 되는 겁니다. 그래서 이번에 잡지에 보니까 5월 달에 세계 한인 뭐라던가 무슨 세미나를 북경에 와서 한다는데 그건.

**우병국** 한민족 포럼, '세계 한민족 포럼'입니다.

**김 철** 그게 회장이 러시아에 있는 사람이라더군. 그 사람이 뭐 해가지고 한다면, 그 사람이 여기 와서 한다면 그건 문제가 달라요.

**우병국**   그런데 우리 여기 있는 동포께서 하시면 안 되고요?

**김 철**   내가 만약에 하면 안 됩니다. 안 되지요. 나는 한인이 아니니까. 그것 때문에 '한인' 두 글자 때문에. 그래서 어떤 일이 있었나 하면요, 이건 우스운 일인데. 에, 한중 수교가 되기 전에. 그러니까 한국의 〈문인협회〉 그때는, 조병화 시인, 그 사람이 나한테 부탁해 가지고 연변의 〈작가협회〉 주석 이근배라고 있는데, 그 사람이 갔을 때 심포지엄을 가지고 온 거예요. 그래서 사람들이 다 모였는데 사무국장이 왔더라고. 그래 연변에 갔다 오는 날 갑자기 살려 달라 이거야. "왜 그러냐?" 하니까, 연변에 있는 이근배 씨가 대답 했는데, 가지고는 왔는데 못하겠다 이거야 연변에서. 돈 얻어 오려고 그때 대답을 했는데 정작 하려고 하니까 큰일 나겠거든. 그래서 못하겠다 물러나니까 날 보고서 살려 달라 이거야. 자기가 이거 못하면 모가지 떨어진다고. 그래서 내가 시도라도 해보자 이래가지고, 이거 하려면 국무원의 동의를 거쳐야 하는데, 거기다가 보고서를 썼는데 내가 뭐라고 한줄 알아요? 원래 이름은 '세계한민족문학발전 심포지엄', 그런데 내가 한민족이라는 것을 빼버리고 '세계민족문학발전 심포지엄'으로 했지. 그때 내가 『민족문학』의 주필이었거든. 그러니까 중국 사람들 속인거지. 민족문학, 세계 민족문학 심포지엄 그거 할 수 있잖아요? 내가 『민족문학』 주필인데. 그래 가지고 내가 억지로 그걸 한 적이 있습니다. 그런데 만약에 한민족 문학이라고 하면 절대 안 돼. 그렇게 민감합니다. 그때 아주 멋있게 잘했어요, 그때 내가 조심조심 하면서… 또 모르는 놈이 있더라고요. 하하하. 한국 그 조병화 씨 그 사람도 참 정치적으로 둔감해요. 개회를 하는데 한국 깃발을 걸자고 하더라고요. 그때는 수교도 안 됐는데. 여기서 한국이라는 말도 못 부를 때입니다. 그 후에 대한민국이라, 한국이라 했지만 그때 한국이라 부르면 안돼요. 남조선, 북조선 이래야 될 땐데 깃발을 걸고 있더라고. 그래 이 양반이 먼저 보고 아 저거 어떻게 된 건가. 저거 깃발 걸지 마시오. 그래서 안 걸었는데, 깃발 걸면 내 모가지 떨어진다고. 정치적으로 우리는 이런 문제는 아주 민감하고 고민도 많습니다.

**우병국** 예, 아주 조심스러우시겠습니다. 참 어려운 환경에서 교류와 통일 쪽에 힘을 보태고 계시는데. 이렇게 쭉 활동을 해오시면서 최근에 일어났던 일들 가운데 가장 인상적이고 기억에 가장 남는 사건은 무엇인지 말씀해주시면 감사하겠습니다. 예를 들어서 뭐 한국의 88올림픽을 개최했던 일이라든지. 정치 민주화 과정에서 혼란스러웠던 역사라든지, 북한의 김 주석 사망 그리고 김 위원장의 권력 승계라든지, 2000년의 6·15 남북정상회담이 열리고 이런 역사를 갖고 있는데 어떤 사건이 가장 기억이 남으시는지요.

**김 철** 글쎄 기억에 남는 일은 많지요. 많은데, 제가 실제적으로 바라는 것은요, 남북이 화해하고 햇볕정책을 자꾸 이제 어떤 당에서는 막 욕하는데 햇볕정책이 좋은 것 아닙니까? 그거 서로 화해하고 형제끼리 도와주자. 그건 좋은 거고, 이렇게 하자면 물론 한국에도 곤란이 많죠. 아무리 한국이 잘 살아도 그게, 한국에도 이번에 가니까 노숙자가 그렇게 많더라고요. 그래서 그렇긴 하지만, 그래도 싸움을 하고 뭐 이렇게 하기보다도 햇볕을 달라. 그래서 이번에 해외동포 모임에서 그런 거 하나 제기되었습니다. 햇볕정책을 해외동포한테도 달라, 내가 그랬어요. "북에만 주지 말고 햇볕을 해외에 흩어져 있는 우리 불쌍한 해외동포한테도 비춰 달라." 이걸 내가 말한 적이 있습니다.

**우병국** 네. 700만 해외동포들도 우리 한민족의 일원으로 감싸 안아야 한다?

**김 철**  물론 한국에도 그 사회에 많은 일이 일어나고 많이 변했지만 한국의 민주화 운동, 광주사건 그래서 오늘의 민주화 이게 이루어진 게 아닌가. 그래서 제가 주동적으로 박정희의 그거라든지 전두환 때 뭐 광주사건 이 책들 다 봤어요. 그리고 많이 느낀 게, 참 한국의 민주화가 어렵게 이루어졌다. 그리고 오늘의 한강의 기적 이룬 것은, 참 그런 건 자랑스럽게 생각합니다. 한국이 세계 몇 번째로 조그만 나라인데, 운동을 해도 아니, 그렇게 금메달 많이 따고, 잘사는 나라다. 개발도 잘하고, 한국 사람들이 머리가 좋아요. 그래서 참 인상 깊었지요.

**우병국**  전체 한민족이 머리가 좋은 거지요.

**김 철**  그런데 지금 한 가지, 민주화도 적당히 해서 하면… 이게 나라가 발전하는데 너무 하는 것 같아. 입 가진 놈은 다 제소리 하니까 나라가.

**우병국**  너무 혼란스럽죠. 다 장단점이 있는 것 같습니다.

**김 철**  예. 나는 그래서 심지어 그런 말을 했습니다. 과거 군사정권이 파쇼를 하고 탄압한 것은 잘못된 것인데, 한 개의 나라를 다스리려면 그런 철 같은 완력 있는 인물이 있어야 한다고 나는 생각합니다. 너무 연약하면 나라가 흔들리잖아요. 그럴 정도로 너무 막, 그래서… 아, 그래 한국 큰 기업들도 얼마나 잘하고 있습니까? 그것 때문에 한국이 일어난 건데, 그거 데모를 하고 얼마나 손실이 많습니까? 대통령 한 번 되면 다 감옥에 가고.

**우병국**  네, 불행한 역사죠.

**김 철**  대통령이 한마디 하면 또 그걸 또 나서서 막 잘했다느니 뭐 어쨌다느니 시비를 하는, 그거 안 됩니다. 이러면 발전을 못합니다. 나의 생각에는 지금 너무 풀어졌다. 적당한 정도로 단속을 할 필요가 있다. 그다음에 바람직한 것은 남과 북에서 햇볕정책 통해서 구체적으로 지금 하잖아요. 남북 상봉 그다

음에 철길 개통한 것 또 뭐 이런 문제들이 하나하나씩 해결되
는데, 나는 그것이 아주 바람직하다고 생각해요. 아까도 말했
지만 통일이 갑자기 다 일치되는 게 아니고, 철길도 통하고
이산가족도 서로 만나고 왔다 갔다 하고 물자도 교류하고, 또
뭐 개성 공단 이런 것들. 이렇게 구체적인 물밑 작업을 통해
서 통일이 이루어지도록 추진해야지 빈 소리만 있으면 쓸데
없는 거야. 그래서 나는 지금 아주 좋게 생각합니다. 그것이
또 이제 핵 문제 후에 진전이 보이는 것 같은데 그것 좀 곡절
이 없이 했으면 좋겠어요. 그런데 자꾸 그 하다가 아 또 뭐,
그건 좀 북에서도 좀 잘못된 것 같아. 그러지 말아야해. 어린
아이들 놀음도 아니고 그래도 정치인데.

**우병국** 좀 전에 그러지 않아도 여쭤보려고 그랬었는데, 북한이 핵
실험도 하고 지속적으로 핵 개발을 하려고 했던 것이 남북한
의 통일 정세라든지 국제 관계에 많은 영향을 미쳤다고 생각
합니다. 그걸 별로 좋지 않게 보시는 거죠? 북한이 핵을 가지
는 것, 어떻게 보십니까? 거기에 대해서는?

**김  철** 그건 나는 객관적으로 봅니다. 국가적인 차원이 아니라 민
족으로서 솔직한 소리. 한국에서 이제까지 왜 핵개발을 못했
느냐. 박정희 때부터 하려한 게 아닙니까? 미국에서 못하게
한 거거든? 그럼 미국은 미국의 의도가 있는 거고, 그것 때문
에 한국에 지금 자기 핵도 못가지고. 그렇게 발전한 나라가
핵 하나도 못 가지고 있는데, 북에서는 그렇게 가난하면서도
핵을 가지고 지금 이렇게 있는데, 제 나라도 살리지 못하고
백성들 먹여 살리지도 못하면서 그 많은 돈을 여기다 넣어서
하는 건, 그건 또 무모하죠. 그러나 한 개 민족으로 볼 때, 우
리 민족이 핵을 일정한 정도 보유했다 하는 것은 나는 그렇게
반대하고 싶지 않아요.

**우병국** 통일이 되었을 때도 필요하다는 말씀이시죠?

**김 철** 그렇죠. 그래도 어떻게 하느냐. 자기 힘이 있어야 이게 되는 것 아닙니까? 힘이 없어서는 밤낮 압박을 받게 나름이거든요. 그래서 이걸 좀 가지려고 하는데, 막 안 된다고 지금 막 세계가 달려들어서 이러는데, 거꾸로 바꿔놓고 말해서 미국은 너 핵을 얼마나 가지고 있느냐? 지금 계속 시험하고 있는데 남의 조그만 나라가 조금 갖는다고 그거 그렇게 할 필요가 있냐? 나는 또 그렇게 생각입니다. 내가 그걸 지지하는 것은 아닌데. 그거 너무 그렇지 않느냐, 이거야.

**우병국** 형평성에 어긋난다는 말이지요?

**김 철** 그렇죠. 그리고 지금 이란도 조금 하니까 막 이러는데 나는 조금 다른 생각이 있어요. 옛날에 천이(陳毅) 외교부장이라고 유명한 제1대 외교부장, 천이 장군이라고 아시는지 모르겠습니다.

**우병국** 네 압니다. 원래 군 출신이죠.

**김 철** 예. 그분 배짱 있는 양반이라고. 그 양반이 연설하면서 그때 한참 그 핵 문제 때문에 막 긴장 할 때입니다. 그래서 막 미국이 중국을 핵으로 친다, 어쩐 다 뭐 이럴 때인데, 그 양반이 그런 소리를 하더라고. "이 핵이라는 것도 그렇다. 니 있고 내 있고 하면 다 없는 거다."

**우병국** 서로 이렇게 견제하는 거다?

**김 철** "서로 있으면 너도 쓰고 나도 쓰고 하면 사실은 없는 것과 마찬가지다(等于没有), 너 있고 내 있고 하면. 그러니까 우리도 핵을 빨리 발전시켜야 한다. 그래서 미국과 엇비슷한 수준의 핵을 가져야 미국 놈들도 꼼짝 못할 것이다." 이런 말을 옛날에 했어요. 이제 북에서 조금 그러니까 막 저거 하는데, 나는 그거 뭐 북에서 나쁘다고만 그렇게 하지 않아.

**우병국** 한 가지 통일운동과 관련해서요. 동포 사회가 지금 보면 세 분야로 나눠질 수 있다고 보는데, 우리 그 중국 국적을 가지신 동포분들하고 그다음에 한국에서 최근 건너온 한인동포하고, 그다음에 조선 국적을 가진 조교들 있지요? 그분들이 계신 걸로 알고 있는데, 제가 조사를 하다 보니까 최근에 2000년에 6·15남북정상회담이 이루어지고 공동선언을 발표했는데, 그 공동선언을 실천하기 위한 조직들이 결성되면서 남측본부, 북측본부 그다음에 해외본부가 이루어졌습니다. 처음에는 물론 중국은 제외됐습니다. 그런데 후에 중국 측에 조성을 할 때 9,000명이라는 인원을 가진 조교들을 중심으로 대표단이 꾸려졌습니다. 그래서 한국 서울에서 모임이 있을 때 그 사람이 중국을 대표해서 나가고 그런 사실을 혹시 알고 계신지요? 들으신 적이 없으십니까?

김 철  예, 모릅니다.

우병국  그래서 제가 생각할 때 '이건 형평성이 맞지 않다.' 물론 중국 공민이기 때문에 대표단을 결성하는 자체가 힘드셨을 수도 있지만, 거의 200만에 가까운 우리 재중 동포들을 제치고 9,000명이 여기에 살고 있는 조교가 대표로 거기에 참여한다는 것 자체가...

김 철  말이 안 됩니다. 그건 말이 안 됩니다.

우병국  제가 생각해도 좀 그런데, 만약에 가능하다면 앞으로 동포 사회에서 이런 활동 혹은 이런 회의에 참여하려는 의사나 또 그렇게 참여하려는 움직임이 혹시 있으신지요?

김 철  그거는 그렇게 생각합니다만, 북한의 조교는 가보면 몇 없습니다. 이름도 없고, 중국에서 별로 취급도 안 합니다. 자기네 이제 평양하고 왔다 갔다 하는 이런 정도이고 중국에 동포라는 점은 물론 조선족이 마땅한데. 만약 그 서울에서 국제적인 이런 움직임이 있다 할 때는 당연히 중국 조선족대표가 참가해야 하지요. 방법상에서 그렇습니다. 여기 많은 단체들, 국제단체 우리 여기 회의에 참가하는데 우리가 여기서 정식으로 단체에 무슨 대표단이요, 이렇게 하자면 좀 불편한 점이 있습니다. 그래서 예를 들면 〈밝은사회운동(GCS)〉이라고 있잖아요? 국제 〈GCS〉에서 연락하고 그러는데, 우리 해마다 가는데, 조영식 박사가 꾸리는 큰 국제단체입니다. 그 우리 동포들이 가는데, 처음에는 이제 좀 북경에서 가고 연변에서 하나 가고 또 길림 지구에서도 가고 갔는데, 그때 처음에는 그런 마음도 있었습니다. 우리 중국에 이것도 한 개의 조직으로 구성해 가지고 해마다 정식으로 대표단이 가는 것으로 하자. 이런 것을 논의하다가 후에 그만 뒀어. 이걸 조직하려면 중국 정부의 허락을 맡아야하는데 정식으로 못해줄 것이다. 그것을 어떻게 할 것인가? 그래서 개인 신분으로 참가하면 그거는 뭐. 중국에서 대표단으로 와도 대표고, 개인이 와도 대표니까. 그렇게 밝은사회운동을 참가하고, 또 이번에 저 해외동포 그것도 어느 대표단 그것으로 간 게 아니라 개인 자격으로, 나는 중국 대표 중국의 책임자로서. 그것은 뭐 중국에서 간섭 못하거든요. 갔다 오는 거예요, 갔다 왔다. 그리고 작년에 '세계한인회장단대회'를 했어요. 그건 정부에서 한 건데, 그때도 중국은 우리 〈고려문화경제연구회〉의 대표로서 저 한 사람 참여 했거든요. 이건 정부에서 간섭 못한단 말 이예요. 그러니까 앞으로 이런 것도 중국 대표 거기서 지적하면 개인 신분으로 해서 거기 가서 "아이고 중국대표가 왔습니다." 그러면 되는 거야. 꼭 대표단이다 그런 것보다도 이런 게 있고. 이 말이 나온 김에 바로 그 문제 제가 얘기하려고 한 것이 무엇이냐 하면, 지금 보니까 〈통일원〉에서 하는 게 남북통일자문위원회라고 있습니다.

**우병국**  예. 〈민주평화통일자문회의〉라고 있습니다.

**김  철**  그렇죠? 그런데 보니까 미국에도 자문위원회가 있고, 캐나다에도 있고, 일본에도 있고 이렇게 있는 것 같은데, 이번에 온 사람 가운데서 신분을 소개해 주는데 통일 자문위원, 유독 중국만이 없습니다. 그래서 이 사람들이.

**우병국** 지금 아마 만들려고 하는 걸로 알고 있습니다.

**김 철** 만들려고요? 내 생각에는 마땅히 있어야지요. 중국에는 200만, 제일 동포가 많은 국가인데.

**우병국** 그런데 한국에서 들은 바로는 중국의 입장을 고려해서 중국에서는 위촉하지 않은 걸로 제가 그렇게 이해하고 있거든요.

**김 철** 그러니까 단체를 결성하거나 이러지 말고, 그래서 제 의견은 여기다 '자문위원회' 이런 식으로 조직을 구성하지 말고, 개별적으로 위촉을 할 수 있다고. "당신을 자문위원회 위원으로 모십니다." 그럼 개인 신분으로서 참가하면 되는 거 아니요. 위촉장을 개인한테 주면 되요. 그렇게 해서 위촉장을 주면은 그러면 상관 안 해. 그러지 않고 정식으로 무슨 자문위원회 이러면 그건 시끄러워요. 여기 그 〈옥타〉가 있지 않습니까? 제가 거기 세계무역회 때 〈옥타〉의 중국회장이자, 거기 부회장을 맡고 있는데, 이제 10년이 되었습니다. 제가 이 심부름을 한 지가. 그래서 처음에는 나도 좀 비교적 아주 천진했죠. 이건 국제 조직인데 중국에다도 합법적인 뭘 하나 해야 되겠거든, 중국 옥타 지부. 다른 나라에는 다 있어요. 〈옥타〉 일본지부, 미국지부 무슨 뭐 서구라파 지부 다 있는데, 중국도 〈옥타〉 이런 걸 해야 되겠는데, 그래서 〈옥타〉가 어떤 조직이고, 좋은 조직이고, 다 해 가지고 내가 외교부도 가고 안전부에도 가고 공안부도 갔어요. 그래서 좀 인정을 해달라고. 그래야 우리가 내놓고 할 게 아니냐? 그러니까 이 양반들이 아주 점잖게 말해요. "우리 한 개 나라에서 어떻게 세계조직을 뭐 이렇다 저렇다 할 수가 있느냐. 그건 권한이 없다." 말은 그렇게 하지만 동의를 안 한다 이 말이지. 그러니까 외교부에 있는 내 친구 하나가 그래요. "아. 김 선생님 그런 바보 같은 짓은 하지 말라 이거예요." 이걸 뭐 하려고 정식으로 돌아다니며 말이야 허가를 맡느라고, 당신네들이 하면 되지 않는가? 그러면 눈감고, 이제 당신네들이 나쁜 짓을 안 하면 눈감아버린다고. 그래서 내가 그동안에 그렇게 해왔거든요. 우리도 내가 〈고려문화연구회〉에서 회장이니까, 국내활동 할 때는 이 명의로 하고, 내가 나가서는 또 〈옥타〉에서 하겠다.

**우병국** 아, 그렇게 하시는군요.

**김 철** 이런 식으로 했는데, 그래서 내가 10년 동안 했는데 무사히 해왔어요. 그런데 이번에 12대 회장 서진홍이라는 양반이, 그 양반도 아무것도 몰라요. 중국의 〈옥타〉 말이야 활성화 시키라 이거야. 그래 내가 "여보시오 중국은 사회주의 국가입니다" 우리가 활성화 시키면 오히려 죽습니다. 죽은 것처럼 가만히 있어야 우리가 살 수 있습니다. 그러니까 활성화 시켜서 망치지나 말라고. 그러니까 무슨 말인가 알아 못 듣고, 마지막으로 한번 턱, 처음 와 가지고는 식당에다 막 플래카드를 걸어놓고 크게 뭘 했어요. 걸고 나니까 이튿날 안전부에서 조사 나왔어요. 그 사람이 이튿날 가버렸으니 그만이지, 안 가고 있었으면 붙잡혀서 조사를 받았을 거예요. 그러니까 여기는 조심해야 한다.

**우병국** 네. 그러시군요. 장시간 동안 이렇게 말씀해 주셨는데, 앞으로 남북관계가 발전해 나가야 될 바람직한 방향은 조금 전에 말씀을 다 하셨고, 그래서 마지막으로 회장님께서 생각하시기에 우리 한반도가 언제쯤 통일이 될 거로 생각하시는지?

**김 철** 하하하. 저는 하루라도 빨리 통일이 됐으면 좋겠는데, 솔직히 말하면 통일이 우리 세대에는 될 것 같지 않아요. 너무 너무, 골이 너무 깊으니까 그걸 메우면서 서서히 해야 되겠는데, 우리 세대에는 민족상잔의 그런 전쟁이 있었고, 원한이 쌓일 대로 쌓이고, 또 이런 상황에서 참, 그게 힘들 것 같습니다. 그리고 의식형태의 차이가 너무나 상반되잖아요? 북과 남이. 그러니까 사람이 한 데 모여서 오순도순 산다는 건 좀 힘들 것 같고, 차세대에 가서. 지금 점점 그 없어져요. 젊은 사람들 뭐 보면 그렇지 않아요?

**우병국** 그러니까 전쟁 이후 세대 말씀하시는 건가요?

**김 철** 예. 전쟁을 모르고, 거기에 개념도 별로 없고 제도의 차이, 이념의 차이도 별로 크게 없고 이런 상황에서, 또 솔직히 말하면 통치하는 우리 세대의 사람들이 바뀌어야 되지 않겠나, 이렇게 생각합니다. 그러니까 너무 조급해도 안 되고, 우리 세대에서 바람직한 건 그나마 갈라져 있더라도 제대로 교류를 많이 하고, 교류부터 많이 하고 그렇게 하다 보면, 세월이 가다보면 자연스럽게 될 것 아니겠어요. 그래서 노태우 대통령이 처음으로 중국 방문할 때 KBS에서 나한테 전화 인터뷰를 합디다. 그게 "무슨 소원이 있느냐?" 마지막에 그래서 내가 그 말을 했어요. 이번에는 비행기를 타고 오시지만 다음 번 오실 때는 열차를 타고서 38선을 거쳐서 압록강을 거쳐 이렇게 오시면 좋겠습니다. 내가 그 말을 했거든요. 그러니까 열차가 통하는 것도 거기다가 맥이 이어지는 한 부분이지만 그런 게고. 이래서 자꾸 이렇게 교류가 되면 되지 않겠는가, 그렇게 생각합니다.

**우병국** 예, 앞으로도 통일에 도움 되는 일을 많이 해주시길 부탁하면서. 긴 시간 동안 이렇게 말씀 많이 해주셔서 감사합니다.

**김 철** 예. 하하.

# 3. 노팔균

심양시 조선족 연의회 회장

# 3. 노팔균

면담일자: 2007년 3월 20일 화요일
장     소: 중국 랴오닝성[遼寧省] 심양[瀋陽]
면 담 자: 우병국
구 술 자: 노팔균 심양시 조선족 연의회 회장

**우병국** 제가 이번에 찾아뵌 것은 해외에서 묵묵하게 자기 일을 하시면서 조국의 통일에 관심을 가지고, 그것과 관련된 일을 하신 분들을 찾아뵙고 말씀을 듣는 것을 목적으로 하고 있습니다. 우선 여기에서 정착하시게 된 배경과 지금까지의 경력에 대해서 간략하게 말씀해 주십시오.

**노팔균** 예. 저는 지금 심양에 살고 있고 조선족 동포 조직인 〈연의회(聯誼會, 친목회)〉 회장직을 맡고 있습니다. 다년간 공직에 있다가 이것을 맡게 됐는데, 제가 조선족 3세입니다. 할아버지 대에, 1910년인지 아무튼 그 좌우예요. 그때 할머니, 할아버지가 살아계시던 때의 얘기를 들었을 때, 큰고모님을 등에 업고 압록강을 건너서 요녕성에 직접 들어왔습니다. 우리는 지금 신민현이라고 심양시에 속하는데, 거기에 정착했다가 지금 심양시에, 내가 태어난 곳에 이주하게 됐습니다. 아버지도 중국 출생이고, 저도 중국 심양 태생이고 그래서 여기서 나가지고 쭉 여기서 소학교, 중학교는 조선학교를 다니고 고등부터 대학교까지는 중국학교를 나와 가지고 그다음에 조선인 중학교에서 교편을 잡다가 그다음에 구의 교육국의 국장, 그다음에 또 우리 구의 문화교육위생과 기술담당 국장을 지냈습니다. 그러다가 다른 구로 건너가서 그 구의 교육부서기 겸

전임주석, 뭐 이런 경력으로서 공직에 있으면서 2003년에 제가 〈심양조선족연의회〉의 회장직을 겸하고 있습니다. 대강 뭐 공부 끝나고 학교 끝나고 교편 잡다가 공직에 몸담았습니다.

**우병국** 예. 그래서 〈연의회〉 회장직을 맡으시면서 하는 일도 많으신 걸로 알고 있는데, 그 가운데서도 우리 모국 내지 고국의 통일문제에 대해서 관심을 가지신 적이 한 번도 없으시진 않으실 걸로 생각이 하는데요, 물론 그 관련 되서 어떤 조직이라든지 이런 활동은 하지 않으셨을 거라고 생각이 되는데, 거기에 대한 관심을 조금 말씀해 주시면 감사하겠습니다.

**노팔균** 예. 뭐. 한 민족으로서 "피는 물보다 진하다"라는 말이 있는데 물론 중국에 태어나서 지금까지 중국의 혜택을 받으면서 살아가고 있지만 한민족으로서 고국에 대한 관심, 이것은 뭐 있는 거고요, 또 한반도 정세에 대한 관심 이런 것도 있고. 그래서 우리는 여기서 직접 느끼고 있는 것들이 있지 않습니까? 중국의 국민으로서도 좋고 고국으로서도 좋고 한반도의 평화통일은 세계평화통일에 중대한 한 부분이고 중국의 경제발전에 사회발전과 변방안전에도 상당히 중요한 요소일 뿐만 아니라 한반도의 평화통일은 또 우리 고국이 좀 더 강성해 질 수 있고 세계 150여 개나 되는 이런 나라 속에서 경제 강국으로서 정치 강국으로서 우뚝 설 수 있는 중요한 계기가 될 것이 아닌가. 그래서 하루 바삐 통일을 하는 것은 우리 사는 조선족들의 관심사라고 생각합니다.

**우병국** 예. 그래서 통일과 관련해서 통일 방식에 대해서 조금 전에도 말씀 하셨지만 평화적인 통일 방식을 지지하시는데 이 문제와 관련해서 이념적으로 뚜렷한 입장을 갖고 계시지는 않으신지요?

**노팔균** 그거는 깊이 생각해보지 않았지만 이전의 50년대의 침통한 역사. 그때는 제가 어려서 잘 모릅니다만, 그러나 잘못된 정책에 여하튼 불바다가 되어가지고 수많은 우리 조선동포 그리고 중국 지원군들이 그렇게 나가서 죽고 연합군들이 들어가서 죽고 이 좁은 한반도가 불바다가 된다는, 그건 정말 우리뿐만 아니라 이 세상 모든 사람들이 원치 않는 그런 일이라고 생각합니다. 그래서 특히 요즘 첨단 무기라던가 모든 것이 고도로 발달된 이와 같은 세상에서 되도록이면 어떻게 평화통일. 그 우리 중국에서도 대만통일 문제에 대해서 평화통일, 일국양제를 제기하지 않습니까? 제 생각에는 이게 중국 정부에서 한 게 좋은 모델로 지금 되고 있다고 생각이 되요. 홍콩, 마카오가 지금 우리 자본주의 제도를 유지하면서 중화인민공화국 오성홍기를 걸고 조국의 통일도 지금 했고 대만도 통일을 이루기를 원하고 있는 중입니다 저는. 그래서 이런 형식으로서 이데올로기 제약을 받지 않고 평화통일을 해 가지고 어떤 제 생각은 그래요, 그동안 사회체제기반은 한 개의 연방으로 조직해서 이렇게 점차적인 어떤 거리를 좁혀나가고 경제적으로 호상 도와서 경제적으로도 좀 올라오고 사람들의 가치관도 좀 더 접근되고 중국처럼 개혁개방을 해 가지고 호상도 이해하고 이런 방향으로 나가면 한반도 정말 사람하나 죽지 않고 피 한 방울 흘리지 않고 그다음에 전반 세계평화에 좋은 공헌하면서 평화통일 되는 게 '바람직한 일이 아니겠는가' 저는 그렇게 생각합니다.

**우병국** 예, 그래서 방금도 말씀하셨지만 평화통일을 지향해야 된다는 부분은 틀림없는 사실인 것 같고요. 그동안 북에서도 그렇고 남에서도 그렇고 정부차원에서 통일을 위한 많은 정책이라든지 그런 것들을 제시해 왔는데, 거기에 대해서는 각자 어떤 장단점이 있다고 생각하시는지 생각나는 부분을 말씀해 주시면 감사하겠습니다.

**노팔균** 아, 여기에 대해서 뭐, 우리가 말씀드리면 정보도 많지 않아서 간혹 중국 신문지상이나 여기서 소식들에 대해서 통일을 위해서 많은 일들을 하고 있다 알고 있는데 최근에 와서 보면 금강산 관광, 이산가족 상봉, 특히 경제적인 협력, 특히 개성 공단 같은 것을 만들어서 한국에서 투자하고 북한의 노동력을 쓰고 이런 식으로의 어떤 민감했던 문제들은 이산가족 접촉 같은 것은 좋은 일 아닙니까? 시간이 지나면 정말 그 세대는 세상에 남아있지도 않을 텐데, 하루 바삐 만나게 하고 이래서 교류를 좀 더 돈독히 하고 남북 간의 교류를 이것을 매체로 해서 더욱 강화하고, 만날 구실이 있어야 생겨야 되는 거 아닙니까? 그 구실마저 없어진다면 장벽을 쌓고 그러면 통일은 고사하더라도 서로의 교류의 기회마저 없어지니까. 그래서 이런 일들은 내가 볼 때는 남북 쌍방에서 적극적으로 추진시키는 좋은 일들이라고 생각되고, 이 상태로 계속 앞으로 나가면 그 영역을 넓혀서 나가면 좋은 일이다. 특히는 뭐 남쪽 가수 조용필 씨가 북쪽 가서 무슨 콘서트를 펼쳤고 그 전에는 또 누가 가서 했고 이런 것은 옛날에는 상상도 할 수 없는 일 아닙니까? 그니까 북쪽에서 이것을 수용할 수 있었다는 것도 한 개의 잣대고, 남쪽에서도 대형 인원을 조직해서 거기 가서 큰 콘서트를 했다는 자체는 민간차원이지만 큰 포부고 이것은 다 좋은 일들이라고 생각됩니다.

**우병국** 예. 그래서 양측 다 많은 변화가 있었고 그 과정에서 우리 중국동포사회도 중간자로서 연결시켜주는 역할을 많이 했다고 알고 있습니다. 그래서 우리 요녕성 〈조선족연의회〉에서도 유사한 활동을 조금씩이라도 하고 계시는지? 거기에 대해서 조금 말씀해 주시면 감사하겠습니다. 물론 북한이 약간씩 어려움을 있었을 때 여기서 지원을 많이 하신 걸로 알고 있는데.

**노팔균** 그것은 제가 아까 전에도 말씀 올렸다시피 중국에 조선족들은 다년간 사회주의 체제에서 성장했고 옛날의 그 좌적인 노선에 의해 가지고 폐쇄된 환경 속에서 아주 쓴 맛도 보았고, 그리고 개혁개방이후에 우리 그 사회주의 시장경제를 도입하면서 우리 경제가 세계적인 방향으로 흐르고 있고 그리고 20여 년 동안 지속적인 경제성장을 가져오면서 중국이 이와 같이 급속도로 전진하고 있는 그런 단맛도 우리가 지금 보아오고 있습니다. 그래서 우리가 생각할 때 중국에 사는 조선족들은 한국과 북조선과 접촉하면서 다 얘기가 된다는 것을 조선족들이 느끼고 있어요. 그러니까 우리가 조선 분도 좋고 한국 분들도 좋습니다만, 많이 투자하고 기업도 하고 있는데 어느 정도 가운데 중간 매체? 이런 역할을 할 수 있지 않겠는가 하는 이런 것을 우리가 직감적으로 느끼고 있습니다. 그리고 지금 현 단계까지 하고 있는 일들을 놓고 보면 여기서 우리 조선족 단체들이 뭐 조선의 농촌 관련 주제를 설정해도 좋고, 자발적으로 조선에 지원도 하고, 그다음에 여기 우리 많은 조선족 기업인들이 조선과 무역도 하고 특히 여기서 좋게 생각하는 게 뭐냐 하면 한국 기업인들이 직접 북조선에 들어갈 수 없는 상태에서 조선족 기업인들이 중간 역할을 하고 있습니다. 그러니까 예를 들어서 우리 〈조선족기업가협회〉 산하 이런 기업들도 많습니다. 그러니까 조선에서 광산이나 재료를 들여와서 한국으로 보내는 이러한 작업도 하고 예를 들어서 한국의 봉제업 같은 것에 그러니까 조선의 인건비가 싸고 이것을 이용해서 거기서 공장을 꾸려 가지고 거기 가서 봉제를 해서 그다음에 납품을 한 다음에 한국에다 출고하고 그러니까 간접적으로, 경제적으로 매개 작용을 많이 하고 있습니다. 그러니까 이게 앞으로 정책상에서 조선의 개방정책이 지금보다 좀 더 크게 진행되면 이거는 우리가 가운데가 빠지고 직접 할 수 있지 않습니까? 그러니까 이런 작용들, 그리고 심양은 지리적으로도 반도와도 가깝고 하니까 물류나 인류, 여기에 서 오시는 한국 분들 대부분 다 조선족들이 가이드가 되어 가 지고 첫째는 "단동을 좀 가보자 압록강 건너서 실제로 한번 건너 가보자" 이런 것들이 관광코스가 됩니다. 그래서 그 가 운데에서 한국 분들이 이해 못하는 사회주의 체제에 대해서 설명도 해주고, 조선의 형편도 얘기해주고, 우리가 겪었던 얘 기도 하고 이렇게 직접적으로 간접적으로 우리가 하고 있다 고 우리는 생각하고, 앞으로 우리는 좀 더 큰일도 할 수 있다 고 저는 생각합니다.

**우병국** 예. 물론 충분히 더 많은 역할을 앞으로 해내실 것이라고 저는 생각하고 있습니다. 그래서 지금 꾸려나가고 계시는 〈심양조선족연의회〉에 대해서 간략하게 소개를 해 주시면 감 사하겠습니다.

**노팔균** 우리 〈심양조선족연의회〉는 정부의 직접 승인, 재정 등을 받는 5개 소수 민족 연희회 중에 하나입니다. 심양에는 만족, 조선족, 회족, 몽골족, 시보족 해서 다섯 개의 독립적인 〈연의 회〉가 있습니다. 우리 〈조선족연의회〉는 자기민족의 문화전 통을 발굴, 발양, 계승하는 것, 그다음에는 특히 심양지역의 조선족 동포들을 한데 단합시켜 가지고 공동의 사회경제, 그 중국사회경제와 사회발전을 위해서 좋은 일들을 하도록 이렇 게 하고, 다음 우리민족 내부의 단결, 교류를 강화하는 것에 목적을 두고 활발하게 각종 활동이나 행사를 지금 벌이고 있 습니다. 그래서 우리 산하에는 직접 협회가 9개, 지역분회가 4개 이래서 우리 산하에 소속된 협회가 도합 13개 있습니다. 업종별로 예를 들어서 기업가협회, 교육협회 등등 그다음에 지역별로 조선족이 비교적 집결된 동명구, 오동구, 화통구 등, 이렇게 해서 일련의 대형 행사도 벌이고 분회별로 또 자기 업 종이나 지역별로 특성에 맞는 이와 같은 각종 행사도 벌이고 그 다음 우리 또 자체로 잡지도 꾸리고 있고 그다음에 학교나 학생이나 불우한 이웃돕기, 그리고 의사들을 조직해서 무료 의료봉사 등등 여러 가지 일들을 하고 있는데 주요하게 들어 가는 경비는 우리 기업가협회 기업인들의 후원, 사회 찬조금 이런 걸로 진행되고 있습니다. 그래서 근대에 와서 조선족 사 회가 많이 단결되고 응집되고 그래서 우리가 조직하는 몇 개 의 브랜드 큰 행사가 있는데, 이런 행사를 어떤 사람들은 또 누가 얘기했듯이 제가 또 보면서 얘기했습니다. "이건 단순한 행사가 아니라 우리 조선족 동포들이 만남의 장, 교류의 장, 친선의 장으로 되고 있다"라고 이렇게 되고 있습니다. 따라서 〈연의회〉는 우리 심양의 조선족의 단결과 친선과 교류를 도 모하는 이와 같은 구심점의 작용을 하고 있다고 말해도 과분 하지 않을 것 같아요.

**우병국** 예. 그래서 주로 동포 사회의 〈연의회〉 활동에 대해서 말씀 을 하셨는데, 그것과 연관해서 직접적으로는 통일관련 해서 는 아까도 말씀하셨다시피 간접적으로 활동을 해오고 계셨다 는 말씀이시죠?

**노팔균** 예. 그렇죠 뭐. 우리가 아까 경제인들은 직접으로 그렇게 하는 것이고요.

**우병국** 아. 경제인들은 직접교류를 하시고, 중개도 하시고요?

**노팔균** 예. 중개도 하고 직접 공장도 꾸리고 이게 결국은 뭐 내 생 각에는 통일사회에 대한 구체적인 지지라고 생각하고요, 그 리고 뭐 어쩔 때에는 완전한 민간단체에서는 만남의 장도 마 련되고는 합니다.

**우병국** 예. 만남의 장이라는 것은 이제 남북 간의 교류의 장을 말 씀하는 건가요?

**노팔균** 예. 하하. 그것도 좀 더러 있습니다. 어떤 분들은 평양식당 에 가고 싶다고 말씀하시고요. 식당에 가면 앉아서 만나서 얘기가 되기도 하고 북조선 접대원을 만나서 얘기가 되기도 하고요. 어쩔 때에는 우리 조선족 행사예요, 밑의 농촌이나 학교에나 크지 않은 행사지만 양쪽 분들이 다 갈 때도 있습니다. 그럴 때에는 뭐 서로 나는 뭐 직접 참가한 적은 없지만 자연스럽게 어울리면서 행사가 되는 때도 있고 그렇습니다. 그러니까 '이게 우리 중국에서 조선족들의 우세가 아닌가' 개인적으로 저는 생각이 듭니다.

**우병국**  예. 그래서 이런 활동이 있을 때 중국의 정부나 중국의 일반 사회에서 보는 시각은 어떤지 거기에 대해서는 좀 어떤 생각을 가지고 계신지요?

**노팔균**  그러니까 정식 민간단체나 사석은 관하지 않지만 정식 민간단체나 정부 쪽에서는 이렇게 할 권리가 없습니다. 그래서 나역시 남쪽, 북쪽 여러분들을 다 초대해서 어떤 행사를 하려고하면 정부 당국에 신청을 해야 합니다.

**우병국**  예. 학술회의라던가 이런 것들을 열려면 꼭 신고를...

**노팔균**  네, 꼭 해야 해요. 학술회의도 그래요. 신고를 해서 허가를 맡아야만 할 수가 있습니다. 끝나면 사석에서 밥 먹는 것, 예를 들어서 우리 한국 분들하고 앉아서 사석에서 토론을 한다, 정식회의가 아니고. 이런 것은 가능합니다. 그러나 양쪽의 남북 손님들을 다 초대해놓고 이렇게 하는 것은 하하. 아무래도 좀 규정에 제약을 받지 않을까.

**우병국**  하하. 네. 그래서 중국의 56개 민족에 55여 개의 소수 민족이 있기 때문에 아무래도 민족정책적인 요소도 있고, 변방문제에도 소수 민족, 특히 티베트라든지 상당히 민감하기 때문에 굉장히 그런 방면에 신경을 쓰는 것으로 알고 있습니다. 그것을 연계해서 우리 동포 사회가 활동을 하는데 약간의 어떤 뭐랄까. 보이지 않는 선이 있을 거라고 저는 생각을 하고있거든요.

**노팔균** 내가 볼 때는 전혀 없는 것 같아요.

**우병국** 전혀 없습니까?

**노팔균** 이거는 한국 분들이 와서 행사를 하는 데에는 나라지간의 관계에 의해 제약을 받을지도 모르겠지만 중국의 소수 민족으로서 우리 심양의 조선족들이 이전이나 지금이나 민족정책은 변함이 없고 우리가 하고 싶은 행사, 또 우리가 벌이는 행사라는 게 뭐 당이나 정부에서 허락하는 범위 내에서 하는 거고 이것은 저해를 받지 않고 자유롭게 하고 있고. 한국에서는 동포라고 하는데 우리 조선족들이 조선 사람들이 세계 각국에 널려 있지 않습니까? 제가 볼 바에는 중국의 민족정책은 상대적으로 좋은 정책이라고 저는 생각합니다. 문자가 없는 민족에게 문자를 만들어주고 우리 여기 심양에 학교를 만들어주고 조선말로 공부를 하게하고 조선말로 고등을 졸업해서 조선말로 대학 시험을 치게 하고 이런 점에서 우리 정책이 상당히 좋기 때문에 중국에 사는 조선족들이 뭐 어렵게 살거나 제 말로 비교적 자유롭게 자기 의사를 말할 수 있고 이것은 상당히 비교되는 것 같아요. 우리가 가끔 TV에서 보지만 구소련에 가 있는 사람들을 고려인이라고 하지 않습니까? 그분들은 뭐 연세가 많은 분이나 젊은 사람이나 제 말을 못하고 전부 러시아어로, 그러니까 여기에 비해서 우리 그 정책은 좋다고 생각되고 여기서 한국정부의 배려도 있겠지만, 한국에 안 갔다 온 사람도 없고 돈 벌어 여기서 다 잘살고 있고, 심양의 코리아타운, 서탑(西塔)가의 한국 상가들, 중국 상가들, 조선족 상가들 많이 드나들고 전 좋다고 생각합니다.

**우병국** 예. 그 외에 제가 알기로는 중국의 우리 한민족으로서 거주하는 분들 중에 아까 말씀 잠깐 드렸는데 조교 분들 소위 〈재중조선인총연합회〉를 구성한 걸로 알고 있는데 2000년에 남북정상회담을 하고 6·15공동선언을 했습니다. 그래서 그 이

후에 통일운동을 하는 분들을 주축으로 해서 〈6·15선언공동실천협의회〉인가 해서 남측본부, 북측본부, 해외본부를 결성했습니다. 물론 그 몇 년 후의 일이지만 중국 측 본부 대표로 조교를 맡고 계시는 양영동 의장이라는 분이 단체를 이끌고 한국으로 온 적이 있습니다. 그것은 오늘 처음 들으시는 것 같았는데, 그래서 제가 생각하기에는 형평성에 있어서 우리 중국 동포 분들이 그런 활동을 해야 마땅함에도 불구하고 조교단체가 그런 활동을 하는 것을 의아하게 생각했습니다. 제 개인적으로. 그래서 거기에 대해 어떻게 생각하시는 바가 있으면 말씀을 부탁드립니다.

**노팔균** 그것은 뭐 금시초문입니다. 그리고 제가 보기에는 중국에 〈조선인총연합회〉라는 그런 소식도 없고요. 그런 소식은 들은 적이 없고. 내가 알기로는 중국의 법적으로 우리 중국 공민도 좋고 특히 외국 국민들이 와서 지역을 벗어난 큰 범위 내에서 사단법인이나 민간단체를 조직하게 못합니다. 안 되어 있습니다. 그다음에 심양에 우리가 공부할 적이 우리 반에 조교 학생들이 친구들이 둘이 있었는데, 그 아이들을 통해 들으면 심양에 300내지 500여 명이 있었다. 그 당시에 500여 명 있었지만 300여 명 되는 것 같고, 그러니까 심양 내에 조교들은 자기별로 조직이 있어서 우리 영사관에 직접 어떤 용돈을 받는다. 그래서 자기별로 활동하고 있고 이런 것으로 알았는데 동북지역에 지역별로 크게 시를 벗어나 할 수 있는지 중국에서는 불가능한 일이라고 생각되는데.

**우병국** 제가 입수한 정보에 의하면 동북지역에 많은 곳에 지부를 두는 것으로 알고 있습니다.

**노팔균** 아, 그것은 저는 모릅니다. 그것은 여기 중국 상황은 아마 일본과 다를 건데 일본에는 총부가 있고 밑에 뭐 각 지부가 있고 그러는데 여기서는 그렇게 하는지는 잘 모르겠습니다.

그런데 외국인이니까 우리 영사관에서 직접 어떻게 하는지는 모르겠습니다만 그거는 잘 모르겠어요.

**우병국** 여하튼 그분들이 대사관을 조직해서 한국에서 회의를 할 때 참석을 하시고 그런 적이 있습니다.

**노팔균** 그러니까 그분들은 그러면 중국에서 사니까 물론 조선 공민이라고는 하지만 좀 더 자유로운, 자유롭지만은 내 생각에는 북쪽 측에 동의를 거치지 않으면 못 갈 텐데?

**우병국** 아무래도 그쪽 동의를 거쳐서 갔을 거라고 생각하는데요.

**노팔균** 그렇죠. 분명한 거고요.

**우병국** 요즘은 뭐 교류가 워낙 활발하니까 동의보다도 원하기만 하면 얼마든지 허락이 되는 것으로 알고 있습니다. 특히나 남북교류를 하자고, 통일을 하자고 6·15공동선언 했던 것을 실천하자고 하는 조약이니까 다분히 충분히 가능했을 거라고 봅니다.

**노팔균** 그럼 나쁜 일은 아니네요.

**우병국** 예. 나쁜 일은 아닙니다.

**노팔균** 뭐 만나고 같은 통일문제를 놓고 서로 부딪히고 만나고 이런 게 좋은 일 아닙니까?

**우병국** 예. 나쁜 일은 아닙니다. 나쁘다는 말씀을 드리는 것이 아니라 각 지역의 대표단이 모이는데 중국의 대표단이라는 이름을 걸고 갔기 때문에 제가 좀 이상하게 생각했다는 말씀을 드린 것 입니다.

**노팔균** 중국 대표단 자격은 없지 않습니까?

**우병국** 그렇죠. 없죠. 당연히.

**노팔균** 조교들인데 어떻게 중국 대표단 자격이 있습니까? 그니까 뭐 이게 소수 민족들이 조선족이 갔으면 몰라도 중국 대표단 자격은 없다고 생각되는데요.

**우병국** 예. 하하. 그래서 저도 참 이상하게 생각됐습니다. 처음에는.

**노팔균** 아. 그거는 모르고 있습니다.

**우병국** 그래서 우리 그 중국 동포 사회에서 그런 것을 알고 참여할 수 있는 기회가 있으면 참여하셨으면 좋겠다는 바람입니다.

**노팔균** 그런 건 내 생각에는 뭐 학술적으로 한국 가는 것도 힘들지 않고 어떤 세미나라던가 학술토론이 있으면 그쪽 학술부분에 초청에 의해서 여기 전문가라던가 박사나 교수가 참여해서 그니까 국제 정세 뭐, 한반도 정세도 국제 정세고 가서 자기의 의견을 피력할 수 있지 않습니까? 이라크 정세도 뭐 여하튼 국제 정세고 한데.

**우병국** 그 행사 자체가 학술행사이기보다는 이제 통일을 실천하자는 하나의 회합으로써 각 지역의 대표로 이루어진 사람들이 모여서 회의를 하는 것이기 때문에. 하하. 그래서.

**노팔균** 그런데 여기에서는 아마 조직적으로 체계 있게 나가는 것은 힘들 겁니다.

**우병국** 아무래도. 예.

**노팔균** 개인으로서 개인의 신분으로 나가서 자기 개인의 의견을 피력하는 것은 되지만 중국 조선족 뭐 이런 명의로 나가서 '한반도 통일에 중국 조선족이 어떠한 태도가 있는가' 이런 것은 힘들 겁니다.

**우병국** 아무래도 그래서 조교 쪽에서 먼저 그렇게 한 걸로 저는 생각하고 있습니다. 그래서 많은 질문을 드렸었는데, 이제 그 마무리하는 형식으로 해서 앞으로 남북관계가 어떠한 방향으로 발전해 나가는 것이 바람직하다고 생각하십까? 아까도 말씀하셨습니다만.

**노팔균** 그러니까 총적으로 세계 흐름에 맞춰서 지금은 중국에서 말하는 지금 말하는 그 의견이 난 참말로 옳다고 생각됩니다. 중국의 "조화로운 사회, 조화로운 나라, 조화로운 세계" 이래서 화평시간이 계속 지속됨으로 해서 세계적인 경제가 발전하고 그 속의 우리 중국경제, 한반도경제가 발전하고 이래서 인민들 생활수준이 제고 시키는데 여기다가 이 흐름에 발맞춰서 그러면 이 흐름 속에서 우리가 통일을 이룩하자면 이것은 전쟁이 아니라 화평이다. 평화통일이다. 평화통일을 하려면 지금 6자회담에서 하는 것처럼 말입니다. 한반도 핵 같은 거 군사경쟁을 없애고 모두 다 서로 좀 평화적으로 접촉을 하고 통일의 길을 모색하고, 그다음에 외교적인 좋은 환경 속에서 공동평화에 대한 노력, 이것을 해야만 되지 않을까 저는 이렇게 생각하고 있습니다.

**우병국** 예.

**노팔균** 그래서 아까 처음에도 얘기 했다시피 뭐 한국에서 양쪽에서 하고 있는 금강산관광, 개성공단, 이산가족 이보다 좀 더 넓혀서, 시야를 넓혀서 직접적인 무역, 문화교류, 한국에서 조선의 좋은 문화공연을 초청해서 큰 콘서트도 하고 이렇게 민간차원에서의 교류, 문화교류, 경제의 직접적인 교류 이런 것들이 지속되고 범위가 넓어지다 보면 마지막에서 경제가 하나가 되고 문화의 차이점을 극복하게 되고 그다음에 이전에 가지고 있던 적대심이 이것도 점점 누그러지고 이래서 앞으로 중국에서 하는 것처럼 '일국양제(一國兩制)' 이런 방향으로 통일이 되지 않을까, 연방제가 돼가지고 통일이 되지 않을까 저는 이런 것을 바라고 있습니다.

**우병국** 최근에 6자회담이 긍정적으로 끝나고 좀 화해의 분위기 쪽으로 나아가는 아주 바람직한 현상들이 보이고 있습니다. 그런 상황 하에서 회장님께서 우리 한반도가 대략 언제쯤 통일될 것 같은지 생각해 보셨는지 모르겠습니다.

**노팔균** 근데 제 생각에는 이와 같은 통일이 아주 복잡한 사회, 정치적, 경제적 심지어 지리적 구도 속에서 한반도 통일이 이룩되자면 확실히 시간이 소요되고 기회가 소요된다고 생각합니다. 어느 단 방면에, 어느 지도자에 한 사람의 의도에 의해서 되는 게 아니고, 복잡한 환경, 특히는 기회. 기회는 내 생각은 꼭 오리라고 생각됩니다. 그러나 그게 당장 내 마음대로 눈앞에 있는 것도 아니요. 또한 만약 당장 눈앞에 있더라도 당장 이룩될 수 없는 거고. 왜인가 하면 지금 남북의 이와 같은 이데올로기적인 사회제도적인 경제적인 이 모든 차이점이 너무 현저한 거고 너무나 부동한 거고. 그러니까 이것을 점차 교류를 통해 극복해 나가고 그다음에 국제사회에서 남북 차이점이 많이 해소됐고 이렇다고 생각될 때, 그때에 기회가 주어진다고 생각됩니다. 그러니까 그거를 너무나 짧게 뭐 우리 세대에 이룩된다고 보는 것은 내 생각에 안 될 것 같고 그래서 현세기 중반쯤에 되면 내 생각엔 아주 좋은 일이라고 생각됩니다. 하하.

**우병국** 하하. 예. 금세기 중반쯤이요? 중엽쯤이요?

**노팔균** 예. 하하. 그래서 뭐 완전히 38선을 베를린 장벽처럼 말이야 무너뜨리고 만세를 부르기보다는 38선 두고라도 자유로이 오갈 수 있고 이래서 개성공단, 다음에는 무슨 공단, 무슨 공단이 생겨 가지고 정말 서로 경제적으로 교류가 많이 되고 제품도 남쪽과 북쪽에 오고 가고 북쪽과 남쪽에 많이 오고 가고, 이래서 좀 무난해질 경우에 그리고 젊은 세대들이 우리가 50년대 겪었던 전쟁은 안 겪었지만 반세기 장벽에 쌓여 가지고 너무나 상호적인 게 없고 우리 정치인들이 지속적인 노력을 통해서 많은 것들이 해결되고 해소되고 그다음에 객관적인 기회가 주어지고 이렇게 돼야 만이 될 것이라고. 그러니까 주변 대국들이 여하튼 경제발전이나 사회정황이나 모든 게 다 외적인 조건도 주어지고 내적인 조건도 주어지고 그때를 기다리는 게. 그러나 그것을 앉아 기다리는 것이 아니라 적극적인 노력을 통해서 해야 만이. 저는 그렇게 생각합니다. 그래서 우리 한반도 뭐 난 역사를 많이 공부 못했습니다. 중국에서 공부하면서 조선 역사에 대해서는 세계역사의 한 부분으로 조금 배웠을 뿐이지 잘 모르는데, 그러나 내가 알고 있는 상식으로 볼 적에는 어느 한번 한반도가 정말로 진정한 화합과 통일과 단결과 발전을 가져올 때는 반드시 좋은 국제적 배경, 환경이 밑거름이 되고 밑받침이 돼야 한다는 것은 확실합니다. 그것을 우리가 적극적으로 쟁취하고 기다려야 된다. 저는 그렇게 생각합니다. 그러니까 너무 낙관하지도 말고 너무 비관하지도 말고. "6자회담이 되고, 핵 포기가 되고, 이래서 내일 아침에 만세를 부른다" 뭐 이렇게 생각하는 것도 유치한 것 같고, 그러나 너무 비관적으로 "이제는 조선은 조선이고 한국은 한국이고 앞으로 영원히 두 나라," 또 "백 년 지나가면 말도 서로 못 알아들을 거야" 이렇게 비관할 필요도 없고 저는 그렇게 생각합니다. 한마디만 더 보충할 것은요, 홍콩이 영국에 식민지로 전락되어 가지고 백 년 만에 중국에 돌아왔습니다.

**우병국** 귀속했죠?

**노팔균** 예. 뭐. 하하.

**우병국** 하하. 백 년 만에.

**노팔균** 예. 그러니까 거기에 놓고 볼 적에 중국정부는 상당히 인내성을 가지고 중국 그 해방 이후에 해방 이후도 한 50년 만이죠. 97년이니까 49년인가 근 50년 돼가지고 왔죠. 사실은 상당히 인내력 있게 지켜봤다 이거예요. 사실은 하루아침에 무력으로 해결해도 얼마든지... 대만해협처럼 바다가 놓여 있는 것도 아니고, 그렇지만은 국제법을 지키면서 기회를 기다리면서 상당히 인내성 있게 국제법, 법적으로 "백 년 너희가 가져갔으니 백 년 만에 달라." 이렇게 자연스럽게 돌아온 것 아닙니까? 그러니까 우리는 뭐, 45년부터 시작해서 지금 얼마

됐어요. 한 60년 됐죠?

**우병국** 예, 그렇죠.

**노팔균** 그러니까 여기 중국에 비긴다면 아직 40년 더 있어야 백 년인데, 내가 말한 반세기 한 중엽쯤 해서. 하하.

**우병국** 아, 예. 하하

**노팔균** 하하. 돼도 뭐, 낙관적이라고 말할 수 있지 않았습니까? 그러니까 좀 그런 넓은 안목을 가지고 좀 일보, 일보 그렇게. 한 세대가 아니라 두 세대, 세 세대가 계주봉을 주듯이 이렇게 받아가면서 한 가지 정책으로서 계속 밀고 나가야 이게 되지 않겠는가. 이게 어떤 정치인들에 이용되지 않고 민족통일이라는 이 문제, 국가 통일이라는 이 문제는 영원한 주제로서 모든 정치인들이 준수해야 될 한 가지 깨뜨릴 수 없는 기본원칙으로 우뚝 세워놓고 계속 이렇게 밀고 나가야 하지 않겠는가. 이게 난 중요하다고 생각해요. 이게 만약에 정치에 이용되어 가지고 "오늘은 관계 좋으면 좌다" 그러면 "내일은 하나도 주지 말고 뭐도 하지 말자고 하면 우다" 이렇게 되면 자꾸 흔들리게 됩니다.

**우병국** 하하. 그건 안 되죠. 어떤 하나의 그 변치 않는 원칙으로 정책이 서야 하는데.

**노팔균** 예. 나라의, 그러니까 남이나 북이나 이거는 이 한반도 두 정권이 최고 이익으로서 통일을, 민족의 최고 이념으로서 나라의 최고 그 이익으로서 그것을 놓고서 어느 정권이 들어와 앉던지 간에 이것을 계속 우리는 통일 하나만을 공동으로 추구해야 되는 목표로서 이렇게 밀고 나가야만 해결될 것이다. 나는 이렇게 생각해요.

**우병국** 예. 그래서 양측이 서로 그런 노력이 있어야 되겠다. 또 우리 중국에 계시는 동포 사회에서도 거기에 대해서 지지를 많이 해주시고, 또 아까도 말씀하셨지만 중간자 역할의 교량역할이라고 하죠? 교량역할을 좀 많이 해주셨으면 하는 바람입니다. 물론 지금까지도 많이 해 오셨지만.

**노팔균** 예. 뭐 여기에 있는 사람들은 반도 밖에서 지금 객관적인 시각으로 바라보고 있지만은 모두 관심을 갖고 있고 앞으로도 뭐 힘닿는 끝까지 노력하리라고 저는 믿습니다. 이거는 왜 그런가 하면 아까 말하는 누구 이익에는 부합되고 누구 이익에는 부합 안 되는 게 아니고 한반도의 평화적인 통일은 한반도 양쪽에 남북 양쪽에 인민들 대중들하고 두 정권에도 유리한 거고 또 중국이익에도 평화통일은 중국이익에도 유리한 거고. 나아가서는 세계적인 평화각도에서도 유리한 거 아닙니까? 그러기 위해서 6자회담에 대국들이 모여서 이렇게 큰 힘을 들여가면서 '왜 회담을 하고 있는가?' 이거는 제 생각에 세계적으로 가장 복잡한 몇 개의 민감한 지역 가운데 하나이기 때문에 그렇다고 생각합니다. 이거는 좋은 일이니까, 우리 조선족들이 특히 또 한민족이니까 더욱 관심을 가져서 노력하리라고 믿습니다. 그리고 바쁘면서도 이 일을 학술적으로 연구하고 추진시키는 분들이니까 수고가 많다고 생각되고 또 이 일이 상당히 내가 보건대 아주 신성하고 높은 단계에 올리는 일이라고 생각해요. 그러니까 뭐 어떤 국제회의 하는 것보다 민족통일, 하하. 예. 이것을 위해서 연구하고 동분서주하는 것이 참 돋보입니다. 하하. 존경스럽습니다.

**우병국** 하하. 아유, 뭐 부끄럽습니다. 긴 시간 많은 말씀해 주셔서 감사하고요. 아까 시간도 참 여러 가지 일이 많으신데 이런 귀중한 시간을 내주셔서 감사합니다.

**노팔균** 아니에요. 또 듣고 보니 좋은 일이고 해서 앞으로 종종 뭐.

**우병국** 예. 제가 다음에 또 부탁드릴 일 있으면 연락을 드리겠습니다.

**노팔균** 아까 제가 얘기했듯이 다음에 기회가 있으면 오셔 가지고

　　　한 분 한 분 만나는 것보다 기타 소재를 가지고 서로 같이 만
　　나서 각계각층들하고 이렇게 얘기 나누고, 또 좋은 일에 힘쓰
　　고 뭐. 하하.

**우병국**　예. 알겠습니다. 하하. 감사합니다.

# 4. 리선한

국제고려학회 아세아분회 회장

# 4. 리선한

면담일자: 2008년 4월 21일 월요일
장　　소: 중국 북경[北京直轄市]
면 담 자: 우병국
구 술 자: 리선한 국제고려학회 아세아분회 회장

**우병국** 교수님, 먼저 중국에 정착하시게 된 배경, 그러니까, 교수님
께서 이주하신지 몇 세대 되셨고, 지금 연세하고, 그동안의
주요경력 같은 것들을 간략하게 말씀해 주십시오.

**리선한** 네, 저는 중국 동포 2세입니다. 우리 부모님들 고향이 황해
도 연백이에요. 37년도에, 부모님께서 중국에 사업한다고 나
왔습니다. 정미소인가요? 삼촌 따라서, 자기 숙부 따라서 정
미소 한다고 나왔다가, 사업도 망하고 하니까 삼촌은 돌아가
고 우리 아버지는 남았습니다. 부모님 다 같이 오셔서, 결혼
하고 바로 이리로 왔죠. 49년도 생입니다, 49년도 중국에는
중화인민공화국이. 공화국 세대지, 공화국 세대예요. 자라기
는, 출생지는 중국의 지금은 백산시라고 해요, 옛날에는 홍강
시라고 했어요. 홍강, 하면은 비류수라고 말하잖아요, 홍강이
옛날에 '비류수'했단 말이지, 거기서 태어났습니다. 대학은
〈연변대학〉 다녔습니다. 72년도에 〈연변대학〉 졸업하고 〈연
변대학〉에서 교수하다가, 1년 반인가 교수생활 하다가 75년
도 〈북경대학〉으로 전근되어 왔습니다. 그래서 내가 여기 있
은 지가 30년이 넘었어요.

**우병국** 아, 그러십니까? 그동안 주로 이제 국문 쪽으로?

**리선한** 예, 그러니까 조선어문학부.

**우병국**  그러셨군요. 교수님께서 하나의 한민족 동포로서, 고국의 통일문제에 대해서 당연히 어떤 관심을 가지고 계셨을 텐데, 물론, 중국 공민이시기도 하시다보니까, 드러내놓고 활동을 하시기엔 곤란하셨겠지만, 남북교류라든지, 통일 관련해, 직접·간접적으로 활동을 하신 경험을 말씀해 주시겠습니까?

**리선한**  저는 중국 동포 2세입니다. 그런데 우리 부모님들이 아버지가, 형제가 4형제에요. 4형제인데, 아버지가 중국에 계시고, 아버지가 셋째인데, 중국에 계시고. 그다음에 백부에, 맏이죠. 아버지 형제의 맏이하고 아버지의 동생, 막내하고는 서울에 계시고. 그리고 둘째는 북에. 북의 뭐냐하면, 영변집 고향에, 고향에 계신다고 그래요. 뵙진 못했고, 돌아갔다는 얘기는 들었습니다, 최근에. 그리고 그때 아버지 4형제들이 남북하고 중국에 갈라져 있어요. 어머니는 고향은 황해도 대천입니다. 대천인데, 형제들이 서울에 일찍 들어갔어요. 그러니까 광복 전에 서울에 들어갔습니다. 그리고 나니까 다 오라버님들이 세 분이 계셨는데, 서울에 계셨습니다. 그래 어머닌 중국에 돌아올 때 서울에 좀 있다가 왔어요. 우린 서울에 대한 인상이 아주 깊습니다. 그래 어머니한테서, 그 삼각산을 어머닌 '생각산, 생각산' 합디다. 그리고 '성동역'을 '성덕역'이라고 해, 성덕. 그리고 나는 그런 이야기를, '한강이요, 삼각산이요, 성동이요' 이런 이야기를 많이 들으면서 자랐어요. 부모님들이 이 통일에 대해서 정말 열망을 했습니다. 형제들이 다 갈라져 있으니까. 그러니까 아버님은 37년도에 중국에 돌아와 가지고 형제를 못 만났어요, 돌아가실 때까지. 어머님은 예, 광복 후에, 한번 서울에 나갔었습니다, 38선 갈린 후에. 갔다가 전쟁이 일어나기 전에 돌아왔어요. 가서 한 반년 계셨겠죠. 갔다가 이제 시집와 가지고 중국 와 있다가 49년도 서울에 38선 갈린 다음에 38선 넘어서 서울에 갔다가 전쟁 전에 돌아왔어요. 그래서 어머니가 남북, 부모님께서 남북, 분열의 고통을 많이 느끼고 있습니다. 이산가족, 전형적인 이산가족이죠. 그래 가지고, 우린 2세지만은 당연히 남북통일에 대해서 관심이 많게 되요. 다른 사람보다 더 그걸 깊이 느끼게 되는. 중국에 있지만은, 부모님께서 돌아가기 전에 계속 통일하면 고향의 형제 만나는 얘기를 했어요, 근데 끝내 다 못 만나고 돌아갔죠. 나는 다 만났어요.

**우병국**  나중에 다 가셔 가지고. 남과 북 다 가셨습니까?

**리선한**  북에는 못 만나고, 남에 계시는 분은 다 만나고.

**우병국**  북에 계시는 분은 아직 못 만나보시고?

**리선한**  남쪽에 아직 서울에 계세요. 외갓집 친가, 다 계십니다, 다 있어요. 외갓집에 노인이 아직 살아 있는데, 어머니 오라버니. 96입니다. 저기, 용두동에 계세요. 형제들하고, 사촌형제들, 친사촌형제들, 사촌형제들 많아요. 그러다보니까 통일에 대해서 상당히 많이 듣고, 어릴 때부터 그 이야길 들으면서 왔어요. 우리도 왜인가하면 마음속에 부모님들이 그리던 그 통일 마음이 우리도 역시 그리 간절하지.

**우병국**  제가 미리 들은 바로는, 지금 주로 어떤 단체의 활동을 많이 하고 계신다고 말씀 들었습니다.

**리선한**  그러니까 앞에 최응구 교수님이랑, 그다음에 조호길 박사랑 만나셨다니까, 아마 그분들한테 들었겠죠, 들은 걸로 생각되는데. 사실, 〈북경대학〉의 조선어학과라고 말하되, 사실 한국어학과거든요. 사실 지금은 뭐 중국에 한국어학과가 많아졌습니다. 그러나 이게 중국의 해방 후에, 중국에 유일한 한국학과나 다름없었죠. 한반도 관련 이런 학과로서는 〈연변대학〉은 소수 민족 중심이었고, 〈북경대학〉은 대외관계 그런 인재양성 기관이란 말입니다. 그래 당연히, 이 학과의 교수로 있으면서 한반도를 외면할 수가 없어요. 우리 기본 연구가 한반도 연구고, 당연히 그러다보니까 통일에 대해서 직접 참여 안 할 수가 없습니다. 특히 학술적인 측면에서. 그래 가지고 앞의 최응구 교수 있지 않습니까? 그분이 이 분야에 많이 활동을 했어요. 나는 뭐, 실무를 많이 해왔죠.

**우병국**  실무도 굉장히 중요하죠.

**리선한**  실무를 많이 해왔습니다. 〈조선문화연구소〉라고, 89년도에 세워 가지고, 그다음에 〈조선문화연구소〉가 주축이 돼가지고 남북학술대화를 많이 추진해 왔어요. 그다음에 우리 연구소가 창의를 해 가지고 〈국제고려학회〉도 세워지고, 기타 연구기관들, 학술단체들은 주요한 취지를 남북학술대화에 중점에 두고 지금까지 해왔습니다. 남북학술교류사적인 각도에서 보면 아마 한 페이지를 장식할 수 있다고 할 겁니다. 저희 연구소들이.

**우병국**  그러면 통일문제와 관련해 가지고 교수님께서는 이념적으로 어떤 뚜렷한 입장을 갖고 계십니까?

**리선한**  일단, 뭐. 어떤 방식으로 통일이 되느냐 하는 문제입니까? 사실, 우리 민족은 좀, 어떤 면으로 생각하면은, 슬기롭고 총명하고 세상에 부러움 없는 민족인데, 한국이 현대화 실현한 역사를 보면, 진짜 세계에서 제일 우수한 민족이라는 게 증명이 됐거든요. '한강의 기적'이라든지 성장한 걸 보면. 조그만 나라가 지금 세계 경제대국이 된 거 아닙니까? 이걸 보면 한 민족이 참 우수한 민족이에요. 제일 슬픈 게 분단된 그런 게 있는 거라. 진짜 이 민족이 통일만 되면 세계에서 제일 우수한 민족이라는 걸 떳떳하게 자랑하며 살 수가 있는 민족입니다. 분단되어 있다는 게 정말 슬프기 짝이 없단 말입니다. 통일이 돼야죠. 통일이 돼야 되는데, 참, 이게 남북이 갈라져 가지고 체제가 서로 다르니까, 이데올로기가 서로 다르니까 통일하는 게 참 쉽진 않아요. 몇 십 년인데, 지금 60년인데. 아주 인내성 있게 통일이 되도록 양쪽이 다 노력을 해야 한다고 생각합니다. 시간은 좀 걸리겠지마는 끈질기게, 인내성 있게, 그래 통일을 될수록 빠른 시간 내에 이루는 것이 남북이 해결해야 할 숙제라고 생각됩니다. 그리고 해외 동포들도 응당 여기에 적극적으로 참여해서 통일에 이바지를 해야 한다고 생각합니다.

**우병국** 근데, 구체적으로 이바지할 수 있는 방향은 어떤 것이라고 보십니까?

**리선한** 저희들, 저는 학교에서 일하고 있으니까, 사실, 뭐 여러 가지 경우들 진행되고 그러는데, 우리가 주로 할 수 있는 것은 학술적 측면에서 교류, 지금까지 해왔거니와, 이것은 남북교류에서 중요한 분야를 차지하는 분야라고 생각돼요. 실질적인 통일을 추구하는 데 있어서 학술교류 분야가 차지하는 위치가 아주 중요하다고 생각돼요. 그러니까 사회·문화 분야의 교류 관해서 학술교류 참 중요한 일이라고 생각돼요. 지금까지 많이 적지 않게 해왔는데, 이게 뭐 보이지는 않지만은 남북통일에 적지 않은 영향을 미쳐왔다고 생각해요.

**우병국** 물론 그렇습니다. 해외 기타 지역의 경우, 예를 들어서 미국이라든지, 일본이라든지, 유럽 같은 데서는 이름을 통일 내지는 민주화운동 등으로 내 걸어서 했는데, 중국에서는 여러 가지 국내 사정으로 인해서 그렇게 할 수는 없지만 실질적인 활동은 굉장히 많이 있었다고 저희들은 판단을 하고 있습니다. 금방 말씀하신 것처럼.

**리선한** 저희들은 뭐 중국의 소수 민족이죠, 근데 우리 조선족이라고 하잖아요, 조선족은 기타 중국의 소수 민족하고는 좀 특수합니다. 원래 반도에 계시는 민족하고 한 민족이거든요, 사실은. 역사적으로 이제 조선족으로 돼버렸어요, 광복 후에.

**우병국** 이주민족이면서도, 56개 민족의 한 분자로 자리를 차지하셨는데.

**리선한** 중국에 살다보니까, 중국 국적을 가지고 중국의 법규라든가 이런 것들 잘 지키면서 통일을 위해서 자기 할 일을 해야죠. 그게 중요하다고 생각해요.

**우병국** 그러니까 여기의 공민이면서, 그러니까 공민으로서 도리를 다하면서, 한민족으로서 보탬이 되는 일을 해야 한다.

**리선한** 특히 저는 왜냐하면, 조선족이기도 하지만은, 제가 종사하는 분야가 또 역시 한국학이란 말입니다. 떠날 수가 없어요. 저한테는 사명이나 다름없습니다. 우리 통일 위해서 특히 학술 분야에서 남북 교류하는데 이바지하는 건 미룰 수 없는 책임, 혹은 사명이라고 생각합니다.

**우병국** 그리고 또, 아까 인내심을 가지고 통일을 빠른 시일 내에 이루어야 한다고 하셨는데, 방식의 면에서는 어떤 방식을 비교적 선호하십니까?

**리선한** 통일이라는 게 방식이 도대체 어떤 방식들이 있는가 생각하면 말하기가 힘들어요. 예를 들어서, 옛날에 분단이 돼서 대치할 때 서로 막 무력적인 충돌들이 많이 생겼잖아요. 그러니까, 전쟁의 방식, 무력의 방식도 하나의 방식입니다, 통일의.

**우병국** 네, 그렇죠. 베트남은 그러한 방식으로 통일을 했죠.

**리선한** 근데 우리 민족의 장래를 봐서 이건 절대로 피해야 한다고 생각해요. 우리 6·25전쟁도 있고, 우리가 말하는 그 전쟁 있잖아요, 조선전쟁. 이런 전쟁에서 우리가 교훈이 있잖아요. 다시 전쟁이 일어나면 안 되잖아요. 전쟁 방식으로 무력으로 통일하는 것은 절대적으로 남·북쪽에서 될수록 피하기 위해서 최선을 다해야 돼요. 나는 그게 중요하다고 생각해요. 그러니까 어떤 방식이냐, 평화적인 방식이에요, 평화적인 방식. 평화적인 방식이라면 또 쉽진 않아요. 그래도, 어렵더라도 평화적인 방식을 해야 한다 이거에요.

**우병국**  그러면 결국에는 점진적인, 대화를 통한 방식이 될 수밖에 없겠죠. 교수님이 보시기에 현재 남·북 간의 교류 현황은 어떻다고 보시는지요?

**리선한**  우리가 80년대부터 남북 교류다, 하고 이렇게 해오긴 해왔는데 남북 교류가 참 어려워요. 학술적인 측면에도 아주 어려워요. 다른 기타 여러 부분도 마찬가지겠지만. 분단의 골이 너무 심합니다. 너무 깊어요. 참 교류, 남북 교류를 추진한다는 게 해외에 있는 동포학자로서 슬플 때가 많아요. 비관이 갈 때도 많아. 이거 같은 민족인데, 한 데 앉히기가 그렇게 힘듭니다. 그리 힘들어요. 어려워요.

**우병국**  앉기도 힘들 뿐 아니라, 앉아서 서로 토론이 안 된다고 얘길 들었는데요.

**리선한**  토론은 앉기만 하면은 하죠. 서로 화기애애한 부분은 있지만, 속을 툭 털어 놓고 이야기하는 것은 안 됩니다.

**우병국**  중간에 입장 차이로 인해서 논쟁이 벌어지는 경우도 있겠네요?

**리선한**  그런 경우 있지만, 대개 같이 앉으면, 우선 뭐 그런 걸 피하지. 다 조심하지. 그런 경우 초기에는 너무 모르니까 좀 있었지만, 그거는 앉기만 하면 그런 건 다 자각적으로 피합니다. 회피를 해요. 그래서 회의 자체는 재밌게 되죠.

**우병국**  그러면 그동안 회의를 주관하시면서 가장 어려우셨던 점이, 일단 그 양쪽이 마주 앉게 만드는 그 자체가 어려우셨다는 거죠?

**리선한**  그거는 양쪽에 다 책임이 있어요. 양쪽에 다 문제가 있습니다. 어느 쪽에 문제 있다기보다도 양쪽에 다 이러저러한 문제가 있다고.

**우병국**  근본적으로 체제가 다르고 사고방식이 다르다보니까 입장 차이가 난다는 그런 말씀이시죠?

**리선한** 네.

**우병국** 그동안 남이든 북이든 통일에 대해서는 한 입으로 통일을 해야 한다고 얘기를 해 왔습니다. 그리고 그것과 관련하여 여러 가지 정책을 써왔는데, 교수님께서 보시기에 남북이 그동안에 써왔던 통일 정책들이 어떤 장ㆍ단점이 있었다고 보시는지요?

**리선한** 이건 좀 깊은 이야기인데. 사실 이건 녹음하니까 그런데, 솔직히 말하자면은, 이건 뭐 발표하면은 문제는 문제라고 생각하는데, 솔직히 말하면.

**우병국** 대외적으로 공개하기 싫으신 부분은 저희들이 아까도 말씀 드렸지만은 반드시 허락을 받고 삭제를 하고 가겠습니다.

**리선한** 사실 뭔가 하면, 89년도에 냉전 체제가 무너지면서, 냉전체제 하에서 서로 대결한 거는 그때 세계가 그랬으니까 이해가 가는데, 이제는 냉전이 끝나고 새로운 국제 시대에 들어왔잖아요. 이제 진짜 서로 대화하면서 통일 위해서 양쪽이 다 노력을 해야겠는데, 진짜 통일을 원하느냐 하는 부분에 들어와 가지고 내 의심이 가는 부분이 참 많아요. 특히 북쪽 같은 경우. 그렇죠. 남쪽은 또 진짜 통일을 원하느냐? 100% 다 그렇다고 말하긴 힘들어요.

**우병국** 그건 뭐 통계적으로도 다 나와 있는 거니까. 그렇습니다.

**리선한** 네. 그런 부분이 통일의 장애가 된단 말이에요, 사실상. 그런 부분이, 그런 부분들이 장애가 되요. 진짜 한민족으로서 빨리 통일을 해야 되요. 통일에 대한 입장이 서로 틀리다보니까. 그렇잖아요, 북에서는 뭐, '고려연방제'다. 남쪽에서도 여러 가지 견해들이 있잖아요. 견해차이가 너무 심하니까, 어떤 우리가 보건대는 '통일을 원하냐?' 하는 의심이 갈 정도에요. '통일을 원하느냐?', 정말 통일을 원하느냐?' 의심이 가요.

**우병국** 그럼 우리 동포 사회에서 보기에 가장 합리적인, 그러니까 이쪽도 아니고 저쪽도 아닌, 의심을 많이 한다고 하셨는데 합리적인 방식의 통합 내지는 통일의 방식이 어떤 것이라고 생각하고 계시는지요?

**리선한** 우리 생각은 통일은 서서히, 물론 시간 쟁취는 해야겠지만, 너무 급하게 추진할 수는 없는 상황이라고요. 서서히, 서서히 대화하면서 서로 가까워지고 서로 이해하는 과정을 겪어야 된다, 이겁니다.

**우병국** 일단 교류를 통해서 서로 상호 이해를 하고 그다음에 통일로 나아가야 한다는 말씀이신데, 그 과정이 어느 정도 기간이 걸릴 걸로 보십니까? 지금 이 현황에서는.

**리선한** 최근 10여 년간 한국에서 햇볕정책 실시하면서 남북교류가 표면상에서는 상당히 활발하게 진행되는 것 같은데, 그런데 실지 그렇게 활발했던가 하는 그런 거 보면, 또 그렇지도 않았다고 생각이 됩니다.

**우병국** 네, 일부 지역에 국한되어 있었고요.

**리선한** 네, 그것도 이제, 표면적이라고 생각돼요. 내면적으로 보면 활발했느냐? 그게 아니에요, 내면적으로. 이건 뭘 말해주는가 하면, 정말 시간이 많이 걸리는 작업이라고 생각됩니다. 굉장히 시간이 오래 걸립니다. 너무 골이 깊어요. 굉장히 시간이, 과정이 길어 좀 길어야 되요. 그리 빨리 안 돼요. 빨리 되기가 힘듭니다.

**우병국** 여러 가지 제도적인 문제도 있지만은, 이데올로기적인 문제도 있고, 체제 문제도 있고. 그 10년간 남쪽에서는 참 상당히 전향적인 방향으로 북에 대해 호의적인 정책을 썼는데, 어떤 면에서 보면, 저쪽 체제에서 받아들이지 못해서 진전이 못 된 경우도 굉장히 많았다고 보거든요.

**리선한** 뭐, 그런 부분도 있다고 생각되죠. 왜냐하면, 사실, 솔직히 말하자면, 그런 부분이 있어요. 사실 북으로 보면, 북쪽으로 보면, 이게 두 체제에서 자기가 지고 들어가는 게 되잖아요. 질 수가 없어요. 자기 체제를 고수해야 됩니다. 자기는 이 체제와, 사실 두 체제는, 뭐라고 할까? 서로 조화될 수 없는 체제입니다. 이 체제 자체가. 조화되기가 힘들어요. 체제 자체가. 극한 대립의 체제거든요, 이거. 이 두 체제는 경쟁입니다. 경쟁인데 지금 80년대 와서, 냉전이 종식되면서, 소위 사회주의 체제라는 것이 없어지지 않았어요? 그리고 이제 몇 개밖엔 없잖아요? 그 중에 북한이 있잖아요. 북한은 이 체제를 고수한단 말입니다. 그러니까 이거는 사실 서로 조화될 수 없는 체제입니다. 그러기 때문에 북한으로 봐서는 상당히 교류라든가 이게 상당히 자기 체제 고수에 불편한 점이 많죠. 안 그렇겠습니까? 그러니까 체제 유지의 입장에서 본다면, 교류가 많아지는 것은 사실 북에는 체제 고수에는 마이너스가 큰 겁니다. 그렇잖아요? 그래서 책략적으로 이루려고 한 거예요. 책략입니다. 전략적으로 이용하려고 한 거지, 솔직히 남·북 교류를 해서 통일을 나가자 이런 성의가 얼마나 있느냐 하는 문제는 다른 문제죠. 이는 솔직한 이야깁니다.

**우병국** 그건 뭐, 이미 공공연하게 이야기가 되고 있는 문제 같습니다. 그래서 결국 어떻게 보면, 저 쪽에서 체제 보장이 되고 좀 더 개방적인 자세로 대화를 하는 노력이 필요할 것 같은데요.

**리선한** 그걸 하기가 힘들어요. 왜냐하면 체제 고수하고 개방이 서로 일치하는 게 아닙니다. 개방하면 할수록 체제 고수에는 불편함을 줄 수 있다 이렇게 생각할 수 있죠. 그리고 그럴 가능성도 많아요. 그러니까 상당히 모순됐죠. 그걸 어떻게 처리하는가, 그건 북의 문제입니다. 그건 쉽지 않아요, 그게. 북에는 그게 상당히 쉽지가 않습니다. 그래서 북도 우왕좌왕하잖아.

**우병국** 네, 그럼 다시 학술교류 관련 활동으로 돌아가서, 활동을 하시면서 남측 혹은 북측 당국에서 어떤 지지 또는 격려를 받은 적이 있습니까?

**리선한**  사실 과거에 우리가 남북학술교류를 많이 하면서, 80년대 말부터 시작해왔는데, 남쪽 정부나 혹은 남쪽의 관리들이 우리를 친북파라고 생각하는 경우가 많았습니다.

**우병국**  남쪽에서요?

**리선한**  남쪽에서. 그러니깐 이게 남북학술교류를 하려면, 북의 체제를 이해하고 그 사람들을 이해해줘야 이제 서로 앉힐 수 있습니다. 그러니까 북하고 연계가 되어 있어야 되잖아요? 다른 사람들은 연계가 되어 있기가 힘듭니다. 우리는 옛날부터 연계를 해왔기 때문에 그런 기존 창구들이 있어 가지고 활용할 수 있는 거지. 그러니까 그걸, 왜냐하면 친북이라고 생각한단 말입니다. 80년대 말이나 90년대 초는 저희들 말살을 시킨다고 많이 했었어요.

**우병국**  한국에서요?

**리선한**  예, 사실 불이익을 당한 적도 있거든요. 예를 들어서, 제가 어느 해인가 속리산 간다고 다 해놓고 없어졌습니다. 난 지금까지 왜 없어진지 모릅니다. 다 통보해놓고.

**우병국**  그게 언제 적 이야기이십니까?

**리선한**  그게 90, 한 5~6년도 이야기입니다. 그러니까 사실 남북 학술교류에 남쪽 정부의 지원을 지금까진 못 받았죠. 이 부분은 상당히 가슴이 아파요, 좀 슬퍼요. 그래 제가 한 번은 대사관에 정종욱 대사일 때 가서 호소를 한 적이 있었습니다. 정종욱 선생이, 대사가 듣고 나서 상당히 좀 놀랬어요. 동정은 했는데 이제, 돌아갈, 4년 임기 끝나고 돌아갈 때 '참, 이거 사람들 관심 받기가 힘들다. 제대로 못 도와줬는데 이해해 달라. 그렇지만 낙심하지 말고 끝까지 잘 해 달라.' 이러고 떠났어요. 전화까지 하면서 그러더라고요. 참 가슴이 아파요. 이게 북경 대학에 우리 동포들이 좋은 위치 가지고 떳떳하게 북경대 교수하면서 남북학술교류라던가 한국학 연구를 하던가, 한국 정부에서 좀 잘 추슬러서 우리가 더 크게, 많이 할 수 있었다고요. 근데 오히려 우릴 분노시키면서까지 우릴 없애려고 했었다고. 그걸 통해 많이 맞았어요. 그래 만신창이 돼버렸다니까. 그래 우리 연구소가 지금 이렇게 가라앉은 것도 많이 관계가 돼요. 그때 지원받았으면 우리 연구소라든가, 한국학과가 많이 커졌어요. 그리고 우리가 분열도 안 되고.

**우병국** 그런 건 참 잘못된 거네요.

**리선한** 한국 쪽에서 잘못했죠. 한국 쪽에서 그렇게 사과하는 방식에 대해서 이해는 할 수 있어요. 근데 너무 모른다 이거야. 모른다고. 우리가 참, 대단히, 이렇게 생각하면, 통분이 될 지경입니다.

**우병국** 지금 같은 경우에는 어떻게 좀 그때하고는 상황이 많이 달라지지 않았습니까?

**리선한** 지금은 많이 달라졌어요. 근데 저희도 이제, 최응구 교수는 상당히 이 분야에 많이 활동하던 분이고, 근데 이제 정년하고. 저도 나이 먹고 이젠 많이 식었어요, 나이 먹고 몸도 많이 나빠지고 하고. 하는 사람이 있어야지 이거 하는 거죠. 하는 사람이 있어야죠.

**우병국** 후속세대는 어떻게 계속.

**리선한** 우리 연구소는 많이 깨졌습니다. 힘 많이 약해지고. 할 사람이 없어요.

**우병국** 참 안타깝네요. 그런 전례를 보고서 또, 거기서 위축당해 가지고 젊은 사람들이 나서려고 하지 않고. 그런 문제도.

**리선한** 뭐 사실 이거는 좀 희생정신으로 해야죠. 누가 돈 버는 것도 아니고, 돈 주는 것도 아니고, 잘한다고 하는 것도 없잖아요. 우리가 잘한다고 해도 누가 잘한다고 칭찬을 하겠습니까? 안 그래요? 그래도 자기 모국에서 잘한다 해줘야지.

**우병국** 그래서 저희가 이런 구술 작업을 해서 '이런 일들이 있었다' 하고 자료로 남기려고 그러는 것입니다. 이거는 꼭 필요한 작업인 것 같습니다.

**리선한** 이 사실 한국 쪽에는, 이전에 흑백논리를 많이 사용했어요. 해외 동포들 볼 때. '흑이다 백이다. 친북이다, 친한이다.' 이런 식으로 많이 갈라놓고, '이건 친북이다.' 해 가지고 막 없애려고 애쓰고.

**우병국** 실질적으로 중국 동포뿐만 아니라 일본지역도 마찬가지로 친북으로 이렇게 갈라 가지고.

**리선한** 네, 이렇게 흑백논리로 갈라 가지고 이렇게 합니다. 사실, 그렇게 보면 안 돼요. 뭐 각 지역은 각 지역의 특수성이 있잖아요. 여기에 맞게, 사실에 맞게 해야죠. 중국에는 일본처럼 뭐, 일본처럼 〈총련〉이다, 〈민단〉이다 해서 안 갈라졌거든요. 하나란 말입니다. 무슨 여기다가 '친북이다, 친한이다.' 이렇게 갈라 가지고 친북이라고 없애려고 애씁니까? 사실 그런 책동을 많이 했어요. 오히려 엄청나게 당했어요.

**우병국** 구체적으로, 혹시 그런 사례 같은 것들을 갖다가 정리해 놓은 것이 있으십니까?

**리선한** 실제적인 사례는 많아요. 근데 다 이야기하려면 너무 하죠.

**우병국** 뭐, 몇 가지만이라도 소개를 한 번 해주시면.

**리선한** 예를 들어서, 한국의 〈국제교류재단〉이 있잖아요. 이게 정부재단 아닙니까? 정부재단이 정부에 납세한 그 돈으로 운영하는 재단입니다. 그 돈이 국제기업재단이 해외 한국학 지원의 교류의 재정이 사실 작지는 않거든요. 근데 그 〈국제교류재단〉이 우리 연구소는 친북이다 해서 지원을 안했어요. 지원을 안 하고 〈북경대학〉에 다른 하나를 만들었습니다. 돈을 그쪽으로 많이 지원했죠. 그래 우리 학과가 두 개로 갈라졌습니다. 역시 남북으로 갈라졌어요, 우리도. 이렇게 말하면 좀 심하긴 한데, 앞으로 정부에서 한다면 **빼겠습니다. 빼**라고 얘기하겠어요. 그렇게 됐습니다, 그렇게 됐죠.

**우병국**  네, 무슨 말씀이신지 알겠습니다. 아니, 그런 것들을 이렇게 알려주셔야 앞으로 한국 쪽에서도 시정을 할 수 있는 근거가 되거든요.

**리선한**  한국의 학술대회 나가서, 이제 뭐, 남북 학술교류에 관한, 뭐 이런 거 학술대회에 부른 적이 있어요. 제가 가서 한 번 호소를 한 적이 있습니다. 거기서 할 말 다 하라고 그러니까, 정리해 가지고 나가서 할 말 다 하고 나온 적 있습니다.

**우병국**  지금 뭐, 할 말 못하는 그런 세상이 아니지 않습니까? 중국에서도 다 하고, 뭐 어디서도 다 하는데, 한국에서 못할 일이 없습니다.

**리선한**  지금은 그때, 때가 한참 좋은 나이, 많이 할 수 있는 일을 못했죠. 이제는 하고 싶어도 사기가 꺾여서 못하겠어요. 몸도 그렇게 되고. 최 교수님이 그런 이야기 별로 안 합다까?

**우병국**  예, 말씀 좀 하셨습니다. 최응구 선생님께서도.

**리선한**  난 실무 하던 아니까, 이제, 실무 많이 하던 아니까, 앞에서 많이 당했죠. 최응구 선생이, 역시, 나보다 더 가슴 아픈 이야기들이 더 많습니다.

**우병국**  그때도 말씀 들을 때도 하셨는데, 역시. 이번에는 그럼, 지금 중국에서 지금까지 관련 활동, 교류 활동을 갖다가 이렇게 쭉 해오셨는데, 거기에 대한 중국 정부, 그리고 중국의 일반 사회의 여론 같은 건 어떤지, 거기에 대해서 좀 말씀 좀 해 주십시오.

**리선한**  그러니까 저희들 학술 활동 하는 거는 뭐, 한국과 연계해서 하니까 중국 정부라든가, 전적으로 그래서 협조를 한다고 봐야죠. 학술교류차원이니까. 남북통일차원이 아니라 학술교류차원이니까, 이게.

**우병국**  일단, 내용이 어떻든 간에 학술교류라고 이렇게 해 가지고 활동을 하셨죠?

**리선한**  예, 그렇지 않으면 우리가 활동을 못하죠. 이때까지 정부의 방해를 받은 적이 없습니다. 많이 이해해주고, 저희들 하는 활동에 대해 협력해주고 그랬죠. 중국 정부도 감사하게 생각 돼요. 왜냐하면 우리가 조선족이니까 한반도 관계에 일을 많이 개입하고 있잖아요. 사실 우리가 한 민족이니까 그런 거지. 안 그래요? 한족이랑은 우리하고 생각이 틀려요. 이런 거 다른 중국 사람이 보기에 이상하죠. 〈북경대학〉교수가 왜 자꾸 그런 것만 하느냐? 자기 연구 분야는 문학이지, 나는 문학이 아니라 문화니까. 자꾸 이런 활동만 하니까 좀 이상하잖아요.

**우병국**  좀, 사회 활동 비슷하게 이렇게 하신다는 말이죠? 동료 교수 분들도 그렇게 보시는가보죠?

**리선한**  그렇게 까지는 안 봅니다. 이해해 준단 말입니다. 이해해 주니까 좋은 거죠. 그리고 뭐, 여기, 상당히 이해해 준다고 봐야죠.

**우병국**  그럼 우리 동포 사회에서의 인식은 어떻습니까? 이런 활동들에 대한 인식 같은 것들은. 당연히 지지를 하시는 건가요?

**리선한**  그렇죠, 우리 연구소가 학술교류, 이런 학술회의 같은 걸 지금까지 많이 해왔는데, 동포 사회, 한국학 사회에서 영향력이 아주 컸습니다. 특히 80년대 말, 90년대 전반, 아주 중요한 역할을 했다고 생각돼요. 그래서 이 학회를 통해 가지고 중국의 조선족 동포 학자들도 특히 북의 학자들과 많이 접촉할 수 있는 기회를 갖게 됐고, 그러면서 북에 대해서 많이 알게 됐고. 이게 오히려 동포 학자들이 남북 학술 교류라든가, 나아가서 남북통일에 건전한 생각 가지고 이바지 할 수 있도록 하는 데 아주 적극적인 역할을 했다고 생각됩니다. 반응도 아주 좋았어. 반응도 아주 좋습니다. 적극적으로 참여해야 좋죠.

**우병국** 그렇죠. 참 의미 있는 일들을 하셨는데, 지원이 좀 잘 되었으면 하는 아쉬움이 남네요.

**리선한** 그렇죠. 제일 아쉬운 건 그거죠.

**우병국** 이번엔 말을 좀 바꿔 가지고, 교수님이 보시기에 지금 현재 중국이 한반도에 대해서 하는 정책에 대해서는 어떻게 보고 계십니까?

**리선한** 중국의 한반도 정책?

**우병국** 뭐, 전체 한반도에 대해서 뿐만 아니라 남이든, 북한이든, 지금 펴고 있는 정책이 어떻다고 보고 계십니까?

**리선한** 중국은 상당히 현실적이라고 생각해요. 내가 보건데, 상당히 뭐라 할까 총체적으로 봐서, 아주 현실적이고 한반도 통일을, 한반도의 비핵화 이런데서 적극적인 작용을 하고 있다고 생각돼요. 중국이. 그러니깐 사실 분단된 남북 외에 중국이 한국하고 상당히 우호적인 관계를 유지하고 북하고도 기존, 전통적인 우의도 계속 유지해 나가면서 한반도의 평화에, 평화 안전, 또 비핵화 이런 걸 밀고 나가는 데서 중국이 아주 적극적인 작용을 하고 있다. '아주 비교적 좋은, 그런 자세에서 활동하고 정책을 펴 나간다.' 난 이렇게 봐집니다. 이건 솔직한 말이에요. 솔직한 생각입니다.

**우병국** 지금 중국이 그렇게 적극적인 정책을 펴고 있지만 혹시라도 약간 부족한 면은 없어 보이십니까? 조금 더 적극적으로 남북관계의 교류 개선에 나서고, 한반도 비핵화에 대해서도 조금 더 적극적으로 나서야 한다는 그런 느낌은 안 드시는지요?

**리선한** 그런 거 생각할 때도 있긴 있는데, 중국도 참 어렵습니다. 왜냐하면 남북에는 중국이 북한하고 가까우니까, 북한을 압력이나 설득 작업을 해서 6자 회담에 더 적극적으로 나와 달라고 이렇게 작용할 수 있는 나라인데 왜 못하고 있느냐? 이렇게 외부에서 많이 보고 있는데, 사실 중국이 북한에 줄 수 있는 압력도 이게 제한적이라고 봐야 돼요, 내 생각에. 북한이 중국에 대해서 상당히, 90년대부터 그렇게 좋게 생각을 안 했어요. 특히 93년도부터 99년도까진가 6, 7년 동안 양자의 수뇌들이 만나지도 않았잖아요. 상당히 민감한 시기였습니다. 이렇게 중국이 말한다고 해 가지고 북한이 들을 사정도 아니에요. 그러나 결국 중국이 북한에 대해서 적지 않은 작용을 해 왔습니다. 최대의, 최대한의 노력을 해 왔다, 난 이렇게 봐져요. 중국이 할 수 있는 일들을 적극적으로 해왔다. 이렇게 봐집니다. 그만한 건 쉽지 않다 이거죠. 유감, 내가 또 오히려 생각하기에는 중국이 오히려 북한을 잃었다고 생각되요. 그렇게까지 안 나가면 중국이 더 공생할 수 있다고 생각되요. 다시 조절하고 있잖아요, 북한하고. 관계 개선을 위해서 하고 있잖아요? 좀 너무 나갔죠. 나가지 않는 게 오히려 한반도 해결에 더 좋습니다. 더 안 나가는 게. 내가 보건데.

**우병국** 지금 상태에서 다시 북한과 관계 개선을 위해서 안 나가는 게 좋았을 것이다?

**리선한** 강택민 시기는 긴장했어요, 한동안. 너무 외교가 무리하게 추진하다보니까. 다시 회복하긴 쉽지 않잖아요?

**우병국** 그렇죠, 이미 의심하기 시작하면 자꾸 의심이 생기고.

**리선한** 그렇죠. 중국의 두 개의 큰 부분에, 북한이 하나는 수교 때, 그건 잘 한 거고, 그다음에 UN에서 손들어 준 것, 두 가지는 북한이 두고두고 아마 중국을 나쁘게 볼 겁니다. 근데 그거는 중국이 잘 했다고 생각되요. 근데 평소에 수뇌들이 서로 방문하면서 계속 유지만 됐어도 좋죠. 6, 7년이나 끊어져 있었지. 이건 중국이 잘 못 한 거지.

**우병국** 그럼 이제 그쪽으로 무마를 하면서 할 거다 하고 했어야 되는데 너무 그동안 너무 이렇게 격리시켜서 이렇게 했다. 그 말씀이신데. 중국에서도 스스로 그렇게 알고 있겠네요, 그러면? 그때 당시의 외교.

**리선한** 호금도 시기, 정권에 와 가지고 반성을 좀 했겠죠. 특히 대북관계 문제는. 그래도 적극적인 작용을 할 수 있습니다.

**우병국** 그렇습니다. 그러면 이번에는 우리, 한반도 통일, 그리고 한민족의 통합이라는 측면에서 우리 재중 동포 사회가 해야 될 역할, 그리고 만약에 문제점이 있다면 어떤 방면을 개선했으면 하는지?

**리선한** 중국이라는 지리적 위치에, 그러니까 긴밀하고 특수한 환경, 제3자 역할을 할 수 있는 것이 동포라고 생각해요. 물론 미국이나 일본, 러시아에 있는 동포들도 교량적인 역할을 충분히 할 수 있는데, 중국이 그 중에 좀 더 특수한 위치에 처해 있다고 생각해요.

**우병국** 지리적으로도 가장 가깝지 않습니까?

**리선한** 제일 가깝죠. 남북 양쪽 다 다닐 수 있고, 중국 동포들이. 그러나 역시 제한성은 있습니다. 한국 사회에서 중국 동포 사회가 큰 역할을 할 것으로 보이지만, 사실 쉽지는 않아요.

**우병국** 앞으로 점점 더 많이 커 나가고 있는 걸로.

**리선한** 그래서 더 적극적인 역할을 해야 된다고 생각되지만, 그 역할을 하는데 역시 장애도 쉽지 않습니다. 그래서 그걸, 한 방면은 한국 정부라든가 동포 사회에 대해 충분히 이해하고 동포들이 하는 이런 남북 학술 교류라든가, 통일에 유리한 행사라든가, 활동할 때에는 적극적으로 이해해주고, 협력해주고, 지원해주고 이런 것이 아주 필요합니다. 그러니까 그 외에 북에 대해선 우리 뭐라 말을 할 것이 없어요. 북이 우리 말 듣는 것도 아니고. 그러니까 한국 쪽에서 동포 사회를 아주 충분히 이해하고 좀 잘 협력해주고, 밀어줬으면 좋겠어요.

**우병국** 남북 간의 신뢰도 중요하지만은 우리 동포 사회와 한국 간의 또 그 신뢰도, 물론 그동안 많이 신뢰가 쌓였지만은, 초창기에 문제는 있었지만은 신뢰가 쌓여 가고 있는데, 그게 더 많아지면 좋겠네요.

**리선한** 우리 동포 사회도, 이제 제한적인, 뭐냐 하면, 북에 학술회의 한다. "나와 달라." 그러면 나오는 것도 아닙니다. 참 힘들어요. 참 힘든데, 여기 내적인 방법론 문제들은, 기술적인 문제들이기 때문에 여기서 말할 필요는 없지만, 사실 편법을 이용할 때가 많아요. 그리 쉽게 진행되는 게 아닙니다. 어려움이 참 많아요. 근데 그런 부분들을 남쪽은 잘 모릅니다. 남쪽 정부도 잘 모르고 민간단체들도 잘 몰라요. 그러니까 이 동포 사회를 잘 모릅니다. 이해하기 힘드니까 다르게 생각할 때도 있어요. 다르게 뭘 생각할 때도 있어요. 사실 우린 뭐, 근 20년 동안 해오면서 순수한 마음으로 해왔거든요. 순수한 마음입니다. 사실 안 해도 될 거 가지고 쓸데없이 고생하잖아요. 욕먹으면서. 오히려 오해를 받을 때도 많단 얘기예요. 오해받아요.

**우병국** 들으면서 대단하신 열정을 가지고 일을 하셨는데, 또 한 번 아쉬움이 생깁니다. 그 지원 문제에 대해서.

**리선한** 저는 이제 안 할 거라고. 뭐, 이제는 이런 거 안 할 거라고. 나이도 그렇고, 몸이 나쁘고 해 가지고. 연구소장도 다 그만뒀고. 그다음에, 학회 일 맡아 하는데 학회 일도 이제 안하려고 그래요. 이제 다 됐다고, 이제 젊은 사람들이 해야 한다고 생각합니다.

**우병국** 그럼 후속 젊은 사람들 나오고 있는 중입니까?

**리선한** 지금 별로 관심이 없어요, 사람들이.

**우병국** 젊은 분들은요? 그거 참 걱정이네요.

**리선한** 할 사람들이 있어야 하는데. 이건 희생정신이 좀 있어야 해요. 지금 물욕에 찬 사회인데, 거기에 바빠 죽겠는데, 뭐 이런 데까지 하자고 그러겠습니까? 자기 한국도, 한국은 해도 신비가 있잖아요.

**우병국** 희생보다는 자기 위치 지위를 갖다가 더 높이기 위한 데 시
간을 투자하고 하시는 그런 경향이란 말씀이시죠?

**리선한** 우리 사회는 개인 희생을 많이 했죠.

**우병국** 그러셨죠, 그때는.

**리선한** 개인 손해도 많이 본 거죠. 어떤 개인 식으로 말한다면.

**우병국** 희생을 하시면서 교수님뿐만이 아니라 여러 지식인들이 이
렇게 남북 간의 교류, 그리고 한반도의 먼 장래지만은 통일에
대해서, 이런 활동들을 하셔서 기여를 많이 하셨는데, 그동안
활동을 하시면서 가장 어렵다고 느끼신 점이 어떤 점이 있겠
습니까? 물론 지원을 못 받은 점도 있지만.

**리선한** 이해 못 받는 게 제일 어려웠죠. 양쪽에 다. 북도 우리 이해
못할 때 있었고, 남도 우리 이해 못할 때 있었고. 그러니까 그
때가 제일 서럽고 어렵다고 생각하죠. 물론 재정문제나 다 어
려운데, 이런 어려움들은 다 극복할 수 있어요. 근데 이해 못
해주는 거는 참 힘들어요. 그게 젤 어려울 거예요. 그건 양쪽
이 다 했어요. 남쪽만 있는 게 아닙니다. 남·북쪽에 다 있습
니다, 다 있어요.

**우병국** 좀 전에 활동을 하시면서 편법을 써서 북한에 초청을 하셨
다고 편법이라고 하면 어떤 방식을 말씀하십니까?

**리선한** 그러니까 예를 들어서 지금까지 우리 학술, 조그만 학술회
의도 많이 해왔는데, 사실 북쪽의 체제를 보면 '남북학술교류'
라든가 모든 교류는 북의 〈통전부〉에서 주관하게 돼있어요.
〈통전부〉에서 주관하게 되어 있단 말입니다. 근데 우리는
〈통전부〉하고 별로, 연계는 이전에 많이 찾아왔지만 우린 이
제 안 할 생각입니다. 왜 안하는가 하면, 그쪽에는 이제 '범민
족 운동' 차원에서 해외 동포를 초청한단 말입니다. 그래서
우린 그런 데는 참여하고 싶지 않거든요. 그러니 계속 거절

했죠 거절. 또 우리를 북쪽에서 보면 다 자기 동포라고 생각
해요. 우린 중국 사람인데, 범민족 차원에서는... 잘못 생각입
니다, 우린 해외에 사는 중국 사람이라는 것을 이해하고서 해
야 합니다. 근데 범민족 차원에서 우릴 초청하면 우린 상당히
어려워지죠. 우린 피해야 합니다.

**우병국** 중국 공민이니까.

**리선한** 네, 그리고 우린 그렇게 할 필요가 없어요. 그러니까 사실
우리 대부분은 순수 학자들이지, 정치적인 것과 관련된 무슨
〈통전부〉라든가 하면 우린 안 가거든요. 그건 학술하고 관계
가 없잖아요?

**우병국** 그렇죠, 순수 민간단체로.

**리선한** 〈사회과학원〉이나 〈김일성종합대학〉이라든가 연구기관들,
대학들하고 해야 우리한테 취지에 맞고 순수한 취지 아닙니
까? 순수한 거 아닙니까? 그러니까, 이렇게 하려니까 어려워
요. 이렇게 하려니까 북에서 나온 사람들이 허가받기가 힘듭
니다. 허가받기 힘들어요. 그러면 어떻게 하느냐? 우린 여기
는 '남북학술교류'다 이런 간판을 걸고 하는 게 아니라 국제회
의다, 이런 간판입니다. "국제회의다, 국제회의다, 학자들 와
달라." 그러면 그 사람들은 '국제회의 간다' 하지, '남북 교류
하러 간다' 그런 게 아닙니다. 그렇게 신청을 하면 허가를 합
니다. 그 국제회의를 하는 건 〈통전부〉하고 관계가 안 돼요.
그건 자기 상부기관에 보고해서 'OK'하면 오는 겁니다. 특히
사실 오기로 하면은 남북으로 돼있단 말입니다. 상징적으로
러시아 한 명, 일본 한 명. 이렇게 상징적으로 교류해요 중국
학을. 또 어떤 때는 러시아도 안 참여하고 중국학자만 개별적
으로 들어오면 남북 간에 대해서 이야기해라 이렇게 많이 했
죠. 편법 아닙니다. 그러니까 우리 중국의 사람들도 알죠. 그
런데 이 사람들이 나오기 위해서는 〈통전부〉라든가, 이런 사

람들이 눈감아주게 하는 작업을 해야 합니다. 그 사람들이, 그런 작업을 해야 돼요.

**우병국** 그 방식은 어떤 혜택을 주는?

**리선한** 네, 그렇게 혜택을 주든가. 뭘 이렇게 해서. 이런 상황은 남쪽이 몰라요. 남쪽에도 북에까지 방법을 다 알려주기 힘들어요. 그럼 남쪽이 또 이상하게 보면 지원을 잘 안 해줍니다. 그런 돈은 조금 들어가도 이제 사람들을 불러낼 수 있단 말입니다. 그게 중요해요. 그냥 안 나온다고, 나올 수가 없잖아?

**우병국** 나오고 싶어도 못 나오는 거죠.

**리선한** 나오고 싶어도 못 나오지. 우린 이런 내용을 잘 아니까. 그런 식으로 많이 해왔죠. 그런데 요새는 그게 막혔어요. 아마 남북교류에 단속을 심하게 하는 것 같아요.

**우병국** 저쪽에서?

**리선한** 네, 〈통전부〉에다 작년에 계획을 쭉 했는데, 하나도 못했어요. 다 준비했는데 갑자기 못 나온다고 이렇게 연락이 왔어요.

**우병국** 이제 한국에서도 그런 사정을 잘 알고 좀 거기에 맞추어서 해 나가는데...

**리선한** 한국은 사정을 잘 몰라. 그러니깐 조금 남북이 좋아졌다. 대통령이 방문한다 하면 남북 교류가 바로 직접적으로 터졌는가? 이렇게 착각하는 분들이 많아요.

**우병국** 그런 것은 절대 아닌 것 같고요.

**리선한** 그런 분들이 많아요. 〈통일연구원〉은 잘 알겠지만, 일반 학자들은 잘 몰라요. "너희들은 필요 없다. 제3자, 중국에 있는 학자 없이 우린 얼마든지 할 수 있는데" 하는 생각을 가진 사람들이 초기에는 많았어요.

**우병국** 지금은 오히려 더 필요할 것으로 아는데?

**리선한** 이제는 필요하다 생각하죠. 필요하다 생각하는데 우린 순수하게 했는데 어떤 데는 "돈 보내줘라." 이런 식으로 나오는 단체들도 있으니까. 우린 그렇게 안합니다. 확실하게, 투명하게. 그러니까 이해하는 단체하고는 하기가 좋아요, 한국의. 이해하는 단체. 예를 들어서 보면 한국의 〈국립국어원〉하고 많이 했어요. 남기심 원장이라고 계셨는데, 그분이 저를 제일 잘 이해 하셨어요.

**우병국** 제가 듣기로 용어, 통일문제에 대해서도 많이 하셨다고 하던데, 구체적으로 체육용어?

**리선한** 체육용어 그것도 했고, 그러니까 전문용어 그것을 다 준비 했다가 북의 사정으로 잘 안됐고, 남에도 좀 문제들 있어요. 그다음에 방언 문제, 국어 순화 문제, 어법의 순화. 북에서는 문화 정리 작업들, 이런 것들 많이 계획했어요, 어휘 순화 작업. 그 다음엔 북의 언어 자료, 남쪽의 언어 자료, 코퍼스 작업. 번역을 하려면 우선 언어 자료가 많이 축적이 돼야 됩니다. 그런 작업들 많이 해줬죠. 〈국어원〉은 남원장이 상당히 보수적인 사람 같아 보이는데, 사실 생각은 보수적인 사람입니다. 그러나 남북 교류를 아주 차근차근하게 해 와요. 참가 인원 중에서는 제일 마음에 듭니다. 2기나 했으니까, 원장을.

**우병국** 양측의 언어가 많이 이질화 되었지 않습니까? 서로 다른 게 너무 많기 때문에, 언젠가는 하나의 공통적인 기준을 가지고 정리를 해야 되는 것은 틀림없는 사실이지 않습니까? 아주 중요한 작업 같은데.

**리선한** 남쪽에서 준비를 많이 해 왔는데, 북쪽이 문제죠. 사실, 지금 잘 안 되는 건.

**우병국** 그쪽에서는 그러면 필요성을 못 느껴서 그렇게?

**리선한** 사실 북에서는 솔직히 말해서 '학술 교류가 도대체 북의 체제에 얼마나 도움이 되느냐'하는 문제를 생각할 때는 판단이, '별로 도움이 안 된다.' 이렇게 생각이 기본 생각이죠. 북에는 그게 기본 생각이지. 그러나 북에 있는 학자들이라든가 단체들이 많이 교류를 하려고 애써요. 진짜 편법을 써서라도 교류하려고 많이 애쓴단 말이에요. 그래서 성사된 겁니다. 원칙적으로 봐서는 '남북학술교류대회'라는 것이 북의 체제 고수에 무슨 도움이 되느냐 하는 문제에 대해서는 별로 도움 안 된다는 게 기본 생각이란 말입니다. 그러니까 전문용어 정리, 상당히 기본적으론 중요한데 실제 관료들이 '필요하냐?' 이렇게 생각하니까, '이게 무슨 필요하냐?' 이렇게 생각하는 사람이 많아요. 관료들은 몰라요, 그러니까 어려움이 많죠. 어려움이 많습니다. 진행하면 참 좋죠. 그 준비를 정말 많이 해왔어요. 근데 안 됩니다.

**우병국**  결국은 결과를 못 냈다는 말씀이시죠?

**리선한**  그러니까 〈통전부〉 문제지 뭐. 근데 뭐냐 하면, 또 그 남쪽에서 옛날에 겨레말 사전 큰사전, '겨레말 큰사전' 시작했잖아요. 그건 주석 유훈에 의해서 진행한 작업이었거든요. 김 주석 유훈에 의해서 진행된 작업이다. 김일성이 지시해서. 그래 남쪽에서는 민간단체가 또 나섰거든요, 그게. 남쪽에서는 문익환 목사, 김현숙, 거기서 주관이 돼서 이 사업을 추진합니다. 근데 이게 이후에 국민정부가, 그러니까 김대중 정부에서 문화, 국책사업으로 지원을 했단 말이죠. 그때의 문화관광부가 여기 지원을 많이 했어요. 그래서 그게 '민간 한겨레말 사전'이라는 것이 시작이 됐습니다. 그래, 거기는 전문용어랑 다 들어가 있는 거예요. 그런데 한국의 학자들이 별로 관심이 없습니다, 거기에 대해서. 소위 말하면 거기 좌파적인 학자들이 많이 들어가 있어요. 겨레말 사전, 소위 말하면 좌파적 학자들이 이렇게 많이 들어가 있어요. 그러니까 좀 우파적인 학자들은 '그거 뭘 받냐?' 이렇게 되는 거예요. 북에서는 전문 용어도 필요 없다 이거예요. 여기 다하고 있는데. 북에서는 유훈 작업으로 미니까, 뭐 무사통과입니다, 이건. 왜냐하면 문

익환 목사가 그때 살아있을 때 김일성 만나 가지고 합의한 내
용이란 말입니다. 그러니까 북은 이게 무사통과로 진행돼요.
그러니까 남쪽이 여기 맞춰 가지고 전문용어랑 잘 진행되면
잘 진행될 수 있어요. 근데 남쪽은 반쪽 학자가 참여했으니
까. 그래서 별로 적극적으로 안 했어요. 원래 그게 전문용어
분과가 있어 가지고 진행되어야 됩니다. 그러니까 우리가 역
자를 중복으로 또 할 수도 없거든요, 여기서 하고 있으니까.
저기 한 후에, 남북이 하고 있으니까.

**우병국** 그래서 여기서 멈춘 것?

**리선한** 그런 부분도 있죠. 그래서 안 했죠. 준비는 많이 했지만은.
그런 작업하면 좋죠. 처음에 방언 작업이랑 했습니다, 우리
가. 방언 교류도 많이 했어요.

**우병국** 여러 분야에서 그것 말고도 활동을 많이 하신 걸로 알고 있
습니다.

**리선한** IT분야도 해 보고.

**우병국** IT분야? 기술용어 말씀이시죠?

**리선한** 용어 분야도 있고, 그렇죠. 자판 문제. 이런 것들을 다 토론
을 하고, 코드 교환 프로그램을 개발해서 쓰고 그런 작업도
했습니다.

**우병국** 네, 다음으로 그동안 중국에서 생활하시면서 한반도와 관련
해서 특별히 인상 깊게 느끼셨던 사건들, 혹은 교수님께서 이
렇게 활동하시는데 영향을 좀 받으신 사건들 같은 경우에는
어떤 것을 꼽을 수 있습니까? 예를 들어서, 뭐, 한국에서의 경
제 부흥, 민주화, 기타 등등. 그다음에 북에서 예를 들면, 김
주석 갑자기 사망한 사건, 사건들이 어떤 게 가장 인상 깊게
남으십니까?

**리선한** 우리 중국에 사는 동포 2세로서 한반도에서의 모든 변화에
대해서 관심을 안 가질 수가 없어요. 상당히 관심을 가지고,

나는 뉴스를 생활이다시피, 매일 신문을 보고 있거든요, 여러 가지 신문을 보고 있거든요. 최근 인터넷이 많아서 여기서 계속 보고 있습니다. 한국에 대해서는 사실 옛날엔 너무 몰랐어요, 우리가. 제가 제일 처음 89년 가서 '아 이게 한국이다.' 89년에 제일 처음 갔어요. 올림픽 1주년 기념 체육 행사가 있었어요. 그때 일본에서 갔겠죠. 그리고 처음 보는 한국에 대한 인상이. 그다음에 그러니까 그 후에 이제 80년도부터 한국에 대해 차츰차츰 알게 된 거죠. 특히 한국에 나와서 장기적으로 한 1년 있다 나니까, '아, 한국이란 사회가 이렇구나. 한국인은 이렇구나. 한국인은 왜 이렇게 행동하고 왜 이렇게 사고하느냐?' 거기서 이제 사람들, 여러 분야의 사람들 초청하고 느끼고, 신문 보고, 뉴스 듣고 하면서 한국에 대한 기본 인상이 생긴 겁니다. 한국의 역사를 느낀 거는, 현대 역사, 현대 역사를 자기가 느낀 거는 별로 없단 말입니다. 그러니까 예를 들면 5 · 16이며 무슨 박정희, 뭐, 사람들이 말한 것은 스스로 느낀 게 없기 때문에 이해하는 부분이 좀 적어요. 그러나 80년대 후부터는 환하게 느끼면서 오지 않았습니까? 거기 안 살고 있었지만 매일 신문 보며 왔단 말이죠. 한국에 상당히 깊이 와 닿았습니다, 가슴에. 상당히 깊이 와 닿아 있어요. 이래서 한국은 이제 뭐, 제가 이야기 할 때마다 참 자유롭게 내 생각을, 우리 민족이 참 우수한 민족이다, 자기가 항상 스스로 자부심을 가질 때가 많아요. 특히, 한국에 가 가지고 한강 서울대학에 있었다는데, 집에 들어가려면 계속 다리를 넘어야 되잖아요? 한강대교 넘어야 돼 갖고 대교 넘을 때마다, 한강 강변도로 쭉 차타고 지날 때마다, 어떤 때는 가만히 강을 바라볼 때도 있고, 강 바라볼 때마다 이게 한민족이구나. 이게 한민족의 기적이다. 한강 기적이다. 참 이걸 느끼면서 감회가 깊어요. 한국 사람으로서 자유감이 있구나 하는 그런 생각이 듭니다. 한강 볼 때면 어떨 때는 눈물이 날 때도 있어요. 내 아버지, 어머니가 한 이야기가 자꾸 생각이 나요. 아, 우리도 이렇게 한국이 이렇게 발전하고 있으니깐 해외에 사는 동포들도 가슴 펴고 떳떳하게 살 수가 있구나. 상당히 자부합니다. 만약 한국 발전이 어려웠다면, 우리가 부끄러워해야 되지 않습니까? 참, 그렇게 생각하면 한국이 고마워. 정말 고마워. 아무리 정치판에서 막 서로 정권 다툼하고 여당, 야당 싸우고 할 때 보면, 한국이 막 당장 무너질 것 같은데도, 한국이 참 용케 잘 굴러가잖아? 아주 위대한 국민이야. 그러니까 우리는 뭐, 고맙게 생각하고, 해외에 살지만 항상 가슴에 품고, 모국이요, 한국을 위해서 우리가 할 일을 다 해야겠다. 특별한 사건이라는 것은 잘 모르겠어요. 계속 느끼고 있으니까, 이제는 자기 평상생활처럼 좋아서요, 갑자기 오는 사건들은 지금은 없습니다. 옛날에는 있었겠죠, 잘 모르니까. 자기가 몸담고 있는 곳을 생각하니까, 아주 신선한 느낌은 별로 없어요. 무슨 일이 있어도.

**우병국** 이제는 일상처럼?

**리선한** 일상처럼 돼버렸어요. 안 가본 사람이 가보면 야, 단숨에 뛰어오는데 이제는 너무 익숙한 나라가 돼버렸어요.

**우병국** 교수님 언제 1년간 한국 가셨었습니까?

**리선한** 저 94년도에 갔어요.

**우병국** 94년도에. 교환 교수로 가셨습니까? 방문학자?

**리선한** 방문학자. 그때 그렇게 한 번밖에 안 나갔어요. 일이 많다 보니까, 들어가서 오래 있을 시간이 없었습니다. 다른 사람들은 뭐 대학교수하다 짬을 내려고 애쓰는데, 돈이 생기니까, 난 30년 동안에 한 번 나갔어요.

**우병국** 그럼 교류를 하시면서 조선, 그러니까 북에 가보신 적이 있으십니까?

**리선한**  좀 많이 다녔죠.

**우병국**  주로 가시면 학술 활동으로 가시는 겁니까?

**리선한**  네, 그렇죠. 학회, 학회활동 때문에, 학술활동 때문에, 다음에 또 연구 때문에 다녔죠.

**우병국**  그럼 뭐, 양쪽 다 완전히 그냥 다.

**리선한**  학회를 하고 양쪽에 다 다니면서 느끼는 점은 진짜 이거 한민족이라는 게 정말 매번마다 또 새 것 같이 그렇게 느껴. 60년을 갈라져 있지만은, 세월이 분단되어 있지만은, 아 어떻게 이렇게 똑같이 닮았는가, 이렇게 의심이 가고 놀라울 때가 많아. 그래서 60년 갈라져 있더라도 뭐 이질성이니 하는 것보다도 통일만 되면 진짜 금방일 거예요. 체제가 달라서 그렇지. 물론 사고방식이나 차이가 있기도 하지만은 그 본질적인 거 문화적인 거는 똑같아요. 요만큼 다른 게 없어. 진짜 이질이라는 건 없어요, 본질적인 측면에서. 그걸 느낄 때마다 아 이거 민족이라는 건 무섭긴 무섭구나 하는 생각이 들어요, 우리민족. 그래서 전 세계 종교분쟁, 민족분쟁이 자꾸 생깁니다. 한민족은 60년 갈라져도, 100년 갈라져도 이젠 하나예요. 하나예요.

**우병국**  그래서 한민족입니다.

**리선한**  한민족 이거 몇 천 역사 아니거든, 이거 안 갈라져요. 나는 아무리 천천히 통일이 돼도 이건 하나라는 건 틀림없어요, 이건. 그걸 제일 느낍니다. 놀라워요, 놀랍습니다, 그 생각하면. 표면상으론 다른 게 너무 많죠. 북쪽에 가보고 남쪽에 가보면 다른 게 너무 많아요. 그러나 사람을 대하고 나면 똑같은 게 너무 많아.

**우병국**  깊이 들어가면 동질성이 굉장히 두텁단 말씀이시죠.

**리선한**  그게 놀라울 지경입니다.

**우병국**  그 참 다행스런 일입니다. 그죠?

**리선한**  다행스러운 일이에요. 그러니깐 나는 걱정이 안 돼. 천천히 돼도, 통일이.

**우병국**  통일이 늦게 되던, 언제 되던 걱정은 안하시고.

**리선한**  언제든지 하나거든.

**우병국**  교수님께서도 이제 학술적으로 여러 가지 활동을 해 오시고 계셨는데, 중국에서 다른 단체들, 혹은 다른 인물들이 이런 활동에 종사하는, 다른 방식으로 활동하는 분들이 있으시다 면 어떤 분들을 소개해 주실 수 있는지요?

**리선한**  남북문제?

**우병국**  남북교류, 혹은 통일 관련해서.

**리선한**  그러니까 우리야 뭐, 솔직히 정치학 관련 분야인데, 정치학 하고 우리는 거리가 멀죠. 우린 정치학 전공이 아니니까. 또 정치학과 내에서 동북아 정치라든가, 한반도 정치 전문은 더욱 아니고. 그러니까 그 분야의 학자들이 좀 있을 겁니다. 예를 들어, 〈사회과학원〉의 박건일 그분은 순수 한반도 정치. 연변 대학에도 좀 있을 겁니다. 나는 잘 모르겠지만. 우리 조호길 박사도 정치학 박사니까. 국제 정치학 박사는 아니고, 한반도 정치 전공은 아니고. 그래도 역시 정치학을 하니까 이 분야에 관심이 많고. 그 외의 학자들 외에 사회 활동가로 활동하는 사람들이 있죠.

**우병국**  사회 활동가라면, 주로 어떤 분들을 말씀하시는 건가요? 문학에 종사하시는 분들입니까?

**리선한**  문학에. 그런데 누구라고 꼭 집어 말하긴 힘들어요. 그리 돌출하게 하는 사람들이 별로 없으니까. 연변 쪽에 이제 많이 관심을 갖고 활동하는 분들이 있겠는데, 전 모르겠습니다, 이 제는.

**우병국**  제가 이렇게 말씀을 듣는 중에 생각을 해 보니까, 중국 동 포 사회에서 그동안 교류에 대해서 여러 가지 활동들이 있어

왔는데, 중간에 어떤 오해라든지, 한국 정부의 지원의 미급 이런 것들로 해서 굉장히 활성화되지 못한 부분이 있습니다. 그렇죠? 앞으로 활성화 될 수 있는 가능성이 있다고 보시는지요? 만약에 그렇지 않다면 거기에 대한 어떤 장애 요소들이 있는지?

**리선한** 지금 사실, 남북 간의 사회 문화 분야에서의 직접적인 교류 이런 게 되면 제일 좋겠죠. 그런데 그건 오늘 내일 되는 것처럼 보이지만, 그게 참 쉽지 않단 말입니다. 지금 남북의. 왜냐하면, 사회·문화교류분야도 이제 교류한다는 큰 원칙적인 견해 놓고 실제론 또 안 되고 있단 말입니다. 이 분야는 사실 북이 그렇게 원하는 분야가 아니에요. 원하는 분야가 아닙니다. 북은 경제 분야의 교류, 이걸 통해서 자기들 경제 해결되는 데 상당한 관심이 많지, 사회·문화 분야는 그게 과연 흡수가 되는 부분인가. 그게 우리는 뭔가 하면, 이번에 '국제학술회의'인가 하고 나온 거지, 우리가 '남북학술교류'해서 나온 게 아니에요. 그렇게 이 분야 참 앞으로 전망도 점점 어떻게 될까 나도 의심이 가고 점점 더 힘들어 질 것 같애. 적어도 남쪽에서는 원하고 있죠. 남쪽에서는 대단히 원하고 있는데, 북에서는 그렇게 원하는 분야가 아닙니다. 어려워요 그래서. 참 어려워요. 그러니까 점점 자신감이 없어져요. 더 하기 힘들어지니까. 사실 더 하기 힘들어졌습니다. 요 2년 사이에. 남쪽, 북쪽이 대부분 경제 추진하기 위한 여러 가지 작업들 많이 하지 않았어요? 7·10조치 후에. 그게 작년 상반년까지 상당히 상승곡선을 그으면서 발전을 해왔단 말입니다. 근데 작년 후반기에 와서 자기 정권 때문에 다시 위축이 됐다, 그 말입니다. 그러니까 우리 학술 교류도 작년까지, 작년 10월 달까지 이렇게 왔는데 다시 정리정돈 하면서 위축됐단 말입니다. 그러니까 북이 정돈을 아주 심하게 하는 것 같아. 그러

니까 아마 당분간 좀 힘들 것 같다, 이런 생각이 들어요. 이제
까지는 편법으로 많이 해왔잖아요, 근데 이 편법이 안 통하게
됐어요. 통하지 않는다, 그러면 어떻게 물색해야 되는가? 참
힘들단 말이죠. 사실 어려워요. 그리고 우리 해외 동포 역할
도 참 제한성이 점점 더 커질 것 같다, 이런 생각입니다.

**우병국** 그러면서 젊은 세대들은 희생정신이 좀 줄어들고.

**리선한** 줄어, 또 그분들은 다른 길이 없잖아요. 왜냐하면 한국 어떻
게 해야 할 지 모른데요, 그분들은. 우린 그래도 인맥 관계는
있잖아요. 전화도 안 통하고 택시도 안 통하고 하지만 나오면
우릴 찾습니다, 그 사람들이. 나오면 그래도 밥이라도 먹어야
지, 갈 때 비서도 가지 말아야지 하는데 우리한테 연락이 온
단 말입니다. 그럼 우린 밥이라도 한 번 접대해야 합니다. 갈
때 비서도 못 가게 하잖아. 그런 인간관계들 있잖아요. 그게
돈이 많이 들어가요. 아예 작년까진 너무 날 찾아서 정말 시
끄러울 땐, 체면 무릅쓰고 뭘 달라고 그럽니다. 안 줄 수도 없
잖아요. 불쌍한 사람들인데, 학자들인데. 그런 인맥관계 때문
에 이런 것들이 형성됐는데, 이게 누가 한다고 해서 쉽게 되
는 게 아닙니다.

**우병국** 네, 오랜 시간 이렇게 맺어진 인맥관계인데.

**리선한** 네, 인맥관계 있잖아요. 신의관계도 있고. 그 사람들하고 신
뢰 관계에 있잖아요. 아, 이 사람 믿을 만하다. 이렇게 된단
말이에요. 그런 관계 때문에 하는 거지, 누가 젊은 사람이 하
고 싶어서 뛰어든다 해도, 되지 않아요.

**우병국** 후속세대들이 지속적으로 연결되어서 양성되고 하면 좋을
것 같은데, 그런 기제가... 교수님께서 그런 역할을 해 주실
수 있을 것 같은데.

**리선한** 그러니까 우리가 그런 부분에 신경을 안 쓰는 것은 아닙니
다. 사람들 서로 알게 해주고, 데리고 나가고, 오면 같이 술도

마시게 하고, 이런 작업들도 다 하고 있죠. 자연히 형성이 되
는 겁니다. 그런 게 아주 중요한 부분입니다. 북에는, 남쪽처
럼 정권이 바뀌면 사람이 바뀌거나 이게 없어요. 한 사람이
국장으로 되면 10년, 20년까지 갑니다.

**우병국** 맞습니다. 그게 참 중요한 것 같습니다.

**리선한** 북의 인맥에는 이건 중요하다고 생각이 됩니다.

**우병국** 인간관계가 아주 중요할 것 같습니다. 한국 같은 경우에는
정권 바뀌면 좀 바뀌죠.

**리선한** 바뀌죠, 사람이 자꾸 바뀐다, 그러니까 오래 지속되기가 힘
들어요. 북은 안 그래요. 〈사회과학원〉 대외국장, 그분이 20년
이 넘었어요. 그 사람 우리는 상당히 미워했는데, 지금도 미
워하는데.

**우병국** 〈사회과학원〉 대외국장요? 제가 성함을 여쭈어 봐도 괜찮
겠어요? 〈사회과학원〉 대외국장.

**리선한** 아, 곽선욱. 예, 곽선욱, 곽선욱입니다. 뭐, 남쪽 사람들 많
이 알죠. 그 사람 우리 〈고려학회〉 나올 때, 못 나오게 하려고
많이 애 쓴 사람이에요. 그래 우리를 아주 싫어하죠, 그 사람.
근데 지금 우리한테 굽실굽실 해요.

**우병국** 그 특별한 이유가 있습니까? 굽실굽실하는.

**리선한** 아, 그 사람이 나오려고 그러니까, 자기가 나오고 싶다니까.

**우병국** 교수님께서 그런 활동에서 젊은 세대가 자라나는데 뒤에서
조력을 많이 주실 걸로 전 보고 있습니다. 그동안에 기대가
좀 있으시니까.

**리선한** 그동안에도 친구를 많이 만들어줬습니다. 북경, 연변에다
이렇게. 그래서 오면, 나한테만 연락하지 말고, 전화를 한 번
하라고. 그럼 내가 근처 나간다고. 그래 오면 자꾸 연락도 하
고, 내가 도움도 받고, 그래 가까워지기도 하고. 우리 민족대
학에는 문인환이라고 있어요, 문인환 교수라고 있어요.

**우병국**  네, 문인환 교수님이요.

**리선한**  그분들 우리 가까우니까. 우리는 여기 학자의 하나의 핵심이 형성이 돼야, 한 가지, 혼자 독불장군이 어디 있습니까? 그러니까 북경의 학자, 연변의 학자들, 상당히 여기에 호응에 주는 학자들 몇이 있습니다. 같이 술이랑 먹고 하는 친구들 있죠. 잠수하면 서로 생각하는 이런 사람들 있죠.

**우병국**  혹시 여기 북한 국적 가지고 계시는 조교에 대해서 들어 보신 적 있으신지요?

**리선한**  우리하고 접촉 하나도 없어요.

**우병국**  접촉은 없으시고? 그 〈재중조선인총연합회〉라고 이런 단체를 만들어서, 심양에 본부가 있고.

**리선한**  있다고 들었어요. 있다고 해요.

**우병국**  한 만 명 정도가 된다고 들었습니다.

**리선한**  그, 거기 단체는 우리가 말만 듣고만 있지, 사실 중국 동포 사회는 복잡해요, 우리가 생각하기에. 복잡합니다. 그 단체는 사실 북에서 통제를 하고 있거든. 통제하고 있고, 지원을 하는지는 모르겠지만 여하튼 계속 사상 통제를 하고 있는 곳입니다. 그래, 복잡해요. 그 속은 복잡합니다. 사실 그 단체는 왜냐하면, 중국에서 우리하고 같은, 신분들이죠, 사실. 왜냐하면, 이상하게 중국에서 교포가 된 거예요. 중국에서 해방된 49년도 전에, 중국에 원래 49년도 전에 중국에 온 사람들인데, 이런 사람들은 한국 갔다가 오던 간에 49년도 후에 온 사람들도 있고 그렇습니다. 저는 왔다가 친척방문 갔다가 오던가, 이렇게 돼서 그렇게 온 사람 다 조교로 됐어요. 49년도 후에 나온, 49년도 즈음에. 그걸 섞어 가지고 그 전에 있던 사람들은 조선족으로 하고 그 후에 나온 사람들은 한족으로 하고. 아니, 조교로 하고. 그다음에 관내 만리장성 길을 내서 만리장성 이남에 있는 조선족들은 전부다 조교로 하고 근데 나는 다 조교로 됐거든요, 다 우리랑 똑같아요, 신분은. 조교가, 이게 한 만 명 넘을지도 모르죠.

**우병국** 지금은 한 만 명 정도 됩니다.

**리선한** 그 사람들은 우리하고 신분이 똑같은데 그렇게 됐어요. 그 러니까 이것은 왜인가 하면, 북에서 사상 통제를 위해서 계속 교육을 해 왔단 말이에요. 근데 그게 대부분 이 사람들은 우 리하고 똑같습니다. 근데 그 간부들은 우리하고 생각이 다를 수 있어요. 그 사람들은 통일돼서 좋은 점을 우리는 모르니 까. 형식적으론 모르죠. 그렇죠, 혹은 알고 있는 간부들 난 싫 습니다, 그 사람들. 초청하기조차 싫어요. 우리도 초청하려고 안하고, 그 사람들도 우릴 찾아오지 안하고. 그래서 우린 거 기에 대해서 관심이 없어요. 우리가, 그 사람들 사상은 오히 려 북에서 사상교육을 받은 사람이기 때문에 사고방식에 문 제가 많다, 이렇게 봐야지. 이 사람들 위험하다 봐야지, 이렇 게 말해지거든.

**우병국** 지금까지 많은 말씀 하셨는데, 앞으로 남북관계가 어떤 방 향으로 나가는 것이 바람직하다고 생각하고 계시는지?

**리선한** 총체적으로 이제 새로운 정권이 들어서면서 남북관계가 좀 변경되는 걸로 보이잖아요. 이렇게 보이는데, 이번 정권도 좋 고, 다음 정권도 좋고. 여하튼 대화의 창구를 계속 열고, 이런 데서 이렇게 교류정도는 해 와야 됩니다. 물론 거기는 여러 가지 방식이 있죠. 여러 가지 방식이 있는데, 어떤 방식을, 그 러니까 물러나고 정체된 것 같지만 대화, 교류, 협력, 이 방향 으로 나가야 된다. 악화시키지 말자 이거예요. 물론 북에서 욕을 하잖아요. 남에, 정권에, 공개적으로 막 욕하잖아요? 지 금까지 남에서, 싸움을 걸 때, 아무 말도 안하고 가만히 있잖 아요. 그리고 대화하자, 예를 들어서 상생하자, 이렇게 적극 적으로 나오잖아요? 이 방향이 맞아요. 오히려 주동으로 악화

시키는 일은 하지 말라 이겁니다.

**우병국** 남측에서요?

**리선한** 남측에서. 북측이 뭐, 아주 우위에 있잖아요, 우위에 있잖아요. 그러니까 그런 식으로 나오는 게 맞아요.

**우병국** 포용하는 방향으로 나가자?

**리선한** 포용하는 방향으로 나가자. 근데 그렇다고 해서 무원칙적으론 안 돼. 원칙은 지키면서 해야죠. 무원칙적으론 할 수 없죠. 앞에 정권은 좀 그런 말 듣잖아요. 그거 좀, 성사 조건('성사 조건'으로 추정, 녹취불분명) 어렵게 만들 수도 있죠. 사실 갈 필요도 없잖아요. 아무 해결도 못하잖아요, 그 사람들 각자가 정치하고 관련되니까. 지금 정권의 남북교류를 참 어렵게 했잖아요, 그 때문에. 그렇게까지 무원칙적으로 할 필요는 없고.

**우병국** 체결했던 약조도 다 지켜라?

**리선한** 북에서 자꾸 대는 조건이 얼마나 어렵습니까? 그 따라서 속네, 마네, 나 욕하네, 나도 욕한다. 이렇게 나가지 말자 이런 겁니다.

**우병국** 이번에는 그런 것 같지는 않습니다.

**리선한** 가장 기본적인 원칙의 방향인 교류, 협력에 대화, 이렇게 나가는 게 맞아요. 이걸 흔들지 말아야 한다고 생각합니다.

**우병국** 그 외에 또 한국 쪽에 바란다든지 희망하는 게 있으십니까?

**리선한** 나는 이 원칙만 지키면 다른 건 다 쉽게 해결된다고 생각해요. 물론 구체적인 책략들, 방식들이 나올 수도 있잖아요. 뭐 구체적인 문제들이 자꾸 나올 수도 있잖아요. 남북 관계는 항상 복잡하니까. 이 원칙만 흔들림 없이 딱 지키고 나가면 한국이 오히려 유리한 고지에 설 수 있는 기회가 올 거다, 난 이렇게 생각해요. 그 시간은 조만간이라고 생각해요. 그러지 않으면 오히려 한국이 당합니다. 한국은 못 들은 척 꾹 참고, 우리 형제인데, 서로 교류하자, 대화하자, 연락사무소 세우자,

이렇게 자꾸 나와야 돼요. 그러면서 이제 원칙을 지키는 겁니다. 원칙을 지킬 건 지켜야죠. 좀 지켜야 될 원칙을 좀 지킬 필요가 있어요. 좀 교묘해야 될 필요가 있어요. 사실 뭐 인도주의문제는 문제거든요, 사실. 그렇잖아요? 알고도 말 안하고 가만히 있었던 거 아니에요?

**우병국** 인권문제요?

**리선한** 인권, 인권문제, 맞아요.

**우병국** 거기에 대해서는 일본 정부 내에서는 아주 뭐 확실하게 얘기 하려고 하는 것 같습니다.

**리선한** 할 이야기 했잖아요. 고 정도로 해먹으면 됐죠, 너무 자극하진 말고. 북은 그래요. 북은 어떤 의미에서 북은 지금 방법이 북에는 적합한 선택이구요, 아주 현명한 방법이라고 보입니다. 그렇죠, 사실 북한테는 그 방법이 제일 효과적인 방법이에요 지금까지. 북은 자기 처한 위치, 자기가 해야 할 방법, 요런 것들을 잘 선택해서 해 왔어요. 그런데 북은 지금까지 계속 플러스에요. 플러스 외교가 돼 왔어, 지금까지. 그렇게, 그게 왠가 하면, 북이 그렇게 하고 싶어서 한 게 아니에요. 그렇게 할 수밖에 없어서 한 겁니다. 예를 들어서 핵문제 해결. 좋다 그러면 해결이 안 되잖아요. 그래 강경하게 나왔잖아요. 벼랑 끝까지 간 거 아닙니까? 벼랑 끝까지 갔죠. 그 사람들은 진짜 벼랑 끝까지 갈 생각을 한 거예요. 방법이 없잖아요.

**우병국** 최후의 수단으로.

**리선한** 최후의 수단으로만 이용한 게 아니에요. 할 수 없이 그렇게 간 거예요. 그냥 해결이 안 되니까. 지금 북에서 이를 가지고 의견이 서로 안 갖춰졌잖아요, 내부에서. 어떤 사람은 "이제 가면 안 된다, 이러지 마라, 하지 말자." 소위 말하는, 뭐냐 하면, 비둘기파들. 안 된다. 다른 방도가 없다. 우리 끝까지 해봐야 된다. 소위 말해 강경파, 매파들. 매파들이 거기까지 갔잖아요. 근데 우리보기에 그렇게 갈 거 같아요, 그때. 북쪽은 그렇게 끝까지 갈 거 같아, 딱 보니까. 그 방법밖엔 없어요. 내가 북이라면 그렇게 할 수밖엔 없는데, 뭐. 그렇잖아요? 사실, 북의 눈에는 한국이 없어요. 지위가 없어요, 북의 눈에는. 북의 문제 해결하는 데는 한국은 어떤 작용도 못한다고 봅니다. 사실 또 그래요. 한국이 작용 못합니다. 근데 이걸 자극하는 건 일본도 안 해요. 미국입니다. 미국하고 하려고 많이 개선하려고 많이 애써왔거든요, 근데 안 되니까 난 끝까지 해본다, 이런 식입니다. 진짜 끝까지 해 볼 생각을 했거든요. 지금도 그런 생각이거든요. 안 되도 좋다. 난 끝까지 하겠다. 난 없다. 난 원래 벌거벗은 놈이니까, 이것밖엔 없다. 이런 식으로 나온 거예요. 그럼 그게 제일 좋은 방법이지 뭐. 앞으로도 그 방법 그냥 쓸 겁니다. 앞으로도 그냥 그 방법 써야지 뭐, 그게 국익에도 도움이 되는 거예요. 그게 제일 적합한 정책, 현명한 정책이에요. 그렇게 나가야 대내외 문제가 다 해결됩니다. 그래야 미국하고 관계가 해결되죠. 근데, 한국이 여기서 만날 끼어 가지고 이래서 잘 안 돼요. 이점은 좀 똑바로 잘 알고 있어야 해요. 그래서 오히려 한국이 이전에 노무현이랑 아직 거들먹대면서 자기가 할 것같이 그랬지만, 하나도 한 거 없어요. 하나도 못해냅니다. 가만히 있고, 좀 춤춰라 하고 가만히 이래 보는 게 낫지. 좀 너무 거들먹거려요.

**우병국** 그러니까 너무 정부에서 나서서 활동을 하는 것보다는 민간 차원에서 이렇게 짜는 게 중요하다?

**리선한** 네, 북은 뭐, 한국은 거들떠보지도 않고, 넣지도 않고 있는데. 뭐, 사실 욕 할 땐 욕 하고 그렇잖아요. 한국은 자기 위치를 잘 알아야 해요. 사실 또 그렇습니다. 자기 위치가 그런 위치가 아니니까, 발언권이 별로 없어요, 한반도 문제 가지고. 그걸 자기 위치를 알아야 해요. 그러니까 그렇기 때문에 북이 한국을 충분히 이용할 수 있는 그런 계기를 마련 할 수 있어요. 그런 위치, 일단 내가 보기엔 주동의 위치에 있단 말입니다. 거긴 피동의 위치입니다, 한국은. 자기 위치를 알아야 됩니다. 그러면 남북 교류하고. 북은 자기 위치를 잘 알거든. 잘 알고 있습니다, 자기를. 내가 있더라도 그렇게 할 수밖에 없는데. 나는 끝까지 해본다, 이거야. 진짜 그렇게 해볼 생각으로 달려들어야 됩니다. 진짜 그걸 막지도 않으면, 합니다, 그렇게.

**우병국** 한국 같은 경우에는 한계가 있으니까요. 정권의 기간이라는 게 있으니까, 끝까지 간다는 것 자체가 불가능하다고 보고 있거든요. 어차피.

**리선한** 그리고 한반도 문제에 대해서 한국이 발언권이 별로 없잖아요. 어떤 정권이 10년 해도 마찬가지입니다. 그러니까 지금 똑바로 알고 거기에 맞는 정책을 펴야 돼요.

**우병국** 장기적인.

**리선한** 네, 그러니까 내 생각에는 한반도 문제 해결은 진짜 6자 회담의 틀이든가 도우미 관계의 틀에서 해결해야 되는데, 거기서 한국이 잘 이어가야 돼요. 그 틀에서 해결하고 싶은 속셈에, 솔직히 남북이 해결할 문제가 아니거든.

**우병국** 민족 간 문제이기도 하지만 국제문제이기도 한.

**리선한** 국제문제죠, 그러니까 한국이 그렇게 하려고 해도 못합니다. 아무리 돈이 많아도 안 돼요. 아무리 강해도 안 되는 겁니다, 한국이. 그렇게 강해지지도 못했거니와. 그렇지, 그러니까 그 위치를 똑바로 알아야 되요. 자기 위치를, 똑바로 자기를 잘 알아야 남자라고 할 수 있습니다. 그런데 한국이 자기를 잘 모를 때가 그렇습니다. 모르는 부분이 좀 있는 거 같아요. 그래 이용당한단 말입니다, 자꾸. 자꾸 이용당하잖아요. 지금 밖에서 뭐 합니까? 우리, 핵실험이랑 할 때 보면, 핵실험

한다, 이렇게 났거든.

**우병국** 그때 할 것으로 예측을 하셨단 말씀이시죠?

**리선한** 그다음에 핵실험 하다 서로 6자 회담이 안됐거든. 북이 오래전부터 생각한 겁니다. 자기들 문제 해결하려고 하면 기본적으로 미국하고 해결해야 한다. 미국하고 해결해야 자기들 견해의 문제가 해결된다. 이게 북의 기본적인 생각입니다. 이걸 벌써 클린턴 정권 전부터 그렇게 생각하고 그렇게 해 왔거든요. 그게 안 되니까, '좋다, 핵실험.' 연구 막 박차를 가해 가지고 그렇게 실험을 한 겁니다. 그 길밖에는 없어요, 북은. 그러니까 북의 기본적인 생각은 지금까지 변한 게 하나도 없습니다. 앞으로도 안 변해요, 그 사람들. 안 변합니다. 김정일이가 있는 동안은 안변합니다.

**우병국** 그걸 전제로 해서 이제 정책 같은 것을 입안할 때.

**리선한** 네, 변하지 않아요. 6자 회담이 새로운 협상이라서 변하는가? 아니에요. 자기들 기본 원칙은 안 변합니다. 기본 생각은 안 변해요.

**우병국** 선생님께서 금방 말씀하시기에 그 김정일 정권 얘기가 나왔는데, 이 정권이 어느 정도까지 지속될 수 있다고 보십니까? 이것도 민감한 문제인데.

**리선한** 이건 뭐, 저도 깊이 생각은 안 해봤는데, 사실 북의 체제는 물론 생활은 어렵고 그렇다 하지만 체제가 대단히 안정됐다고 봐야 돼요.

**우병국** 체제에 안정성이 있단 말씀이시죠?

**리선한** 네, 안정성이 있다고 봐야죠. 그러니까 아직 체제 변화가 온다는 건 상상하기 힘들어요. 모르죠. 이다음에, 김정일 이후에 어떻게 되는가 하는 문제는 다른 문제인데 그걸 좀 힘들어해요. 다음에 변화가 있을 거다. 준비된 변화가 올지도 몰라요. 김정일 정권에서는 변화가 있을 수가 없어요.

**우병국** 체제 변환기에 항상 위기가 오는데, 어디든 마찬가지죠. 특히 1인이 결정하는 그런 체제에서는 중앙집권적인 체제에서는 더욱 더 그런 것 같은데. 그런 방면에 있어서 동포 사회에서는 어떤 예측들을 하고 계십니까? 특히 지성인들 사이에서.

**리선한** 김정일이 있는 동안은 예전체제 유지된다고 보는 사람이 다 같아.

**우병국** 그게 넘어갈 때, 체제 전환이 될 때는 어떤?

**리선한** 전환이 될 때는 그게 위험하다고 생각하는 사람이 많죠.

**우병국** 여러 가지 시나리오가 있겠습니다만, 어떤 방식으로 후계체제가 전환이 될 것 같습니까? 또 과거처럼 이렇게 세습체제가 될 것 같습니까, 아니면?

**리선한** 잘 모르겠습니다. 근데 북한의, 잘 모르겠지만, 생각 난대로 얘기하자면, 지금 다른 사람한테 물려줄 준비가 잘 안 되어 있는 거 같아. 그죠? 사실 제일 안전한 거는 세습체제가 제일 안전하다. 근데 그 준비도 잘 안 된 거 같아 보여요. 그렇다고 세습이 아니고 집단 지도 체제로 간다, 이건 북한으로써는 힘들 겁니다. 내가 보건데...

**우병국** 중국하고는 또 다른 차원에서?

**리선한** 그렇게 관성으로 그냥 왔던 사회기 때문에 그렇게 가기가 힘들 것 같아.

**우병국** 국내에서 그런 주장을 하는 학자들도 꽤 있는 것 같습니다. '집단 지도 체제로 갈 것이다.'란 얘기가 있는데 금방 말씀 하신, '과거의 관성으로 보면 줄곧 1인 지도 체제로 왔는데 집단 지도 체제로 가는 게 힘들다.'

**리선한** 그렇게 선택하면, 북한이 잘못 선택한 겁니다. 내가 보건데. 그렇게 선택하는 경우는 북이 무너집니다. 1인 독재로 나가면 계속 유지되지만, 집단으로 가면 어차피 무너지겠죠. 그런 선택은 북으로 봐서는 현명한 선택은 아니죠. 북이 제일 유리하고 자기네들에게 유리한 건 역시 1인 독재 체제가 제일 북에 체제에 맞습니다.

**우병국** 긴 시간 말씀해 주셨는데, 아까도 말씀, 부탁드렸지만 〈고려학회〉 활동과 관련해서 자료 있지 않습니까? 그동안의 연혁하고 어떤 활동들을 주로 하셨는지에 대해서, 간단하게만 저한테 좀 보내주시면 감사하겠습니다.

**리선한** 여기 메일 있죠? 내가 직원 없이 내가 다 움직여야 해 가지고.

**우병국** 번거롭게 해서 죄송합니다.

**리선한** 아니, 괜찮아요. 컴퓨터가, 학교 잘 안 나와. 집에 컴퓨터로 하다가, 집에 컴퓨터에는 자료가 안 들어있고. 여기 다 있는데, 여긴 우리 직원이 하다가 집에 갔어요. 우리 직원 그만 두라고 했어. 한 6년 했는데, 돈도 없고 어떻게 뭐. 그래서 그만 뒀어, 그만 두고 집에 갔어요. 컴퓨터 도사에요. 자료가 다 저 안에 있습니다. 여기 메일 있죠? 급하게 기다리면 되도록 빨리 해서 보내겠습니다. 오늘 이야기 많이 했는데, 나는 원래 솔직한 사람이어 가지고 숨기지 않고 생각도 깊이 한 것도 아니고 한 건데, 앞으로 정부에서 발표하든가 하면은 보내줘요, 어떤 건지.

**우병국** 예, 미리 말씀드리겠습니다. 긴 시간동안 말씀 감사했습니다.

# 5. 리진산

흑룡강신문사 사장

# 5. 리진산

면담일자: 2008년 4월 23일 수요일
장      소: 중국 흑룡강성[黑龍江省] 하얼빈[哈爾濱]
면 담 자: 우병국
구 술 자: 리진산 흑룡강신문사 사장

**우병국**  먼저 사장님께서 중국에 정착하시게 된 배경, 예를 들면 이
       주 몇 세이시고, 그다음에 그동안 주로 하신 일, 경력을 간략
       하게 좀 말씀해주시면 감사하겠습니다.

**리진산**  이주 2세지, 2세. 우리는 러시아에서 이쪽 들어왔어. 그래
       가지고 조선에 있다가 고향은 함경북도니까. 함경북도 부령
       이고. 거기 있다가 우리 할아버지가 러시아 들어갔다가. 그러
       다가 그다음에 우리 아버지가 중국에 들어왔지. 그래 난 2세
       지. 그래 우리 아버지가 아마 어디 태생인진 정확하겐 모르겠
       어. 아마 이북태생 같아, 함경북도니까. 나는 조선을 알기는
       책에서 본 거로, 그걸로 알고. 한국은 3번 갔다 오고. 이북에
       는, 이북에도 3번 갔다 왔는가? 아, 이북에도 3번 갔다 오고.
       그 정도. 남북통일 문제라 해야 우리가 그저 듣는 소식이 있
       지, 기실 뭐 힘을 쓰자 해도 뭐 크게 쓸 힘도 없고. 통일은 내
       생각 같아서는 아직도 시간이 먼 문제지만, 통일이 되기 전에
       먼저 할 수 있는 일들을 먼저 해 나가는 게, 그 게 내 생각에
       는 앞으로 통일을 위해서 단단히 기반을 만든다고 그래 생각
       할 수 있죠. 특히 해외에 있는 우리 신문사 같은 데는 남북이
       통일 안 되니까 남북의 언어가 틀려요. 말은 서로 다 알아듣
       고 하지만 문자법도 많이 틀리고. 그래서 우리 신문하기에는

아주 힘들어요. 그래 지금 〈흑룡강신문사〉 같은 데는 지금 중국의 문자법이라 하면 이북을 따르라고 했거든, 한국을 따르라 한 게 아니거든. 그래서 문자법은 우리 이북의 그걸로 나가고 있고. 중국의 문자법이 원래 이북의 문자법이거든.

**우병국** 우리 동포 사회 전체가?

**리진산** 그렇게 됐죠. 그래서 한국하고는 수교한지가 늦으니까. 이북하고는 수교한지도 오래고. 그래 되어 있어서. 그래 지금 중국을 보게 되면 한국인들이 중국에 들어온 게 많단 말이야. 이번 올림픽 계기로 해서 100만 명 들어온다, 이렇게 예상하고 있는데. 그래 이북에서 지금 중국으로 들어오는 기업가들도 좋고 뭐 관광객도 좋고, 근데 이 수가 얼마 안 돼요. 얼마 안 되니까, '이대로 이북 이거 문자만 가지고는 안 되겠다' 해서 우리 〈흑룡강신문사〉에서도, 일간지거든 우리는, 날마다 나가는 신문이니까, 월요일부터 토요일까지는 그 중국의 문자법대로, 이북 문자로 나가고, 일요일 날은 주간지라고 해가지고 그거는 한국어로 나가고. 그래서 중국에 있는 한국 분들은 우리 그 주간지를 아주 좋아해요. 그래 지금 우리 일간지로는 주요하게 동북3성 이쪽으로 나가고, 주간지는 전국으로 나가고. 또 저 전자신문이라고 있어요. 사이트. 그거는 전세계로 나가고. 지금 이런 식으로 해 놓고 있는데. 아마 중국 남방 상해나 심천이나 이쪽에서 받아 보는 건 다 우리 주간지를 받아보지. 거긴 주요하게 한국인을 위주로 해서 나가니까, 아마. 힘들어요. 그래 남북이 통일이 되지 않으니까 문자가 통일이 안 되고. 문자가 통일이 안 되니까 해외에 있는 동포들이 우리 언론을 하자 하면 그게 아주 힘든 일이, 이런 일이 부딪히고.

**우병국** 그러시군요. 그럼 그동안 쭉 언론 계통에서만 일을 하셨습니까?

**리진산** 나는 여기에 온 지 이제 한 7년, 7년이 이제 조금 넘었어요. 원래는 여기 대학교에 있었어요. 중국, 중국 대학교에서 거기서 부총장까지 하다가 그러다가 이 신문사로 와 가지고.

**우병국** 하얼빈에서 대학을?

**리진산** 목단강, 〈목단강 사범대학〉에서.

**우병국** 〈목단강 사범대학〉에서요? 네, 그러시구나. 그러시면 사장님께서 주로 전공하셨던 방향은 어떤 방향이셨습니까?

**리진산** 주요는 유전자공학이었지.

**우병국** 유전자공학이요? 유전자공학하고 언론하고는 좀 매치가 안되는 거 같은데.

**리진산** 나도 원래 신문쟁이는 아니지. 그런데 뭐, 여기 원래 사장님이 정년퇴직하고, 성에서 내보고 여기 오라 해서. 중국엔 또 우리 같은 급이 있는 간부들은 성에서 지배하거든. 성에서 어디가라, 뭐 어디가라 하고. 그리고 난 또 조선족이니까. 〈목단강 사범대학〉 부총장이면 신문사 사장하고 동급이라, 중국에서는. 다 부처급─부성급이라 하지. 처급─성급 간부 이런. 내보고 오라 해서 여기 왔지.

**우병국** 그러시군요. 『흑룡강신문』 하면, 중국에서 우리 민족 신문 가운데서는 가장 크고 또 전국지로서 한국, 한국이 아니라 우리 동포 사회에서 가장 유력한 일간지라고 듣고 있는데요, 간략하게 역사를 좀 말씀해 주실 수 있겠습니까?

**리진산** 우리 『흑룡강신문』은 56년도부터 시작했어요. 그리고 금년이 52년째. 작년하고 재작년에 우리 50주년 경축대회도 하고 했는데. 56년도 처음에 시작할 때는 『목단강일보』라 했지. 목단강, 목단강에서 원래 시작했어요. 그래 있다가 61년도 여기 하얼빈에 들어와서 『흑룡강신문』으로 고치고 지금까지 이제 52년이 됐는데 아까도 얘기 했겠지만, 일간지, 주간지, 그리고 인터넷 신문, 이래 가지고 있으면서 일간지로는 주요하게 이 동북3성의 조선족을 대상으로 하고 있고 주간지는 중국에 들어온 그 근 100만 되는 한국인을 대상으로 하고 있고, 그리고 또 동북3성에 살다가 남방으로 지금 조선족들이 많이 이동해 나갔어요. 개혁개방 후에 우리 중국의 조선족이 동북에 집중해 살았는데, 근 50만이 지금 북경 이남으로 나갔어요. 그 사람들하고 한국인을 대상해서 주간지를 하고. 그리고 우리 조선족 동포들이 전 세계에 없는 곳이 없잖아요. 어디를 가나 우리 동포들이 있는데, 그래 우리 사이트, 이 전자 신문이라고 하는데 우리는, 이거를 꾸려 가지고 전 세계로 향하고. 그래서 우리 신문은 지금 중국 전역 내 12개 지사를 가지고 있어요. 그러니까 저 남쪽의 해남도부터 광주, 상해, 심천, 청도, 북경, 천진, 심양, 대련, 단동, 여기 장춘, 연길 이래 해 가지고 지사를 12개나 가지고 있고 그리고 해외에도 우리 지사들이 있어요. 한국에도 있고. 한국, 일본, 미국, 러시아, 프랑스, 여기도 다 나가있고. 그래 지금 1주일에 우리 신문 나가는 면수가, 한 주일에 나가는 면수가 1백, 한 20면씩 나가요. 큰 신문으로. 작은 신문 아니라. 큰 신문으로 120면씩 나가는데. 아마 여기, 한국 꺼 언론 재단에서는 우리 신문을 한국의 각도에서 보게 되면 해외에서 우리 글로 된 제일 큰 신문사라 하지요, 우리를. 그래서 규모는 아마 한반도 내놓고는 우리가 제일 클 거래. 큰 거 다 뽑아내고 나면 우리가 제일 크죠.

**우병국** 네, 그러시군요. 언론에 이렇게 종사하시면서 남북 간의 교류, 혹은 통일 관련해 가지고 그런 기사들도 많이 다루셨죠?

**리진산** 그거 많이 나가죠, 우리 신문에.

**우병국** 그런 면에서도, 아까 말씀드린 대로 해외에서 많은 일조를 갖다가 하신 걸로, 도움을 주신 걸로 그렇게 판단이 되는데. 사장님께서는 통일과 관련해서 어떤 이념이라든지 이런 쪽으로 뚜렷한 어떤 스스로의 입장을 가지고 계십니까?

**리진산**  그야 뻔하죠. 다 같은 동포끼리 지금 한반도가 우리 고국인
데 그 고국이 지금 크지도 않은 땅이 남북으로 갈라져 있으니
까 많이 섭섭하고, 또 그게 해외에 사는 동포들한테는 그게
좋은 점이 하나도 없어요. 그게 빨리 통일이 되고 남북이 단
합이 돼야 해외에 있는 동포들한테도 아주 좋게 될 것이고.
그게 제대로 안되고 저희들도, 우리도 속으로 많이 섭섭하고
기다리지요. 그리고 또 우리가 많이 염원하는 게 남북이 빨리
통일이 됐으면 좋겠는데 지금 봐서는 통일이 뭐 언제 될 지
시간표는 뭐 아직 미정이고. 통일이 되기 전에도 일찌감치 무
슨 할 수 있는 일들을 좀 해서, 하다 못해서 남북의 언어를 통
일 하던가 문자를 통일 하던가 그게 남에선 남을 고집할 테
고, 북에선 북을 고집할 테고. 그 가운데서 뭐 어떻게 공통적
인 걸 찾아 가지고 언어나 문자를 좀 먼저 통일시켜줬으면 그
것도 아주 반갑겠고. 지금 듣기에는 한국에서도 통일사전 만
들고 뭐 어디까지 지금 만들어지고 있다 하지만 그것, 그런
것도 좀 빨리 해야 되요. 그래 지난 8년간은 노무현 대통령이
올라오셔 가지고 남북통일에서 통일 진짜 되려면 멀었지만,
그래도 금강산 관광이요, 개성공단 개발이요, 남북 정상회담
이요, 이러면서 많이 그 통일 그 길에서 앞장서 나간 걸로 알
고 있는데 금년에 들어와서는 아마 이명박 대통령이 올라와
서부터는 좀 남북관계가 나빠지는 걸로 지금 우린 여기 보이
고. 이북에서도 개성공단에 있는 정부 관원들은 다 쫓아내고
이런 식으로 나서고, 또 강경한 아마 태도로 이북을 대하는
것 같아. 그래 가지고 우리도 좀 보기에, 이러다 남북 통일이
또 지척대지 않나 이전에서부터 후퇴하지 않나 하는 그런 생
각도 많이 들고. 그럼, 어떻게 되나? 앞으로야 통일이 꼭 되겠
죠. 꼭 그 날까지는 살지 못해도 그거는 '됐으면' 하고 생각하
면서 살아야지.

**우병국**  그때 통일되는 모습 꼭 보셔야죠. 그러시면 현재 남북교류
현황에 대해서는 상당히 염려하시는 그런 셈이시네요.

**리진산**  작년까지만 해도 괜찮은데 금년부터는 염려가 좀 들어오네
요. 그리고 우리 신문에서도 남북에 대해서 이 통일을 위해서
도 보도가 많이 나가요. 이북의 보도도 많이 나가고 한국의
보도도 많이 나가고. 그리고 또 신문에 전문적으로 섹션에 지
구촌한겨레라는 그런 섹션이 있어요. 그래 그 섹션에는 전 세
계에 사는 우리 동포들이 지금 어떻게 하고 있는가? 그런 걸
전문적으로 공지해 나가고, 소개해 나가고 그런 데도 있고.
그래서 통일을 위해서는 우리도 무슨 일을 많이 하고프지.

**우병국**  그 자체가 통일에 많은 영향을 주고 있다고 보시겠네요? 당
연히 특히 우리.

**리진산**  뭐 우리가 그리 한다 해서 뭐 크게 통일에 힘을 도와주는
건 안 되지만, 그저 우리는 그런 생각을 가지고 있다는 것을
표시할 뿐이죠.

**우병국**  통일하고 관련해서 사장님께서는 어떤 방식의 통일을 선호
하시는지요?

**리진산**  통일하는 게 여러 가지 방법이 있겠지만 화평으로 통일하는
게 젤 좋죠, 화평적으로 평화적으로, 평화적으로 통일하는 게
우리 염원이고. 근데 그게 지금 남북통일 하는 게 남하고 북,
그 문제만 붙은 게 아니라 미국하고도 좀 관계가 될 거고, 주
변 국가들하고도 좀 관계가 될 거고. 좀 그런 게 있지만. 그거
는 어떻게 하나 어떻게 생각해봐도 우리 민족이 할 일이 아니
잖아요. 문제할 일이 아니라 우리 민족 이외의 사람이 할 일
이 아니지 않아요. 그러니까 통일은 무조건 우리 민족이, 통
일은 우리 민족이 해야지요. 그러니까 외부에서 들어오는 압
력이라든가 이런 거는 밀어낼 수 있으면 다 밀어내고, 자주적
으로 좀 노력해 가지고 남북통일을 추진해 나가는 게 바람직

하죠.

**우병국** 과거부터 지금까지 남과 북이, 당국이 많은 정책들을 해왔습니다, 통일과 관련해서. 사장님이 보시기에 각각 어떤 장점과 단점들이 있었다고 보시는지요?

**리진산** 내 생각에는 한국하고 이북이 지금 통일을 하자면, 그건 갑자기 되기는 힘들어요. 첫째, 남북의 경제 발전이 다르고 사회 제도도 다르고 또 생활 수평도 지금 차이가 너무 많고 이래 가지고 지금 남북을 통일하자 하게 되면 또 거기 정치문제도 많으니까 사회제도 다르고 그러니까 인차 통일되기에는 그거는 희망이 없고 그냥 통일되기 전에 같은 민족으로서 서로 왕래하고 왔다 갔다 하고 서로 지원할건 지원하고 같이 합작해서 할 일 있으면 같이 합작해서 하고, 이런 식으로 하는 게 바람직하죠. 그래 지금 지금 현재 현황에서는 내 보기에는 아마 한국에서 이북을 좀 많이 도와주는 게 그게 좀 바람직하다고 생각해요. 한국의 경제나 이북의 경제를 비해 보게 되면 아직 이북이 아주 많이 낙후하고 발전 못하고 있으니까 한국에서 이북을 좀 많이 도와주고 그랬으면 바람직하죠.

**우병국** 그 문제하고 관련돼 가지고 한국에서도 도와주는 거는 당연하게 생각하지만 그것과 군사적인 문제가 또 개입이 되더라고요. 그래서 북쪽의 군사력 증강이라든지 이런 데 대한 우려를 많이 표현하거든요. 그렇게 되면 상호간에 오해를 갖다가 불식시키기 위해서 북측에서도 어떤 노력을 해야 할 것 같은데.

**리진산** 지금 핵포기 그 문제는 그 이 대통령이 올라오셔 가지고는 핵 포기 안하면 지원도 안 하고 또 뭐, 맞습니다. 인도적인 문제 상에서는 도와주고 그렇게 하고 있지만 그게 이북에서도 이 대통령이 올라오고서는 몇 달 동안은 잠잠히 있었어요. 지켜보고 있었다고. 지켜보고 있다가 마지막에는 태도표시를 각자 하고, 이런 식으로 이래 나왔는데 군사 문제가, 지금 나라하고 나라가 틀렸으니까 군사대결 하는 거는 그거는 당연한 문제죠. 그거는 어느 나라나. 한국도 한 가지죠, 미국도 한 가지고. 다 군대들을 가지고선 제 나라를 지키고 다 그러니깐 그건 당연한 문젠데. 남북이 통일 안 되고 협상 이렇게 안 되니까 이 가운데서 불필요한 문제들이 많이 나온단 말이야. 그래서 예를 들게 되면 어떨 때는 우리 보기에 우스운 문제들이 많지 않아요. 서해에서; 남에서는 이북의 군함이 이까지 들어왔다 그러고, 이북에서는 남의 군함이 어쩌고 그런다고. 경계선 문제가 제대로 안 되어 있거든. 어디가 경계선인가? 일정한 고 지역 안에가 지금 경계선이 돼야 하는데 명확히 안 되어 있으니까 서로 제 나라 들어왔다 하고 제 나라 침략했다 하고. 나라, 나라라는 건 제 주권을 위해서는 아무래도 제 나라에 다른 나라 군함이 들어오면 그건 완전히 반대할 거 아니에요. 그 문제를 가지고 자꾸 '누가 누구한테 들어왔네, 누가 누구한테 들어왔네.' 이건 완전히 나라가 통일 안 되니까 나오는 문제지. 그리고 또 나라가 통일 안 돼도 어떤 문제는 협상을 해서 이걸 명확히 하면 되는 일인데 협상이 제대로 안되지 않냐. 그래 놓으니까 지금 이래 가지고 서로 아웅다웅 하는데 이건 어떤 때는 가만히 생각해 보면 아이들 장난처럼도 보인다고. 아이들 장난할 때 '이건 내 꺼요, 저건 네 꺼요' 하는 식으로. 그래서 여하튼 지간에 완전히 통일 안 되더라도 이제 말할 이런 문제 같은 것들은 협상해 가지고 해결하는 게 그게 완전히 바람직한 문제죠. 그래 협상해서 그럼 경계선은 어디다. 이래 가지고 그럼 이 새로 협상한 경계선을 유지하면서 그러면 '너네 여기선 더 건너오지 말라, 우린 더 안 건너가겠다.' 이러하면 될 건데, 이걸 명확하게 안 해 놓고는 지금 서로 들어왔다 하니까 이게 아주 무서운 문제가 되지.

**우병국** NLL문제 말씀하시는 거죠?

**리진산**  예, 그걸 얘기하지. 그래 지금 거기서 어떨 때는 우리 보고 도 웃을 때도 많이 있는데 그거는 확실히 그 경계선 문제, NLL문제 가지고선 협상이 안 되서 출생하는, 나타나는 문제 라고. 이런 문제들은 남북이 담판석에 앉아서, 앉아서 다 같 은 동포끼리 앉아 가지고 그걸 명확히 지정하고 그리고 '이거 를 서로 초과하지 말자' 이런 식으로 해도 되는데, 이것도 뭐 전번에 와서는 좀 뭐 협상이 되는 것 같더니 지금 이제는 뭐 완전히 파기되고 말았네.

**우병국**  사장님께서 지금까지 언론계에 쭉 시면서 관련된 통일문제 도 많이 다루시고 하셨는데 그런 활동들과 관련해서 남한당 국, 혹은 북한당국에서 장려 혹은 지지를 받으신 적은 있으십 니까?

**리진산**  그런 건 없어요.

**우병국**  그런 건 없으시고요. 그럼 주로 이제 한국이나 북한의 언론 사들하고 많은 교류가 있으셨겠네요.

**리진산**  지금 이북하고는 〈평양신문사〉하고 〈흑룡강신문사〉는 자매 결연했어요. 그거 한 지는 한 10여 년 되고 그래 지금 서로 왔 다, 갔다하면서 교류도 잘 되고 잘 되고 있어요. 한국하고는 이전에도 몇 개는 자매결연이 된 게 있었다 하던데 내 오기 전에, 후에는 그게 다 끊기고 요즘에는 한국의 『전남일보』하 고 자매결연할까 그래 생각하고 있는데 그것도 그게 『전남일 보』 이사장님이, 사장님이 원래 그 언론재단의 이사장님이야. 박기정 사장이. 그래 그쪽으로 좀 자매결연할까 이런 생각하 고 있는데. 자매결연하는 것도 지금이야 그거 뭐 기사교류나 이런 거는 인터넷으로 뭐 얼마만큼 다 잘 되는 거고. 그리고 한국에서도 우리 기사야 연합뉴스에서부터 우리 거를 1년에 한 1,000여 번씩 쓰니까, 이거는 기사교류는 둘째데. 첫째는 나는 고저 기자교류를 좀 하자 그랬어. 그래 가지고 한국의

그 우리 자매결연하는 그 신문사에서 한둘씩 여기 오고 우리
도 한둘이 거기 『전남일보』 가고, 이런 식으로 해 가지고 나
가서 시간도 길게 할 필요도 없이 한 두어 달씩 서로 배우고
이런 식으로 하자. 이것만 동의하는 신문사는 어지간한 또 신
문사 규모도 우리하고 비슷하게 되면 나는 동의하죠. 그래서
오래지 않아서 이제 5월 달쯤 내 한번 거기 고찰 좀 나가야
돼요. 나가서 『전남일보』가 아직까지 어떻게 되어있는지 보
지도 못하고 그래서 대표단 우리 이번에 나갈기래. 나가서 고
찰하고 거기서도 대표단들 여기 들어와서 우리 신문사도 와
서 좀 보고, 합당하다 생각되면 자매결연해서 기자교류나 좀
해볼까 그런 생각하고 있습니다.

**우병국**  남한과 북한의 언론계가 하얼빈 신문사를 통해 가지고 이렇
게 교류를 한 적은 없습니까?

**리진산**  그건 없어요. 이전에도 한 번, 몇 번 해보자고 했는데, 이북
에서 말을 안 들어요. 이북에서 무슨. 그 사람들은 여기 출국
이나 하기 힘들어요. 여기서 무슨 활동 한 번 조직해보자고
내가 건의는 한 번 해 본 적은 있는데.

**우병국**  학계 쪽으로는 교류가 몇 번 있었던 걸로 알고 있습니다.
예를 들어서 〈국제고려학회〉라든지 이런 측의 주선으로 남북
학자들이 국제회의라는 명목으로 이렇게 같이 학술회의를 하
고 그런 적이 있었던 것 같은데 언론 쪽에서는 별로 없었던
모양이죠?

**리진산**  그런 적 없었어요.

**우병국**  그럼 이제 사장님께서는 주로 언론 계통에서 중국에서 활동
을 하셨는데 신문사에서 통일과 남북한 교류 관련해서 기사
화하고 그다음에 관련 활동을 하는 데 있어서 중국 정부하고
일반 사회가 보는 여론은 어떻다고 생각하십니까?

**리진산**  우리 신문에 통일문제도 많이 나가고 이런 게 많이 우리 전

세계사는 우리 동포들 소식도 많이 나가고 이리 하는데. 이거
는 합법적인거야. 합법적이니까 중국 정부에서도 거기에 대
해서 반대하는 건 절대 없고 통제도 안 해, 그건 안 하고. 또
우리 신문은 50, 몇 년 되고 그래 놓으니까 국가에서도 기본
상 우리는 마음 놓고 크게 통제 안 해.

**우병국** 일반 민중들은 이제 한국 한글, 그러니까 조선문으로 되어
있으니까 이걸 보는 사람이 거의 없겠습니다, 중국 민중들 같
은 경우엔?

**리진산** 중국 민중들은 뭐 하러 보죠? 주요하게 보는 게 우리 한겨
레에서 다 조금씩 보고, 조선족하고 한국인들하고 찾아서 보
고, 이렇게 하고.

**우병국** 한반도와 관련해 가지고 사장님께서 보시기에 현재 중국이
하고 있는 대 한반도 정책은 어떻다고 보십니까? 너무 큰 제
목이긴 하지만.

**리진산** 중국 정부에선 잘 하죠. 중국 정부에선 잘 하고. 원래는 저
한반도 역사를 보게 되면 중국하고도 싸움한 나라랍니다. 50
년대 그때는 전쟁 날 때는 중국은 지원군이 나가고 한국에서
는 미국 아들 나와서 붙여주고 이래 가지고 서로 싸움한 나란
데. 그래 싸움하다가 38선으로 끊겨 가지고 남북이 된 다음에
중국은 원래부터 이북을 지원했으니까 지원군들이 얼마나 많
이 나갔어요? 그래서 나가서 이북을 지원했으니까 이북하고
서 수교를 한 거고 한국은 중국에서 승인 안 했잖아요, 이전
에. 그러다가 92년도 수교하면서, 한국은 수교를 하니까 이제
한국이라고 하지. 이전엔 계속 남조선, 남조선 했어요, 중국
에서. 그래서 우리 신문에서도 계속 남조선이라 나갔지, 한국
이라 한 번도 안 나갔어요.

**우병국** 지금은 완전히 바뀌었습니다.

**리진산** 이제는 바꿨죠. 이제는 중국하고 관교도 하고 이래놓으니까

이제는 한국, 한국하고 이래하고 있는데. 중국정부하고 한국 정부는 아주 잘 한 거 같아요. 그래 여기서 정치적으로도 좋고 경제적으로도 좋고, 대외무역이라든가 여기서도 근 10여 년 내에는, 수교에서부터 지금까지는 아주 속도가 빠르게 무역도 진행되고 있는 것 같아요. 그래서 정치상에서도 어떤 때에는 중국하고 한국하고 의견이 맞을 때가 많았고 거기에는 일본에 대한 정치 문제라든가, 일본 아들 저희네 역사를 반성하지 않는 문제 상에서라든가 일본의 교과서 문제라든가. 그래 또 무슨 주권문제도 또 중국도 붙은 게 있고 한국도 독도 문제로 붙은 게 있고. 그런 데선 태도가 중국정부하고 한국정부가 의견이 일치했어요. 일치하고 그리고 또 말해서 대만해협, 대만해협에서 일단 전쟁이라도 붙을 때는 한국 정부에서는 노무현 대통령은 명확하게 태도를 표시했거든요, 저희는, 우리 한국 정부에서는 거기에 참여 안 한다. 참여하게 되면 우리 적대시 나가게 되니까 우리 참여 안 한다. 이런 식으로 해서. 정치 문제 상에서 이때까지 중국하고는 많이 같은 점, 공통점을 많이 가져오고 있었어요. 그리고 경제상에서도 대외무역도 지금 일본하고 중국이 수교해 가지고 30년에 따낼 일을, 한국하고 중국은 10년 만에 그걸 다 완성했죠. 지금 이젠 1,000억 달러 초과하고 머지않아 1,200달러, 1,200억 달러까지, 정도로 되고. 무역도 아주 잘되고. 지금 한국도 아마 중국을 떠나선 한국 경제도 발전하기 힘들 겁니다. 중국이 아마 중국이 내 보기에는, 누구하고도 얘기하지만 중국의 과학기술이 크게 늦어진 게 아니다, 과학기술이 확실히 발달되어 있어요. 내 이제는 한국 분들이 오게 되면, 한국 분들하고 많이 얘기하지만 한국이 발전했다 해서 중국보다 과학기술이 앞선 건 절대 아니래요. 내 그래 가지고 우리는 64년도에 원자탄도 있었고 그리고 뭐 우린 지금 달에까지도 올라가고 다른 컴퓨터라든가 다른 분야에서도 중국의 과학기술은 많이 발전되고 있는데 이게 이 그러니까 산업화가 잘 안 되고 있죠, 중국이. 하도 너무 크고 이러니까. 그래서 그러지. 그리고 그 내가 유전자를 하는데 그 잉여유전자 그거 염색체 검색하고 거기 그런 거 지도를 그려내는 것도 중국은 같이 참여해서 다 하지 않아요? 그래 가지고 우리는 생물공정이라 하는데, 생물공정에서도 중국이 한국을 많이 앞서고 있어요. 그래서 여러 면에서 많이 앞서고 있는데, 중국에서도 한국하고 이래 지금 수교하고 좋아지는 게 이게 또 서로 간에, 무역이라는 게 서로 간에 이익을 봐야 되죠. 그렇지만 지금 수출하는 것을 보게 되면 중국에서는 한국한테 많이 밑지면서도 지금 그래하고 있어요. 중국에서는. 그래 수출하는 거하고 수입하는 거하고 해 가지고 이익이 나야되는데 중국에선 항상 적자를 보고 있죠. 한국에서는 흑자를 보고 있고 그런 식으로 지금. 그러면서도 중국에서 알지 못해서 그런 게 아니거든. 이웃나라니까 관계를 잘 처리하고 이렇게 하기 위해서 그걸 좀 미루지, 중국에서도. 그걸 많이 미루고 있어요.

**우병국** 남측과 중국 관계는 그렇다 치고, 북측하고는 어떤 관계를.

**리진산** 북측하고야 관계가 밀접하죠, 북측하고는 원래부터 피로써 맺은 우정이니까. 북측 관계는 아주 뭐 큰 문제없는 것 같아요.

**우병국** 최근에 보니까 북한의 양식문제가 불거지는 모양인데. 원조를 요청한 걸로 알고 있습니다만.

**리진산** 예, 그거 가재('가재'로 추정, 녹취불분명) 요청했어요. 그거 이북에서. 중국이 지원해 줄기래. 지원해 주기는 주는데. 이북에서도 어떨 때는 중국 말 잘 안 듣는 게 있으니까. 중국 정부에서 좀 뭐 일종의 수단을 쓰기는 쓰겠죠. 쓰지만, 큰 면에서 보게 되면 그건 두 나라는 아주 밀접한 관계고 큰 모순은 없는 기고. 지금 식량문제가 전 세계적으로 문제가 돼가지고 이

북에서도 중국에다 식량 원조를 한 걸로 알고 있고 또 오래지 않아서 까닥하면 김정일 국방위원장이 중국에 들어올 수도 있고. 이렇게 하지만.

**우병국** 김 위원장이 베트남 방문을 한다는 소식이 있었는데 어떻게?

**리진산** 중국에도 뭐 곧 들어올 걸로 알고 있어요. 그래서 중국에도 들어와서 아마 이 문제를 상의할 기다.

**우병국** 한반도 통일이나 또 한민족 교류, 통합을 전제로 했을 때 중국에 있는 동포 사회가 해야 할 역할이라든지, 만약에 문제가 있다면 개선해야 할 것은 어떤 것들이 있다고 생각하십니까?

**리진산** 중국 동포들은 그저 마음이죠. 그게 큰 힘이 없죠, 중국의 동포들은.

**우병국** 그게 어떤 면에서.

**리진산** 경제적으로도 그렇고, 생활수준도 아직 높은 축이 못되고, 자기 생활이나 지금 계속 그저 유지하는 이런 형편이니까 경제적으로 도와줄 수도 없고. 그저 마음이나 말로만 그저 성원할 뿐이죠. 그리고 어떻게 했으면 좋겠다는 생각이야 누구나 다 가지고 있죠. 아까도 내, 얘기했지만.

**우병국** 언론면에서 우리 한민족 사회, 각지 사회 소식을 계속적으로 전하면서 통일문제도 다루시고 하셨는데 물론 뭐 제가 보기에는 많은 기여를 하신 거라고 생각을 하고 있습니다. 만약에 사장님께서 어떤 관련 활동을 좀 더 하실 수 있는 계기가 된다면 좀 더 적극적으로 하실 생각은 있으신지요?

**리진산** 그런 방면에서는 많이 생각하고 있어요. 이전에도 많이 해왔고. 그렇죠, 이번에 해왔다 해봤자 주요하게 신문에다 많이 홍보하고 이래하고. 또 어쩔 때는 우리 신문이 언론매체라는 게 이게 공신력이 있어서 많은 활동들 할 때 우릴 다 찾아오고 그래요. 그래서 요 며칠 전에도 같이 한국 장기협회하고 하얼빈시 장기협회하고 협의 맺는데 나도 참가하고.

**우병국** 장기협회요?

**리진산** 장기, 장기.

**우병국** 아, 두는 장기 말씀이시죠?

**리진산** 네, 두는 장기. 그래서 명년에 안중근 의사 의거 100주년이 거든. 그러니까 아마 여기 하얼빈에서 국제 장기시합을 한 번 조직하자 이렇게 해서 협의도 다 맺고 그랬는데. 한국, 중국, 일본, 그리고 조선, 이래 해서 그리고 뭐 러시아 같은 데서도 올 수 있으면 좀 오고 이래가지고 국제 대회를 한 번 조직하자 고 그렇게 했는데 이게 순조롭게 되겠는지는 잘 모르겠어요.

**우병국** 잘 되겠습니다.

**리진산** 이런 활동들은 앞으로도 많이 조직할 수 있죠. 이런 활동을 조직해서 남북이 통일되는 건 아니지만.

**우병국** 그런 교류가 지속적으로 이루어져야 상호간에 오해도 사라 지고 이해를 높여서 좀 그런 좋은 방향으로 가지 않겠습니까?

**리진산** 안 하는 것보다야 많이 낫겠죠. 근데 통일하고는 너무 멀어 요.

**우병국** 동포 사회에서 이렇게 하는 활동들이 모여 가지고 나중에 큰 강물처럼 됐으면 좋겠습니다. 사장님께서 그동안 쭉 국에 서 지내셨는데, 한반도에서 일어났던 여러 가지 사건들이 있 습니다. 예를 들면, 한국에서 올림픽을 개최했고, 정치적인 민주화는 물론, 격동 속에서 겪었고 또 경제도 어느 수준까지 발전되었고. 북도 마찬가지로 정권교체, 그다음에 핵개발 이 런 것들이 있었는데 이런 여러 가지 사건들 가운데, 사장님이 특별히 어떤 그런 크게 영향을 받았거나 아니면 인상 깊었던 사건은 어떤 걸 들 수 있으시겠습니까?

**리진산** 남도 좋고 북도 좋고 사회가 발전하고 국민들의 생활 수평 (水平)이 높아지고 이래하게 되면 우리야 속으로야 좋죠. 오늘날 한국이 지금 많이 발전하고 있고 세계무대에서도 활약하고 있으니까 또 다 같은 동포끼리 떳떳하고 아주 좋죠. 그런 게 난 좋고. 이북에도 지금 핵개발은 중국 정부에서 반대하는 입장이니까 핵개발은 필요 없죠. 나 같은 생각에는 이북이 그 나라가 백성들도 아직까지 충분하게 좋은 생활도 못하는 형편에서 핵개발을 하는 게 이게 내 생각 같아서는 좋은 생각 같지 않아요. 하지만 거긴 또 이북에는 이북의 상황이 따로 있겠죠. 미국 아들이 자꾸 건드리고 무슨 테러국가니, 뭐 들어치기 자꾸 이러니까 신경을 자꾸 곳곳에 쓰겠죠. 나름대로 지네 무슨 생각이 따로 있겠죠. 이북에서는 지금 선군정치하자. 선군정치라는 건 군대를 앞에 세운다는 그 말이에요. 일체는 군사를 위해서 봉사하고 일체는 군사를 위해서 뭐... 군대가 없게 되면 나라가 미군들한테 침략 받는다. 지금 가들은 그래서 그렇지. 그것도 일정하게 난 또 이해도 되고. 그게 뭐 완전히 그게 뭐 완전히 틀리다고 그렇게 생각은 안 돼요. 어째 그런가 하면 미국 아들이 자꾸 거슬려 논다고. 자꾸 거슬려 놓고. 남하고 북도 뭐 관계가 한 번 좋아졌다가 그랬다가 나빠지고 좋아졌다가 나빠지고 자꾸 이래 하니까, 문제는 문제라. 내 생각에는 확실한 소식은 아니겠지만 이북에서는 군대 군비로 쓰는 게 GDP의 뭐 50/100 이상 쓴다고 그렇게 들었는데. 그걸 군대에다가 거기다 넣지 않고 그 돈을 백성한테 넘겨놨으면 지금은 백성 생활수평도 많이 높아지겠는데, 근데 이북의 정치라면 또 이북의 정치 뭐 하는 생각이 있겠죠. 그 사람들도 다 바보가 아니지 않아요?

**우병국** 그러시군요. 그럼 사장님께서 금방 말씀하셨는데 북한에 사정이 있고 나름대로의 생각이 있겠지만 정책의 면에서 어떤 방향으로 개선을 하는 것이?

**리진산** 개방을 해야죠. 이북에서는 아마 중국이 개혁 개방한 걸, 이것을 따라 배웠으면 좋겠는데. 식량문제는 제일 간단하게 해결될 수 있단 말이에요. 그거는 제일 간단하게 해결하려면 그 땅을 중국에서처럼 개인한테 나눠줘서 그 소유권은 국가에서 갖고 있더라도 사용권만 농민들한테 나눠줘 가지고 뭐 쉽게 하게 되면 그건 식량문제는 그저 해결되는 문제인데 아직 그렇게들 못하고 계속 집착하는 게 있죠. 그래 가지고 이북에서도 이거 아마 생각 못한 건 아닌 것 같아요. 그래 이제 몇 년 전부터 땅도 나눠 주면서 해보고 몇 세대가 한 데 묶여서 같이 하는 것도 해보고. 뭐 이러면서 개방은 이전보다는 좀 많이 된 것 같아요. 그래도 아직까지 개방되려면 아직 멀었어요. 아직 더 개방해야 될 것 같아요, 이북에서.

**우병국** 그러시군요. 사장님 혹시 그 현재 우리 중국에서 동포 사회 내에서 남북교류, 혹은 통일 관련해서 활동을 하고 계시는 단체, 혹은 어떤 개인 인물을 소개해주실 수 있다면 어떤 분들이나 단체를 소개하실 수 있을까요?

**리진산** 지금 그저 통일을 위해서 나온 단체는, 내 듣기엔 아직 그런 게 있는 것 같지는 않아요. 그렇지만 우리 동포들 단체는 많이 있어요. 동포단체들은 많이 있고. 이 단체들도 통일을 반대하는 단체는 하나도 없고, 다 속으로는 통일했으면 하는 그런 염원을 가진 단체들이죠. 여기 하얼빈만 하더라도 조선족, 〈민족사업촉진회〉라는 게 있어요. 〈민족사업촉진회〉라고 있고. 또 〈흑룡강성조선족상공회〉라고 있고. 그리고 이 〈민족사업촉진회〉 산하에 그 밑에 대학교 교수 친목회요, 청년협회요, 부녀협회요, 이래서 많아요. 그 밑에 뭐 바둑 협회도 있고, 장기 협회도 있고 이런 것도 하고. 그리고 이 조선족 단체로 되어 있는 건, 흑룡강성에는 신문사가 하나 있고. 조선말로 된 방송국이 하나 있고. 출판사, 조선민족 출판사가 하나 있고. 하얼빈시에 가게 되면 하얼빈시에 예술관이 있고. 그리

고 조선족 학교들이 몇 개 있어요. 제1중학교, 제2중학교. 소
학교들도 한 두 개, 세 개구나. 민족 단체들은 다 통일을 원하
죠. 그렇지만 통일 이름을 걸고 이래 건립하는 단체들이 중국
에 있는지 아직 그런 거는.

**우병국** 현재까지는 아마 없는 걸로 알고 있습니다. 이런 민족 단체
들이 알게 모르게 남북 간의 교류라든지 이런 방면에서 일정
한 역할을 해왔다고 볼 수 있겠는데.

**리진산** 그게 많이 하죠. 내 어떻게 보면, 내 지금 저, 뭐 알겠지만.
전임 고건 총리님, 조선 총리님 다 여기 왔다 가고. 하얼빈에
도 오게 되면 다 이런 단체들 다 찾죠. 국회의원도 와 찾고.
열린우리당에서도 하얼빈에 한국 국회의원들이 12명인가? 최
고로 올 때는 12명인가 한 번에 왔었는가, 그렇게 해서 하얼
빈 와서 방문도 하고. 신문사도 다 오고. 그래서 단체들이 민
족에 비해서 많이 없어요. 그리고 여기 하얼빈에 또 〈한인회〉
라고 있어요, 〈한인회〉. 한국 분들이 조직한 단체인데, 〈하얼
빈 한인회〉라고, 이게 하얼빈 시 정부에 정식, 공식 허가를
맡은 한인회인데, 중국에서 이게 이렇게 하얼빈처럼 공식 허
가 맡은 한인회는 몇 개 없어요. 〈한인회〉도 있고, 한인들
〈투자 협회〉라고 있고, 〈하사모〉, 〈하얼빈 사랑하는 모임〉이
라고 〈하사모〉도 있고.

**우병국** 그럼 이런 동포 사회 민족 단체들하고 한인회 단체들 간에
교류라든지 이런 상황은 어떻습니까?

**리진산** 그런 교류는 많이 해요. 많이 해도 〈한인회〉하고 동포 사회
하고는 하얼빈은 아주 괜찮아요. 관계가 아주 밀접해서 서로
활동 조직하면 서로 참가도 하고 서로 뭐 후원도 해주고. 아
주 잘 하고 있어요.

**우병국** 사장님 혹시 조교라고 들어보신 적 있으시지요?

**리진산** 조교요? 있어요, 조교들.

**우병국**   여기 하얼빈에도 있습니까?

**리진산**   지금은, 지금은 하얼빈에 조교 있는 것 같진 않아요. 전번에 한 번 북경에서 우리 50주년 할 때 북경에서 조교라 하면서 한 분이 오신 적 있고. 조교, 그게 많지 않아요. 그리고 불법으로 뭐 들어온 사람들은 아마 좀 탈북자들은 좀 있는 것 같은데.

**우병국**   여기 하얼빈에도요?

**리진산**   하얼빈에도 있기야 있겠지만 그 사람들이 다 숨어있으니까. 그리고 우리 같은 신문사에는 안 찾아오니까. 말로 듣기에는 이런 분들은 탈북자들은 주요하게 농촌 같은 데에 가 있는 것 같아요.

**우병국**   심양에 아마 〈재중조선인총연합회〉라고 해서 본부가 있는 걸로 알고 있습니다. 조교단체로.

**리진산**   심양에요? 우린 나는 잘 모르겠어요. 그쪽하고는 접촉이 크게 없어요. 사람들이 뭐 중국에 들어온 분들이 많지 않으니까.

**우병국**   많은 말씀해주셨는데, 사장님께서 생각하시기에 앞으로 남북관계가 어떤 방향으로 나아가는 것이 바람직하다고 생각하시는지요.

**리진산**   통일방향으로 나가는 게 바람직하지. 그런데 그 통일이라는 게 아직 멀었으니까, 그 통일되기 전에 같이 협정, 협력해 가지고 할 수 있는 대로 많이 했으면 하는 게 바람직하지. 지금 봐 가지고는 금강산같이 개발을 한다든가 개성공단이라든가 이런 것들 많이 확대를 하고 이산가족 만나는 것도 많이 하고 그리고 남북에서, 남에서 북으로도 많이 좀 지원해주고 그랬으면 좋겠죠.

**우병국**   금방도 말씀하셨지만 한반도 통일은 좀 먼 훗날의 일처럼 생각하시는 것 같은데, 대략 언제쯤, 어떤 방식으로 통합이 될 것 같습니까?

**리진산** 그거는 뭐 아직 시간표는 아직 똑똑히 모르겠지만, 30년 전에는 될 것 같지가 않아요.

**우병국** 앞으로 장래 30년 내에요? 아주 상당히 바라보시네요. 그러기 위해서 남한도 좋고 북한도 좋고 또 우리 해외 동포 사회도 좋고 다 같이 노력을 해야 할 텐데 총체적으로 사장님이 보시기에 구체적으로 어떤 노력들을 했으면 좋겠다고 생각하십니까? 바라시는 점이 있다면?

**리진산** 바라는 게 있다면, 나라는 통일 안 되더라도 실질적으로는 좀 같이 하는 일이 많았으면 그것도 또 통일을 향해 함께 나아가는 방향이라고 생각하죠. 38선이라고 해 가지고 꽉 잘라 있지 말고, 이전에 철도도 연결되고 공로(公路, 국도)도, 길도 연결돼서, 도로도 연결돼서 들어가고 그랬잖아요? 그런 식으로 좀 계속 나갔으면 좋겠는데.

**우병국** 정책에 연속성을 가지고 계속 나갔으면 좋겠다?

**리진산** 지금 같아서는 내 꿈꿨던 것 같아, 내 보기에는.

**우병국** 아시겠지만 한국 사회 자체가 다원화되다보니까 여러 가지 의견들이 많이 있습니다. 그래서 일부 사람들은 그쪽을, 그런 방식을 지지하는 사람들도 있지만, 또 일부 사람들은 같이 변해야한다는 걸 강조하는 사람들도 있거든요.

**리진산** 그러니까 통일을 원하는 사람이 있고, 통일을 원하지 않는 사람도 있겠지요. 통일을 원하는 사람들은 통일을 위해서 한 발자국, 한 발자국 걸어 갈 거고, 원하지 않는 사람들은 걸어가는 사람들을 뒤로 해서 잡아당길 거고. 그게 사람이 많게 되면 다 그렇겠죠.

**우병국** 흑룡강 성에 있는 여러 단체들을 말씀해주셨는데, 혹시라도 제가 좀 찾아뵙고 말씀 들을 수 있는 분들 몇 분 소개해 주신다면 어떤 분들이 계실까요? 서학동 관장님?

**리진산** 지금 〈문화국〉 부국장. 하얼빈시 〈문화국〉 부국장, 관장도 아마 겸임하고 있을 겁니다.

**우병국** 그다음에 서명훈 관장이라고.

**리진산** 서명훈 지금은 퇴임했어요. 원래 서명훈 국장님. 〈민족사무국〉의 국장 하시다가 지금 계시고.

**우병국** 김우종 당사연구소 소장님은?

**리진산** 그분은 아직 저 해남도 가서 안 오셨을 겁니다.

**우병국** 그러면 서학동, 서명훈 두 분 외에 또 소개를 해주실 수 있는 분이 계시다면 어떤 분이 있으십니까?

**리진산** 지금 〈민족촉진회〉 회장은 집에 안 계세요. 그분이 지금 인터뷰하면 좋은데, 그분이 지금 소주에 가 있는지, 아이 아파서 거기 나가있어요. 그리고 〈조선 1중〉의 교장님 한 번 만나보시죠.

**우병국** 교장님요? 어느, 〈조선 1중〉.

**리진산** 교장님, 그리고 방송국의 국장님, 장석주.

**우병국** 장석주 국장님이요?

**리진산** 〈조선 1중〉의 교장은 김영석 교장.

**우병국** 김영석 교장님. 제가 급하게 오다보니까 이 분들 연락처를 제가 다 모르거든요. 혹시 이것 좀 제가 여쭤보고.

**리진산** 조금 있다 제가 알려드리죠.

**우병국** 마지막으로 한국에 어떤 바라시는 바가 있다면, 통일하고 교류에 관련해서 한 마디만 더 해주시죠.

**리진산** 해나가는 일 계속 밀고 나가면 될 것 같아요. 지난 8년 동안 잘 해왔다고 생각되는데 그게 계속 지속됐으면 좋겠어요.

**우병국** 알겠습니다. 많은 말씀해주셨는데 감사합니다.

# 6. 박승헌

연변대 경제관리학부 교수

# 6. 박승헌

면담일자: 2007년 3월 24일 토요일
장      소: 중국 길림성[吉林省] 연길[延吉]
면 담 자: 우병국
구 술 자: 박승헌 연변대 경제관리학부 교수

**우병국**  박 교수님, 인터뷰에 응해주셔서 감사하고요. 맨 먼저 여쭤보고 싶은 건 중국에서 정착해서 사시게 된 배경, 예를 들면 이주 몇 세대이신지 하는 것과 그동안의 주요 경력 같은 것을 간단하게 말씀해주시면 감사하겠습니다.

**박승헌**  전, 우리 집은 1928년에 함북 길주에서 여기로 이주해 왔는데, 거기가 그때 일한 게 지금의 용정시입니다. 용정시 근처의 농장에서 일했는데 그때 할아버지가 할아버지 자식이 5남매인데 아들 네 분에 고모 한 분이 계셔서 그때 있어 가지고 그래서 5남매를 거느리고 여기 28년에 이주했습니다. 그래서 아버지는 1918년도 생이니까 함북 길주에서 1918년에 탄생했고 저는 2세라고 봐야지요. 여기로 이주 와서 2세로 봐야하고 그래서 제가 1946년도에 탄생했습니다. 1946년도에 출생해 가지고 초등학교, 초중, 고중 졸업하는 해에 문화대혁명을 겪게 되고 그래서 10년간 문화대혁명 기간 동안 대학의 입시가 없었습니다. 그러다가 77년도 연말에 그때 등소평이 집권하면서 입시제도를 부활해서 그때 시험 쳐서... 그때 전국에서 10년 동안을 시험을 안쳤으니까, 그때 응시한 사람들이 5백 7십만이라고 합니다. 그때 대학에 입학한 전문대학까지 포함해서 27만. 그래서 대학에 입학하게 됐는데, 제가 대학 입학 할 때

30살입니다. 이미 그때 가정을 다 꾸렸고 그때는 그래서 입학해서 4년제로 82년도에 제가 〈연변대학〉 출신입니다. 연변대 정치학부를 졸업하고 그리고 그때는 10년 동안이라는 기간 대학에 시험이 없고 하니까 대학의 교수진이 굉장히 부족했지요. 그래서 그때 77년도에 첫 번째로 모집한 학생들 가운데서 굉장히 많은 학생들이 학교에 남아서 강사를 맡게 됐습니다. 그래서 82년도에 제가 학교에 남았는데 그래서 82년도에 남아 가지고 북경대에 가서 1년 연수했습니다. 1년 연수 해가지고 83년도에 돌아와 가지고 전임 강사로서 강의를 2년 했지요. 2년하고 86년도에 학교에서 초청도 하고 해 가지고서 뉴욕 주립대 그 〈New York state university 얼바니〉. 얼바니에 가서 경제학과에 석사과정을 학교에서 파견해서 2년간 석사과정을 마치고 그리고 돌아와 가지고 88년도에 돌아와서 지금까지 그냥 〈연변대〉에서 계속 교편을 맡고 있습니다.

**우병국** 네. 그러시군요. 쭉 학자의 길을 걸으셨는데 중국국민으로서 공개적으로 어떤 활동을 하시거나 의견표명은 곤란하시겠지만 아무래도 같은 민족으로서 한반도의 통일이나 관심이 아주 높으실 거라고 생각하는데 그쪽과 관련 어떤 직접적이든 간접적이든 활동이 어떤 것이 있으신지요?

**박승헌** 저희 생각으로 중국국민으로서는 한반도 어떤 통일을 위해서 해외동포로서 어떤 역할을 하겠는가, 해 가지고 통일 그런 걸 추진하는 특정된 조직 활동 같은 거는 제가 있는 걸로는 생각하진 않지만 그러나 한반도 통일에 관한 연구는 중국학자들뿐만 아니라 우리민족 학자들도 굉장히 관심이 있고 또 이것이 우리민족의 통일이기 때문에 관심이 있어 가지고 그런 연구 쪽 분야에서는 관심을 보였다 할 수 있고 구체적인 활동이라고는 전 좀 말하기는 어렵거든요. 저의 경우보다도 우리 〈연변대학〉이 민족대학으로서는 중국에서 우리 조선족으로서는 유일한 자기 민족대학인데 그러면 이 〈연변대학〉이 민족대학으로서 한반도 통일에 대해서 어떤 역할을 하지 못하겠는가에 할 때는 이거는 우리민족만 얘기하는 것이 아니라 내놓고 얘기할 수 있는데 반도가 분단된 상황에서 남북의 학자들이 만나기가 어렵고 만남의 장소가 없었을 때 80년대 후반부터 〈연변대학〉은 자기의 지리적인 특수한 위치를 이용해서 남북의 학자들이 만나는 만남의 장소를 계속 마련했었죠. 그래서 그런 활동에 남북의 학자들이 같이 모이는 활동에도 참여했고 과정에서 남의 학자들도 알게 되고 북의 학자들도 알게 되고 또 이 만남의 장소를 제공함으로써 남과 북 사이의 학자들 특히 학자들이 서로 불신하고 그냥 불신의 장벽이 높았지만 점차 서로 이해하고 그 과정에서 우리가 조금 역할을 하지 않았나, 그렇게 생각합니다.

**우병국** 함북 길주가 원래 고향이라고 하셨는데 아직도 거기에 친척분이 계십니까?

**박승헌** 그때 할아버지가 우리 큰아버지 백부라든지 고모들 다 데려왔었을 뿐만 아니라 자기 동생이 또 3분 있었습니다. 할아버지 항렬에는 4형제인데 그 4형제까지 다 데려왔으니까 함북에는 하나도 없습니다. 친척이.

**우병국** 그냥 조상...

**박승헌** 네, 그런데 6·25전쟁 전이죠. 6·25전쟁 발발 전인 47년인가 48년인가 모르겠는데 예전에 그때 숙부가 결혼하는데 숙부가 북에 있는 지금 저한테 말하면 숙모죠. 숙모하고 결혼하게 돼서 숙모의 모든 친척이 다 함북에 있습니다. 48년도인가 저희 삼촌이 장인의 집으로 간 거죠. 그래서 북에 가서 삼촌이 북에 계셨습니다. 그래서 삼촌은 무산에 계속 계셨어요. 무산에 계시다가 2000년에 돌아가시고 숙모가 98년도에 돌아가시고 숙부가 2000년에 돌아가시고 지금 북에는 저의 사촌

동생들이 여덟 있습니다.

**우병국** 아. 그러시구나. 그분들하고는 연락이 있으십니까?

**박승헌** 숙부가 돌아가시기 전에는 거의 2년에 한 번씩 왔습니다. 특히 북의 사정이 어렵게 되면서 굉장히 자주 다녔죠. 그러나 저의 숙부가 2000년에 돌아간 후에 북의 제 사촌동생들이 여덟 명 가운데 우리 숙부의 자식이 여덟입니다. 거기서 딸이 일곱이고 아들이 하나입니다. 그런데 아들이 넷째이지요. 위로 셋이 딸이고 그 밑에 넷도 딸인데 아들이가 여기를 네 번인가 왔다 갔습니다. 숙부 사망하시고 걔가 한 번 오고. 그리고 그다음에 재작년에 그 집에 여섯째, 저에게 사촌 여동생인데 왔다가고. 재작년까지 오고. 작년인가 금년에는 안 왔거든요. 그런데 작년 같은 경우에는 오겠다는걸 제가 오지 말라고 했죠. 저도 어렵죠. 너무 자꾸 오니까.

**우병국** 주로 경제사정 때문에 나오시는 겁니까?

**박승헌** 그렇게 봐야 되죠. 경제사정 때문에 오는 거죠. 숙부 사, 여기 자기 형님도 평양예술과인데 아버지는 일찍 돌아가셨습니다. 우리아버지가 94년도에 돌아가셨는데 14년이 되었지요. 그리고 저희 모친도 2001년에 돌아가시고 그래서 아버지가 돌아가도 숙부는 그 후에 계속 왔다가 98년까지 왔다가 2000년에 돌아갔습니다. 숙부가 여기 올 때면 저는 그렇게 생각했습니다. 하나는 모든 친척이 숙부를 놓고 말하면 모든 친척이 다 중국에 계시기 때문에 친척이 이런 것 때문에 중국에 오는 게 있고 다른 것 하나는 경제사정이 어렵기 때문에 온 것이 있고. 저희 사촌 동생 같은 경우에는 친척에 대한 것보다도 경제사정 때문에 온다고 저는 그렇게 봅니다.

**우병국** 네. 다음으로 여쭤보고 싶은 것은 현재 여기 연길지역에서 참여하시고 계시는 주요 동포사회단체나 어떤 활동 같은 게 있으신지요?

**박승헌** 사회활동으로서는 제일 먼저 저의 학술이니까 그래서 〈연
변경제학회〉는 거의 다 우리 조선족이 학자와 전문가들로 구
성되었는데 지금까지 회장을 맡고 있고요. 그래서 저도 저는
나이가 60이 넘었기 때문에 작년부터 회장을 지금 여기 〈연
변대학교〉의 〈경제관리학원〉의 원장을 하고 있는 〈경제관리
학원〉이라고 하면 한국말로 하면 상경대학이라고 할까요? 거
기 학장을 하고 있는 현동일 교수에서 넘겨주라했는데 원래
금년에 그렇게 바꾸는 걸로 하다가 아마 명년에 가야 될 것
같습니다. 그리고 학술보다도 조금 떨어진 것은 90년대 후반
에 기업가가 이창식이라고 부동산도 좀 하던 친구인데 후에
〈연변대학교〉에서 〈역사학회〉에서 박사공부도 하고 지금 북
경에 들어가 있는가, 미국에 가서 또 사업하는지 모르겠는데
그 친구가 그때 돈이 좀 있었거든요. 그리고 그 친구가 굉장
히 우리민족에 대한 관심이 있어 가지고 그때 96년이 되는지
어떻게 되는지 기억이 잘 안나. 96년인가 해 가지고 〈우리민
족문화회〉를 조직했습니다. 〈우리민족문화회〉라는 것은 학
자, 그다음에 기업인. 기업인은 그분이 돈 냈으니까 돈 내라
고 하고. 그분이라기보다도 어떻게 말하는가하면 저보다 나
이가 굉장히 어린데. 그리고 그다음에 작가, 예술인. 이런 해
서 그때 20명 정도 됐을 겁니다. 활동을 한 2년간 벌였는데
그때 우리가 〈우리민족문화회〉라는 데는 하나는 민족의 정체
성 문제에 관한 토론도 굉장히 많았고 또 다른 하나는 우리민
족의 잊혀진 문화를 발굴하는 작업도 그때 하곤 했는데. 한 2년
했죠. 2년 하다가 그 친구가 돈 안 되는 건 없어지는 겁니다.
그래서 그것이 후에 한 2년, 제 생각에 2년 했는데 그때 활동
은 조금 활발하게 진행되었죠. 거의 2주일에 한번 씩 활동하
면서 민족의 정체성에 관한 토론이 굉장히 많았고. 그리고 제
일 먼저 시작한 게 우리민족의 이주사, 이민사에 대한 요약을

어떻게 하겠는가에 해 가지고 그 당시 우리 〈연변대학교〉의 박창욱 교수가 전문 우리민족 이민사 연구한 분이거든요. 그분 같은 분들 해서 특강도 조직하고, 그다음에 또 2주에 한 번씩 토론 같은 걸 해서 정체성 문제, 우리민족의 열근성(劣根性) 이라든지 우월성 같은 것들도 토론도 하고 이렇게 활동을 벌이고. 이런 토론에서 나오는 문장 같은 것들을 『연변일보』에다 기고도 하고. 그때도 당시 『연변일보』에 저도 문장을 세 번 기고하고. 그래서 그걸 2년 하다가 조직이 무산되었고. 그 다음 지금의 사회과정이 무엇이 있는가 하면 〈동북아 경제문화교류회〉라는 게 있어요. 〈동북아 경제교류문화회〉가 있는데 거기 회장으로서는 〈연변대학〉의 이학원의 교수로 있는 이름이 깜빡 생각이 안 나네. 저도 나이가 있으니까 기억이 안 나네요. 허 교수가 지금 회장을 맡고 있는데. 문화적 교류가 내가 보니까 거기가 중심이에요. 지금 보니까 남과 그다음 원동, 러시아 원동, 그런데 북과는 그렇게 관계가 그렇게 있지는 않고. 그래 가지고 그분이 그걸 했는데, 주요하게 제가 그 활동에 몇 번 참가해보니까 남북관계 문제 같은 것도 되고, 뭐 1년여 세미나도 좀 조직하고 원래는 작년에는 진달래 무슨 축제 같은 것도 해서 남북의 분들을 다 청했는데 제가 그때 생각에는 잘 될 것 같지 않다, 했는데 기업가들의 후원을 받아 가지고 하는데 제가 이름은 거기서 부회장이거든요. 그런데 다른 부회장들은 부회장이 여러분 있는데 다른 기업하는 사람은 거의 다 여럿 같다고 해서 하는데, 그래서 활동 많이 참가 안 하고 한 몇 번 참가를 하고 금년에는 거의 활동에 안 참가했습니다. 이름만 걸어 놓고 있는 거죠. 그래서 이런 정도죠.

**우병국** 네. 그래서 주로 학술회의 같은 것들을 통해서 교류의 장을 마련하는 그런 식으로 하는 거군요.

**박승헌** 〈연변대학〉은 그 역할이죠.

**우병국** 기타 사회단체들도 사실은 주로 많게는 자체의 어떤 문화 전통성 보존, 그다음에 교육 이런 쪽으로 활동하시는 건가요.

**박승헌** 예. 그런 활동이 많고. 그리고 96년부터 98년 사이에는 북한이 굉장히 어려웠거든요. 그 당시에 저는 확실한 건 모르겠지만 그 당시 아마 우리민족 가운데서 지원하는 활동이 굉장히 활발하게 진행됐는데 그때 어떤 무슨 임시적인 묶음, 모임이 있어 가지고 했는지 그건 잘 모르지만 확실하게는 모르겠지만 그때가 지원이 비교적 활발히 진행되었지요. 물론 그때 개개인이 친척을 지원하는 것도 있었지만 김강일 교수 같은 친구들은 그때 직접 나서 가지고 북에 가서 쌀 지원 같은 것도 그때 한 것으로 알고 있거든요.

**우병국** 통일문제에 관련해서 교수님께서 이념적으로 어떤 뚜렷한 입장을 가지고 계시는지요?

**박승헌** 아마 여기 우리 조선족들에게 통일에 대한 걸 물어보면 첫째는 우선 통일이 빨리 됐으면 하는 거는 누구나 다 기원할 겁니다. 그런데 어떤 통일인가에 대해서는 뭐 절대 대부분의 분들은 중국에 가깝다고 봐야죠. 중국 정부의 그것에 가깝다. 무엇인가하면 평화통일이다. 전쟁을 통한 통일이 되지 말았으면 좋겠다. 그런데 평화적인 통일인데도 어떤 평화적인 통일인가 할 때는 개개인이 생각하는 게 다를 수 있다고 봅니다. 예를 들면 동서독처럼 흡수통일이냐 아니면 어떤 평등한 조상에서 연방제라든가 거쳐 가지고, 뭐 중국과 같이 한 나라 두 개 체제 이런 통일인가 할 때는 다른 견해가 있을 수 있는데 어떤 흡수적인 통일이라고는 공공연하게 주장하는 사람은 그렇게 있는 거 같지 않지만은. 그러나 그렇게 흡수통일이 돼야 한다고 생각하는 사람은 제 생각으로는 그렇게 적은 수가 아니라 생각합니다.

**우병국**  비교적 다수다?

**박승헌**  아니, 다수는 아니죠. 다수는 아니지만 적지 않은 수를 차지
한다고 봐야 되겠죠. 왜 그러는가 하면은 동서독의 선례가 이
미 그런 게 있고. 그리고 다른 하나는 남과 북의 신뢰의 차이
를 우리는 특히 실감하기 때문에 그래서 그런 생각하고 있는
사람은 적지 않다. 그렇게 저는 보죠.

**우병국**  그래서 주로 학술적인 방면에서 남북교류에 그동안 기여를
하신 것 같은데 금방도 말씀하셨지만 통일 관련해서 그동안
남북한이 추진해온 통일정책에 대해서 어떤 장단점이 있다고
보고 계시는지요?

**박승헌**  그거 방면은 저는 조금. 제 분야도 아니고. 통일정책에 대
한 건 우리학교 고경수 같은 친구는 하는가? 저는 그 방면으
로는 전혀 연구가 없지요.

**우병국**  그러시다면 현재의 교류 상황에 대해서 어떤 관점을 갖고
계십니까?

**박승헌**  교류 상황에 대한 건 딱 저의 개인적인 것은 김대중 국민정
부 시절부터 특히 6·15공동선언 이후부터 했을 때는 굉장히
그때는 우리도 희망에 부풀었고 또 굉장히 김대중 정권, DJ
정권의 통일정책에 대해서 우리가 지향적인 걸 아주 잘하고
있다고 다 생각했는데, 그런 어떻게 말하면 남에서 북에 대한
정책이 뚜렷한 가시적인 효과를 보이지 않았을 때는 이 정책
도 조금 수정을 해야 되지 않는가 그런 생각을 제가 가졌습니
다.

**우병국**  어떤 방면으로 수정이 가해지면 좋겠다고 생각하십니까?

**박승헌**  어떤 면에서는 한국을 놓고 말하게 되면 보수진영이라 할까
요? 보수진영이 무슨 거기 견해가 딱 같다는 것보다도 어떤
상호주의에 입각한 이런 지원이 돼야 북에 일정한 압력이 가
해지면서 그 사람들도 그 압력 속에서 문을 좀 열지 않겠는

가. 그런 생각을 저는 좀 가지고 있었습니다.

**우병국** 그러시구나. 중국에서 한반도 통일과 관련해서 활동하는 것
에 대해서 중국정부 그리고 사회 내부의 여론은 어떻다고 보
십니까?

**박승헌** 정부는 공개적인 입장 표명이 계속 있으니까요. 한반도 저
기 첫째는 평화 안전을 유지하는 것이고 둘째는 평화통일이
다. 이것은 중국이 지지한다. 중국에는 공개적으로 뭐 '우리
는 흡수통일을 반대한다' 이런 얘기를 한 적이 있는 것 같지
는 않지만 중국으로서는 또 자기 국익을 첫 자리에 놓기 때문
에 중국으로서는 자체의 이익으로부터 출발할 때는 흡수통일
을 달가워하지 않을 것이라고 저는 그렇게 생각합니다.

**우병국** 현재 그것과 관련해서 중국의 조선반도, 한반도 정책은 어
떻다고 보고 계십니까? 지금 현재 중국에서 취하고 있는 입장
이라든지, 태도라든지 그런 것들. 금방 말씀하신 것과 같이.

**박승헌** 저는 지금 중국이 한반도 정책은 지금 한반도 통일이 유리
하다고 저는 생각합니다. 뭐 한국 분들 같은 분 많이 접촉해
보면 적지 않은 한국 분들은 중국은 절대 한반도가 통일되는
것을 원하지 않는다고 자꾸 그렇게 얘기하죠. 그래야, 통일되
지 않아야 북한에 영향력을 행사할 수 있고 또 그... 중국에
대해서는 제가 그렇게 생각하거든요. 공개적인 입장표명에는
'흡수통일 반대 한다' 이런 얘기는 없고 정부로서는 그게 없
고. 그러나 학자들이나 그런 사회는 흡수통일에 대한 거는 조
금 우려가 있지요. 우려라고 제가 생각하면 만약 흡수통일 될
경우에는 미군이 한반도에 그냥 주둔하고 있지 않겠는가. 그
러면 국가안전, 거기로 보자면 우리가 불리하지 않겠는가. 그
렇게 학자들이 그렇게 제의하고 있고 중국이 원하는 평화통
일이 얘기하려면 평화통일 이르면 미국이 한반도에 있을 이
유가 없어진다는 거죠. 중국이 원하는 가장 원하는 한반도의

통일은 아마 통일 후의 한반도가 중립적인 위치를 지켜주길
원하죠. 그렇게 저는 생각하죠.

**우병국**  자주통일?

**박승헌**  네. 중립을 유지하는. 그렇게 저는 생각하고 있습니다.

**우병국**  한반도 통일뿐만 아니라 전체 한민족을 놓고 봤을 때 한민
족 통합을 위해서 중국 정부나 사회가 좀 개선되어야 할 부분
이 있다고 보시는지요? 예를 들자면 현재 동포 사회에서 어떤
통합이라든지 이런 교류 면에서 적극적인 어떤 역할을 하기
위해서 조직을 한다든지 이런 면에서 상당히 미약한 상황인
데 그런 걸 허가를 해준다던지 뭐 이런 식으로.

**박승헌**  허가 안 해주죠. 왜 그런가 하면 중국의 조선족이라는 것은
원래 토착 민족이 아니라 이민한 민족, 다시 말하면 과계 민
족인데 이 과계민족의 뿌리는 한반도입니다. 그런데 그 민족
이 통합성을 찾고 해외에 있는 특히 미국이나 어디 뭐 캐나다
에 있는 민족보다도 우리 연변지역에 있는 민족이가 전체 한
반도 민족과의 어떤 통합 과정을 할 때는 분열 같은 것이 오
지 않을까하는 그런 우려가 있지요. 나라에서 소수 민족 지역
이 분열하지 않겠는가, 이런 오해가 꼭 있을 거지요. 중국입
장에서는 꼭 있지요. 그렇기 때문에 전 민족이 통합하는 그런
주제를 해서 활동하는 것에 대해서는 제 생각에는 제압할 것
이라고 생각합니다.

**우병국**  그런 한계가 있으니까 우리 민족...

**박승헌**  왜 그런가 하면 또 그 조선족이 이민족사로 말하면 100년
이 넘었는데 그 가운데서 중화인민공화국이 성립되기 전에는
국적이 굉장히 불명확한 민족입니다. 여기 우리민족이가. 거
기다가 우리 민족의 국적이라는 것이 박창욱 교수가 이민사
에서 얘기한 것을 얘기하면 52년도인가 주민등록이 있었다고
합니다. 그래서 주민등록이란 게 있으면서 여기 거주하고 광

복이 날 시기 광복시기 한 100만이가 한반도로 갔거든. 고향
으로 돌아갔지요. 그다음에 남아 있는 것이 한 100만인가 이
래 있었는데 3년 국공전쟁을 거치고 중화인민공화국이 설립
돼서 50년도인가 주민등록이란 게 생기면서 이 연변지역에
있는 전체 우리 조선족이 주민등록하면서 그때부터 국적이
완전히 중화인민공화국 국적으로 바뀌게 된 겁니다. 그래서
명확한 국적을 가지고 있어서, 국적이 우린 지금 중국국적이
거든요. 그래서 중국에서는 조국권이라는 것을 굉장히 강조
를 하죠. 왜냐하면 다민족 국가이기 때문에. 그런데 또 여기
조선족들은 과거에 일제가 동북을 강점했을 때부터 여기 조
선족들은 반일에 대해서 굉장히 많은 피를 흘렸다. 동북지역
에서 항일투쟁에서 우리는 피를 흘렸다. 국공 3년 내전시기에
굉장히 많은 우리 조선족 젊은이들이 피를 흘리고 목숨을
바쳤거든요. 그렇기 때문에 또 조선족들은 중화인민공화국
국민이라는 당당한 자격이 있다고 보는 거지요. 당당한 자격
이 있다. 중화인민공화국 성립에 끼어든 어느 다른 소수 민족
보다도 크다. 이미 중화인민공화국 공민인데 무엇 때문에 또
이 민족이 통합에 나서서 여기에서 활동을 하는가, 중국정부
로서는 굉장히 거기에 경계심을 가질 거라고 저는 보지요.

**우병국** 처음에 말씀드린 대로 하나의 동일 민족으로서 모국의 통합
에 있어서 기여를 할 수 있는데 공공연하게 활동이 지금 중국
에서는 불가능하다는 말씀이신지요.

**박승헌** 아니, 그러니까 통일에 대해서 어떻게 해야 되겠는가, 공개
적으로 활동해도 누구든 말 못할 겁니다. 그러나 뭐 민족의
통합이 돼가지고 우리도 한반도 민족이니까 다 우리 같은 민
족이기 때문에 이 민족이 통합을 어떻게 하겠는가 할 때에는
이 민족의 통일 정부 측으로는 굉장하게 주의를 하겠지요.

**우병국** 그렇겠네요. 단순하게 양측의 통일을 위해서 기여할 때는

거기에 대해서는...

**박승헌** 거기에 대해서는 얘기가 없지요. 그래서 학술모임 같은 거할 때도 '우리 연변조선족은 어떤 역할을 할 것인가' 이런 것은 우리가 공개적으로 할 수 있거든. 그런데 '민족의 통합'이라 할 때는 이것은 굉장히 민감한 문제거든요.

**우병국** 아, 일단 민족이라는 말이 들어가기 때문에. 남북 간의 교류라든지 통일을 추진하는데 어떤 역할을 하는 데 있어서 우리동포 사회가 안고 있는 문제점 같은 것은 어떻다고 보십니까?

**박승헌** 문제점이요?

**우병국** 예. 앞으로 좀 더 개선해야 할 부분이라든지 그런 점에 대해서.

**박승헌** 한계성은 분명히 있는데요. 한계성이 문제점이라고 어떻게 뭐라고 할까요. 금방 문제점이라고 제기하고 하니까 좀 그렇고. 제 생각은 그렇습니다. 제일 처음에 남북이 통일하기전에 화합이라는 것이 이루어져야 하고 화합이 이루어지기전에 서로 상호간에 이해를 증진하고 서로 간에 신임을 높여야하는데 그것이 하나도 이루어지지 않았을 때는 우리가 어떤 교량, 다리적인 역할을 했는데 그 다리역할이 어느 정도 간다면 우리 연변 조선족보다도 남북이 그다음부터는 완전히 서로 접촉해서 할 때는 우리 조선족의 자격이, 역할이 떨어질 수밖에 없다고 생각합니다. 그렇게 밖에. 다시 말하면 만약 통일연구원에서 북에 전혀 갈 수 없었을 때에는 북에 분들 만나 그 사람들 뭘 어떻게 생각하나 알아야겠는데 만날 수 없는데 그때 이런 장소가 우리가 제공해줄 때는 우리 효과가 굉장히 큰 거죠. 그런데 지금 통일연구원 같은 데서는 북에 간다면 가는 거기 때문에 그때 우리 연변이라는 곳은 쓸 데 없습니다.

**우병국** 그렇더라도 아까 말씀하셨지만 양측의 불신, 신의의 관계가

이루어지지 않은 상황에서 그 오해를 해소시켜주고 하는 역
할은 여전히 중요하다고 생각합니다.

**박승헌**  예, 저는 그거는 생각하지요. 왜 그런가 하면은 북에는 남에
대한 오해가 굉장히 이미 폐쇄된 상황이기 때문에 굉장히 오
해가 많거든요. 그런데 남에서 남의 분들을 만나 가지고 "우
리 남들 다 이래" 얘기해도 잘 안 믿지만은 어떤 제3자 나타
나서 남에 가보니까 어떻더라하면 아, 거기는 믿을 수 있기
때문에 북에서 남을 이해하고 남에서 북을 이해하는 데에는
서로 이해하게 하는 데에는 그 역할은 지금도 계속된다고 생
각합니다.

**우병국**  한반도의 변화가 많이 일어나고 있는데, 지금까지 쭉 지내
오시면서 그동안 일어났던 일들 중에 특별히 영향을 받은 사
건이라든가 기억에 남는 사건은 어떤 것을 들 수 있을까요?
예를 들면 남한의 변화 상황 또 북한의 변화 상황, 양측관계
의 변화 상황 이런 것들 가운데서.

**박승헌**  마음에서부터 한반도에서 일어나는 사건들, 특별히 관심이
많지는 않지만 관심이 있었던 것은 사실이고. 60년대 후반까
지도 문화대혁명 그 60년대고 후반까지도 70년대 들어갈 때
까지도 그냥 그때는 우리는 북이 남보다 그냥 더 좋다고 모든
면에서 더 낫다, 우월하다고 교육도 그렇게 받았고 그렇게 행
사해왔지요. 문화대혁명 중에서 북과 중국과 관계가 한동안
굉장히 긴장한 관계가 있었습니다. 문화대혁명 때문에. 그때
부터는 또 북에 대한 생각이 달라집니다. 또 특히 긴장관계보
다도 하나는 청와대 습격사건 같은 때 그것이 그때 우리한테
는 충격이 굉장히 컸고, 또 그것이 고만치 가면서리 푸에블로
호 사건이 또 일어나게 되었습니다. 그래서 그때는 정말 남북
이 꼭 계속 대립적인 긴장, 전쟁이 이런 거가… 그것이 그때
또 충격이었고, 문화대혁명 10년이 끝나면서 저 같은 경우는

제일 청춘시절이 문화대혁명이었거든요. 문화대혁명이 저한
테 제일 어떤 뼈아픈 상처라는 것은 개인이 절대적인 권력과
개인숭배로 인해 가지고 전체국민을 우매하게 만들어서 나라
를 이 지경으로 만든 데에 대해서 굉장한 거부감이 들었지요.
그런데 우리는 문화대혁명을 겪고 개인숭배가 이제는 사라질
때, 그때 다시 북을 바라볼 때 북이 중국보다 더하다는 겁니
다. 그런데 그것이 계속 이어지고 있는 거지요. 그러니까 참
안타깝다는 것. 그래서 북의 국민들은, 그분들 인식 가운데는
미국 때문에 이렇게 어렵게 생활한다 하지만 우리는 그거 아
니라고 생각해요. 우리는 누구도 그거 믿지 않는다고. 그다음
에 남에 대한 어떤 조금 인식이 바뀐 게 82년도입니다. 82년
도에 여기 민항이, 중국의 여객기가 납치돼 가지고 김포공항
인가? 아니 군용 비행장에 내리면서 그때 남에서 인질로 갔던
그분들이 와 가지고 남에 대한 소식이 중국에 퍼진 겁니다. 그
때부터는 남이 발전했구나, 하는 것을 조금씩 알게 되었지요.

**우병국** 또 그 이후에도 교류방면에서라든지 남북 교류 방면에서라
든지 여러 사건들이 많이 일어났었는데. 그렇죠? 예를 들면
2000년에 있었던 남북 간의 정상회담. 또 최근의 정상회담.

**박승헌** 예예. 그렇죠. 그래서 남에 대한 어떤 좀 객관적으로 인식
하게 됐다는 것은 82년도 여객기 납치사건, 그 이후에 그때가
중국이 개혁개방이 금방 시작된 때입니다. 그래서 납치사건
을 하면서리 남에서 돌아온 소식 같은 것이 오고, 그때 중국
과 남이 처음으로 정부와 정부 간의 접촉이 일어납니다. 그러
면서...

**우병국** 민항국장이 아마 날아갔습니다.

**박승헌** 예. 우리 민항국장이, 그때 중국의 민항국장이 갔는데 그러
면서 그때 남에 대해서 조금씩 알게 되고 고것이 개혁개방이
되면서 남의 신문이 들어왔습니다.

**우병국** 그때부터 벌써요? 아직 수교도 하지 않았는데.

**박승헌** 수교 안 했는데 들어왔습니다. 그때 수교 안 하면서도, 그때가 80년대 초반부터 〈연변대학〉에 『중앙일보』 같은 것도 있었거든요. 그래서 도서관 같은데 가서... 저는 한국에 제일 먼저 간 것은 91년도에 제일 처음으로 갔는데, 80년도 중반 그때는 한국 신문도 많이 봤죠. 많이 봤고. 저 같은 경우에는 미국에 유학 가서 2년 있는 간에 얼바니에 가 있으면서 접촉한 게 한국 한생입니다. 그래서 저기 여기서는 중한수교가 이루어지기 전까지는 우리 국내에서는 한국이라 안 했습니다. 남조선이라 했지요. 그런데 제가 80년도에 미국에 가서 처음으로 한국의 유학생들을 만났을 때 저도 그냥 이것이 속에 묻드러졌기 때문에 남조선이라 하니까 그때 유학생들이 우리는 당당한 국가가 있는데 왜 남조선이라 하는가? 그래서 전 80년도 그분들과 접촉하면서 한국이라 했거든요. 돌아와서도 그냥 전 한국이지요. 그때 문장을 쓸 때 공개적인 학술지 문장 쓸 때 남조선이라고 하고 92년 수교부터 한국이라고 했거든요. 그러면서 그동안에 아웅산 사건이라든지 그게 또 일어났고 그다음에 또 고 무렵에 1차 KAL기 사건이 일어나면서리 그때부터 북에 의한 지금 보면 테러사건들인데, 참, 같은 민족이 이럴 수 있는가 할 때 북에 대한 상당히 불만 정서가 그때 많았지. 우리가 불만 정서가 많았지. 그러다가 중한수교가 일어나고 하면서 그때부터는 기실 우리가 여기서 만남의 장소는 수교가 이루어지기 전부터 입니다. 수교 이뤄지기 전 지금도 〈통일원〉에 계시는지 모르겠는데 허 무슨 영이던가?

**우병국** 허문영 박사?

**박승헌** 예. 허문영 실장님이 수교되기 전부터 여길 다녔습니다. 그리고 한국의 현경대 전 국회의원이 이사장 하던 〈평화문제연구소〉 같은 것은 아마 87년도부터 연변대에 다녔습니다. 정식 학술대회가 아마 우린 87년도부터 했습니다. 그래서 그 후에 끈끈히 이어지고 있고 그리고 중한수교 일어지기 전에 이미 다른 제3국을 통하든지 어찌해 가지고 아주 정 숫자가 학술 그런데 참가하고 더욱이는 중한 수교 일어나기 전 80년대 말부터 90년대 친척 방문이 허락되면서 친척 방문이 많이 갔죠. 그러면 그때 한국에 진실한 면모들이 중국에 우리 동포사회에 많이 전파돼 가지고 아, 한국이 어떤 사회인가 알게 되고 중한수교가 이루어지고 또 특히 남북이 UN에 동시 가입했을 때는 굉장히 희망에 부풀었었죠. 남북이가 정식으로 UN에 가입했을 때는 어떤 의미에서 보면 남이 북을 승인한 거고 북이 남을 승인한 거다. 그러면 교류에 교류가 이루어지지 않겠는가, 그렇게 생각하고 그러다 후에 김대중 정권이 들어서면서 6·15할 때는 한반도뿐만 아니라 여기서도 희망에 부풀어가지고 굉장히 떠들어댔죠.

**우병국** 최근에 있었던 2차 정상회담에 대해서는 어떤 관점을 가지고 계십니까?

**박승헌** 그 2차 정상회담에 그 DJ가 평양방문 할 때처럼 그렇게 큰 기대감 막 불러온 건 그런 거는 없고, 제 생각에는 여기 분들도 차분한 심정으로 지켜봤지 않았는가. 그러면서 어떤 공동선언문이 나오나 거기에 대한 주의가 굉장히 컸다고 저는 생각합니다. 그리고 공동선언문이 발표되니까 한 방면으로는 우린 10·4공동선언문가지고 한 번도 정식 지금까지도 토론 같은 것이 없었지만 제가 개인적으로 생각할 때 성과가 상당히 크다고 생각합니다. 성과가 상당히 큰 게 또 다른 한 방면으로는 굉장히 뭐 많이 벌여 놓아가지고 같아요. 굉장히 벌여놔가지고 이런 것들이 실현이 되겠는가하는 어떤 그런 회의심이 저는 가지고 있습니다. 개성공단도 지금 이렇게 어렵게 됐는데 어려웠는데 해주에다 벌인다, 그다음에 안변, 남포 여

기다 또 벌인다, 그다음에 개성-평양 고속도로, 그다음에 백
두산 관광, 그다음에 신의주 철도하고도, 굉장히 많습니다.
에, 그다음에 이제는 이산가족의 상봉도 이제는 상시 상봉이
다. 그래서 이산가족은 어떻게 말하면 정말 이산가족에서 월
남한 분이 있다든지 혹은 월북한 분이든지 혹은 거기서 납북
했던지 어쨌든지 해 가지고 어떤 연세가 모두 계시는 이런 생
존한 분들이 많지 않겠는데 정말 이제라도 상시로 정말 자꾸
이렇게 나라에서 어쩌다 한 번이니 그것도 영상을 통하지 말
고 직접 만나보거나 혹은 직접 가거나 하는 그거가 하나만 이
루어졌으면 굉장히 큰 성과가 아니겠는가, 이런 생각을 가지
고 있고. 그리고 경제적인 협력 면에서는 경제적인 협력에 대
해서는 저는 좀 회의를 하고 있거든요.

**우병국** 이게 장기적인 관점에서 이루어진 협약 같은데, 아시겠지만
한국 같은 경우에서는 5년마다 한번씩...

**박승헌** 예. 예. 정권이 바뀌죠.

**우병국** 바뀌는 데 그런 면에서 문제들이 좀 있긴 있는 것 같습니
다.

**박승헌** 아, 그래서 저는 정권이 바뀌면서 대북정책도 바뀐다고
생각하지요. 대북정책도 바뀌지 않으면 수정이 되리라고 생
각하는데 저는 남에서 보다도 왜 그런가하면 이미 공동선언
에 두 정상이 사인을 한 상황 하에서 차기 정권에 대해서도
어떤 구속력이 저는 있다고 봅니다. 구속력이 있다고 봐요.
왜 그렇게 말하나 하면 해주에다가 단지를 하나 짓는다든지
혹은 뭐 개성-평양 고속도로 보수, 신의주 철도 보수라든지
남포에다가 무슨 조선업 단지를 한다든지 이런 것들도 이미
한 이상에는 차기 정권도 이런 것들을 무시할 수 없다고 저는
생각해요. 그런데 저는 주요한 문제가 남이 아니라 북에 있다
고 생각합니다.

**우병국**  북에 어떤 방면에 문제가?

**박승헌**  그래서 개성공단을 저는 자꾸 생각하는데 개성공단은 어떻게 말하면 1단계가 끝나고 2단계가 진행하는 상황 하에서, 개성공단이 입주하고 거기 가서 기업 꾸리는 게 상당히... 한국에서는 그걸 성공적이라고 자꾸 얘기합니다. 성공적이라고. 그런데 저는 성공했다고 보기에는 아직 이르지 않나, 이런 생각이고. 과정이, 굉장히 어려운 과정을 거치고도 아직 '3통'은 안됐습니다. 먼저 '3통'부터 딱 해서 개성공단에 정말 '3통'이 된 후에야 이것을 성공했다고 하겠는데, 언제 하겠는지 저는 모르겠고.

**우병국**  이번에 '3통 문제'가 아마 나온 것 같습니다.

**박승헌**  네, 나왔죠. 그래서 저는 총적으로 말하는 게 지금 북한이 이번 노무현 대통령이 굉장히 솔직한 분으로 저는 봅니다. 그래서 아마 변호사 출신이라 그런지 생각하는 걸 그 자리에서 다 얘기하는 것 같고 한데, 그래서 이번에 저기 가서 하는데 아마 노무현 대통령께서도 내가 이번 방문 하려다 그쳐 가지고 북한이 어떻게 개혁개방 하는 쪽으로 그런 압력을 가자, 그런 생각이 있을 거라고 생각하는데, 아, 만나자마자 김정일 국방위원장이 개혁개방이라는 말조차도 하지 못하게 한 게 아니라 거기에 대해서 상당한 불신감과 거부감을 말하더라. 그러니까 개혁개방은 계속 그 사람은 개혁개방이라는 소리만 들어도 이거는 체제 위협이라고 생각하지요. 북에서는. 그렇게 개혁개방이 안 하는 전제하에서 이런 공단 이런 무슨 공업단지 무슨 이런 것을 자꾸 한다는 게가 정말 저는 생각에 어려움이 많죠.

**우병국**  순서가 좀 바뀌었다?

**박승헌**  예. 그래서 정말 3통부터 먼저 실현하면 이게 문이 열리는 겁니다. 그래서 여기서부터 조금 조금씩이라도 해야 하는데 단번에 여러 가지 일을 다 할 수 있을까 의심이 자꾸 드는 거지요.

**우병국** 북한과 관련해서 작년에 핵실험을 하고 핵무기 개발을 하고 일련의 행동들을 했는데 그것과 관련해서 이런 북의 태도와 행동들이 한반도 그러니까 남북 간의 평화유지라든지 통일이라든지 이런 데에 미치는 영향은 어떻다고 보시는지요?

**박승헌** 그때 작년 10월 6일에 핵실험을 했다 했을 때는 어떻게 말하면 우리한테 충격이 컸다고 볼 수 있지요. 왜 그런가하면 중국정부가 일관적으로 주장하는 것은 한반도의 비핵화이거든요. 그래서 중국이 핵실험을 굉장히 반대하는 정황 하에서는 북한이가 감히 핵실험을 하겠는가 하는 것도 그때는 의심했거든요. 그런데 했거든. 하니까 그때 제 생각으로는 중국의 북한에 대한 영향력이라는 것은 제한됐구나. 그거 하나 있고. 아 왜 저렇게 나오면서, 왜 한반도를 자꾸 긴장상태로 몰아가고 아, 그러면서 6·15공동선언은 6·15공동선언대로 하고, 이 사람은 핵을 개발하고 그때 충격이 컸지요. 그래서 그 충격은 우리 동포민족한테도 무슨 컸을 뿐만 아니라 제 생각에는 중국정부에서 충격도 대단히 크다고 생각합니다. 그때 그 중국정부 성명에서는 북한 핵실험 한 데에 대해서 아주 그 평소에는 절대 외교부 성명에서 볼 수 없는 그런 단어가 두개 나오거든요.

**우병국** 예, '한란(悍然)'이죠?

**박승헌** '悍然'이라는 게 뭐 어떻게 번역하면 '제멋대로' 라든지. 어떻게 번역하는지는 모르겠지만 그런 거는 굉장히 외교적인 수사에는 안 쓰는 건데, 쓸 때는 중북관계가 냉각 상태에 들어가지 않겠는가, 그런 우려도 그때 있었지요.

**우병국** 다시 그 동포 사회의 활동으로 돌아가서요. 우리 재중 동포 사회에서 한반도 통일과 관련해서 어떤 개인적이라든지 임시적인 모임이라든지 활동을 하시거나 기여를 해 오신 인물들이라든지 그런 분들이 계시면 아시는 대로 소개를 좀 해주시면 감사하겠습니다.

**박승헌** 아유, 저는 잘 모르지요. 그러니까 그 학교 내로 말하자면 김강일 교수라든지, 굉장히 그 방면에서 활동 좀 많이 했다고 생각하고요. 사회적으로도 남북의 교류를 추진하거나 혹은 북이 어려울 때 도와주는데 앞장서고 이런 분들이 계시지만 저는 사실 잘 모르죠. 모릅니다.

**우병국** 네.

**박승헌** 그 아마 허명철 씨가 저보단 더 잘 알지요.

**우병국** 허명철 씨요?

**박승헌** 허명철이랑 김강일이는 사회 것도 어느 정도 알 수 있을 거라 생각하거든요.

**우병국** 예. 그러시군요. 한 가지 더 여쭤보고 싶은 것은 여기 중국 동포 사회가 있고 또 조교라는 단체가 있다고 들었는데 조교에 대해서 어떻게 이해가 있으신지요?

**박승헌** 접촉이 없으니까 이해는 없는데 이 조교라는 것이 두 가지 성분입니다. 하나는 중화인민공화국 설립될 때 우리 여기 연변지역까지 거의 동북지역의 조선족들은 주민등록에 의해서 중국국적을 취득했지만 남방에 있는 조선족들은 그때 중국국적을 가지지 못하다가 끝나면서 48년도에 조선민주주의인민공화국이 성립되던 해에 그러면서 북의 국적을 가진 사람들이 요게 한 부분이고. 그다음에 여기 있는 연변에 있는 조교들은 6·25 전쟁당시 피난 온 사람들이예요. 그렇게 봐야 해요. 그리고 조교의 활동이가 굉장히 화려하겠습니다. 문화대혁명까지도 제가 생각하건데 80년 초반까지도 굉장히 여기 조교활동해서 각 지방마다 조교 무슨 연인가 뭔가 있었습니다. 저도 이거는 뭐 명칭은 잘 모르겠습니다.

**우병국**  아, 〈재중조선인총연합회〉.

**박승헌**  뭐, 그래가지고 연변시에도 있을 뿐만 아니라 다 있었거든
요. 그래서 이분들의 활동을 보게 되면 어느 때 아주 뚜렷한
가 하면 4·15때 입니다.

**우병국**  4·15요?

**박승헌**  4·15가 김일성이 생일입니다. 그럴 땐 여기서 자기들 조교
대표를 북에 축하, 생일축하라 보내면서 뭐 막 활동들 벌이고
하는 게 그땐 대단했는데, 80년대 후반부터는 이런 활동들이
전혀 보이지 않고 그러니까 그렇게 큰 활동들이 없어진 것 같
고. 그러면서 또 북에서 생활형편이 점점 자꾸 어려워지면서
조교들 가운데 적지 않은 사람들은 국적을 바꾸는 사람들이
적지 않았습니다. 그러나 제가 지금 알고 있기로는 그 조교들
이 계속 있다고 생각합니다.

**우병국**  제가 알기로는 만 명 정도 있다고 알고 있습니다.

**박승헌**  예. 계속 있는데 어떤 활동을 하고 있는지는 잘 모르겠습니
다.

**우병국**  예. 많은 말씀해주셨는데 앞으로 남북관계가 발전해 가야할
바람직한 방향에 대해서는 어떻게 생각하시는지 말씀해 주시
면 감사하겠습니다.

**박승헌**  저는 그렇게 생각합니다. 과거의 중국을 놓고 말하면 모택
동 시절에는 혁명을 수출했습니다. 그래서 지금도 자꾸 어떤
혁명 수출하는 이런 건 다 틀린 일이기 때문에 우리는 절대
혁명 수출 안한다고 합니다. 그러기 때문에 똑같이 중국에서
얘기하는 것은 중국이 개혁개방해서 어느 정도의 성취를 얻
었다고 해서 이 개혁개방의 경험을 또 다른 나라에 수출하라
는 겁니다. 그러나 중국은 자기 성공한 어떤 사실로서 개혁개
방의 성과를 보여주는 걸 통해 가지고 북에 대해서 북의 유일
한 길은, 살아나갈, 생존할 수 있는 길은 개혁개방밖에 없다

는 것을 보여줘야 합니다. 또 이런 걸 통해서 북에 대한 어떤 개혁개방의 압력이라도 할 수 있겠는지. 압력이란 말은 조금 그런 거 같은데. 그게 있어야 하는데.

**우병국** 예. 영향을 미치고.

**박승헌** 예. 영향을 미치고. 한국도 저는 마찬가지라 생각합니다. 한국도 저는 그렇게 생각해요. 대북지원 같은 거 할 때 뭐 대북지원이 꼭 좋다는 건 아니지만 대북지원하면서리 이 사람들로 하여금 내 대북지원을 받기 위해서는 어떤 일정한 대가는 꼭 치뤄야 한다고 생각합니다. 그 대가는 무엇인가하면은 문을 자꾸 여는 거라 생각합니다. 그래서 앞으로 상당히 외람된 말씀 같지만 개인으로서 한국 정부에 건의할 입장은 아니지만 한국정부도 앞으로 대북정책에서는 개혁개방에 영향을 미칠 수 있는 그런 대북지원이 돼야 하지 않겠는 가 저는 그렇게 생각합니다.

**우병국** 좋은 말씀 입니다. 마지막으로 여기 계시면서 이렇게 보시기에 한반도가 앞으로 어차피 통일을 지향해서 나가는데 언제쯤 통일이 될 거라고 보고 계십니까?

**박승헌** 지금 같이 보게 되면 아직도 통일의 길은 멀 것 같습니다. 근데 또 멀다고 하는데 과연 아주 아득하게만 생각하는 게 아니라 북한 사정이 어떻게 되는가가 저는 관건적이라고 봅니다. 북한 사정이 어떤 최악의 상태로 가게 되면 통일이 굉장히 빨리올 것 같습니다. 저는 그렇게 봅니다.

**우병국** 북한사회가 최악의 길로 달릴수록...

**박승헌** 속도가 더 빨라질수록 통일의 길도 시간도 빨리.

**우병국** 거기에 따른 위험부담도 많지 않습니까?

**박승헌** 위험, 글쎄 위험 부담도 많고, 어떤 통일이 되겠는가는 모르겠지만 우선 먼저 저는 통일이 빨리되면 좋겠습니다.

**우병국** 네, 하하하. 잘 알겠습니다. 감사합니다.

# 7. 서학동

하얼빈시 문화국 부국장,
조선족 문화관 관장

# 7. 서학동

면담일자: 2008년 4월 23일 수요일
장   소: 중국 흑룡강성[黑龍江省] 하얼빈[哈爾濱]
면 담 자: 우병국
구 술 자: 서학동 하얼빈시 문화국 부국장, 조선족 문화관 관장

**우병국**  먼저 서 관장님께서 중국에 정착하시게 된 그 배경, 그러니까 이주 몇 세시며, 그동안 쭉 걸어오신 경력을 간략하게 말씀해 주십시오.

**서학동**  저흰 3세입니다, 3세. 제 할아버지 대에 중국에 와 가지고. 사실 할아버지, 할머니는 다 이북에서 왔어요. 고향은 한국이지만 건너올 때는 이북에서 건너왔습니다, 평안도에서. 정착은 처음에 하얼빈이 아니고 심양으로 해서 이제 거쳐서 올라왔고. 그리고 저희 3세인데 아버지 때부터는 이제 중국, 주요 사회하고 이제 접촉을 많이 하고. 또 하다보니까 저희 부친이 또 이 회관에 창신 중에 한 분이에요. 50년대 초반기에. 그때는 〈문화회관〉이 아니고 〈조선인회〉라고 그랬습니다. 그러니까 중국 정부가 아직 해방 안 했을 때, 〈조선인회〉의 조직으로 되어있어요. 그리고 정부가 성립하고 나서 공식적으로 이제 〈문화회관〉이 되었습니다. 정부에서 후원하는 민간단체가 아니고 정부 예산을 받고 정부의 기관입니다, 사실은. 동포를 상대로 하는 문화 행사를 하고, 우리 문화를 살리기 위해서 중국의 소수 민족정책이라는 그 자체에 있기 때문에 거의 60년 역사를 갖고 있는 관을 제가 또 맡았고. 그리고 하다 보니까 중간에 대를 이은 게 아니라 중간에 지금 다른 사람이 이제

관장을 맡았는데 또 우연히 제가 또 맡게 돼가지고 어떻게 보면 부친께서도 이 사업을 했고 저도 이걸 하게 됐는데. 사실 할아버지 때 얘길 들으면 일제시대 때 일본 사람을 때려가지고 피난 왔다고 그렇게 제가 알고 있거든요. 그래서 할아버지 어렸을 때니까 그 얘길 직접 못 들었고 아버지한테 전달받았죠. 그렇지만 사실 저희 친척들도 이모, 친 이모 다 이북에 있습니다. 어머니는 14살 때 들어왔고. 어머니 쪽으론 제가 2세고 아버지 쪽으론 제가 3세고, 그렇게 되어있습니다. 그래 저희들은 중국에 와서, 제가 3세니까 국적은 중국 사람이지만 그래도 민족의 피를 갖고 있는 사람입니다.

**우병국**  그러시군요. 부친 존함이?

**서학동**  서재수인데요, 서재수인데, 원래 우리 고향이 사실 한국이거든요. 대구 쪽에 달성 서씨. 아버지가 어렸을 때도 서울에서도 있었던 경험도 있고, 그렇지만 할아버지 때 같이 들어왔을 때는 이북에서 들어오는 게 편했고, 그래서 여기 들어와서 살고 있어요.

**우병국**  예, 아까도 말씀 하셨지만 우리 고국, 우리 모국의 통일문제에 대해서 우리 재중 동포 분들이니 다 관심을 가지고 보고 계시는데, 중국 공민이기 때문에 드러내놓고 통일운동 뭐 이렇게는 하실 수 없는 상황인 걸로 알고 있습니다. 그러나 남북교류라든지 통일과 관련해서 직접적으로 혹은 간접적으로 그렇게 그동안 활동을 하셨을 것 같은데, 거기에 대해서 잠깐 좀 소개해 주시면 감사하겠습니다.

**서학동**  그거 참 좋은 질문인데, 사실 저희들은 국적이 중국 국적이니까 민족은 바꿀 수가 없는 거고. 남이나 북이나 공동으로 발전하고, 모국이 강대해지면 해외에 있는 동포들도 어깨가 많이 올라가고. 우리가 봤을 때는 통일이 이루어지지 않은 상태에 대해서는 참 안타깝습니다. 그리고 비록 해외에 있는,

특히 우리 조선족은 국적이 다르더라도 사실 남북교류에 대해 지금까지도 활발하게 하고 있습니다. 그래서 중국하고 한국하고 개방되기 전에는 이북하고 교류를 많이 했고, 한국하고 개방하고 나서는 한국하고도 많이 교류를 하는 편이지만 그래도 그동안에 개방하고 나서의 대북문화교류를 굉장히 오랫동안 활성화하는 쪽으로 교류를 많이 했습니다. 특히 문화교류, 저희들은 문화 분야 하기 때문에, 공연 단체라든가, 미술작품전이라든가, 이런 행사들도 많이 했습니다. 저희 회관에서도 많이 했고. 또 한중 관계도 문화적인 교류를 많이 했습니다. 여러 가지 다양하게 행사도 많이 하고. 또 한국이나 이북이나 공동이 만날 수 있는 장소도, 여러 차례 행사를 통해서 문화적으로, 비록 공동 주최는 아니었지만 그래도 그런 기회를 많이 만들었습니다. 그래서 저희 해외 동포들은 조국이 빨리 통일했으면. 남이든 북이든 정치권이 틀리지만 민족이 갈라지는 이상 우리 민족으로서는 정말 가슴이 아픈 일입니다. 그래서 저희 해외동포들은 항상 조국, 고국이 빨리 통일했으면 하는 그런 소원을 다 갖고 있습니다. 그래서 저희들도 이북 정치가 다르기 때문에 우리가 할 수 있는 것은 '정치적 개방하라' 그거는 우리가 할 얘기, 있는 입장은 아니지만 다만 개방하고 나서의 중국의 개방정책이 국민들한테 어떤 혜택을 줬느냐 그것을 전달하는 것이 더 중요하지 않겠는가, 했습니다. 개방하고 나서의 우리 모든 사람들이 국제화 교류를 하면서 더 사람들이 인권문제라든가 민주화라든가 이런 것이, 특히 공산체제의 중국이 개방했다 해서 자본주의로 가는 것도 아니잖아요? 중국에는 등소평이 특색 있는 사회주의를 만들자. 사실은 모든 제도들은 원래 사회주의 제도로 바뀌었습니다. 그냥 당에서는 자유주의라고 인정을 하고 특색 있는 사회주의라고 인정하고 있기 때문에 우리들 생각에는 조선이 빨리 개방을 해야. 공산당 집권 하더라도 모든 것이 개방 되면 생활도 많이 제고될 것이고 경제적으로 국제적으로도 많은 도움이 될 것입니다. 그래서 저희들 소원은 서로 정치를 벗어나서 민족이익을 위해서라도 빨리 통일 했으면... 독일도 통일됐고, 그 벽을 허물어뜨리고 서로 다른 체제로 있던 것이 같이 어우러지게 되고. 홍콩이나 마카오도 우리가 지금 통일이 되지 않았습니까? 그런 것 보면 통일이 가능하다고 생각됩니다. 그래서 해외동포들은 항상 행사도 행사지만 그것이 우리가 할 수 있는 범위 내에서 열심히들. 말은 공식적으로 운동이라고 할 수는 없고, 단체 모임이라고 할 수도 없지만, 다만 이런 문화행사라든가 경제교류라든가 이런 내용을 통해서 간접적으로 서로 통일에 대해서 다만 힘이 되지 않겠는가 싶은데.

**우병국**  실례가 되지 않는지 모르지만 혹시 당원이십니까?

**서학동**  예. 위치상에서 공산당원이냐 아니냐는 조금 어려울 것 같고. 그렇다고 공산당원이라 해서 큰 지장은 없습니다. 다만 나라에 법이 다 있고, 공산당이 아무리 아니더라도 지켜야 할 부분이기 때문에 그래서 뭐 큰 지장은 없습니다.

**우병국**  혹시 남북한에 친척 분들이 계십니까?

**서학동**  있습니다.

**우병국**  만나보셨습니까?

**서학동**  예, 제가 사실 기회는 없었어요. 이북은 한 번도 못 갔습니다. 근데 작년에 우리 친 이모가 갑자기 들어왔어요. 제가 태어나고 눈앞에서 처음으로 우리 이모를 만났습니다. 모르는데 그래도 다행히 제가 하얼빈에서 만났고, 그리고 후에 후대들이 또 한둘 뭉치고, 어려우니까. 와서 좀 보탬이라도 될까 하고 있습니다.

**우병국**  그러시군요. 지금 현재 그러면 〈문화회관〉 말고 따로 참여하고 계시는 주요 단체라든지 그런 단체들의, 우리민족 단체들의 활동 상황에 대해서 조금 소개를 좀 해주시자면 어떻게.

**서학동** 저희들은 회관 이름이 〈조선족 예술관〉이니까, 동포를 상대로 한 그런 봉사, 문화 단체이기 때문에 우리 동포 사회의 행사를 많이 하고, 지금 개방하고 나서의 우리 행사가 단순히 교포 행사뿐만 아니라 지역 행사에도 이북에 있는 분들은 참석할 수 있고, 한국의 현지에 있는 사람들도, 유학생, 그리고 여기 사업하시는 분들, 교민들, 그분들이 다 참석할 수 있는 행사도 이루어지고. 그거는 저희들 아무런 제한 없이, 중국 정부에서도 제한 없이 행사를 하고 있습니다. 그리고 행사가 워낙 저희가 활발하게 하고 있습니다. 그래서 정부에서 아마 들어왔을 때 봤겠지만, 우리 〈문화회관〉에 제가 자랑스럽게, 아마 한인 회관으로서는 세계적으로 해외에 있는 회관 중에 제일 클 거라고 생각합니다. 건평이 한국 평으로 아마 3,300평 정도. 그리고 그동안 추진해왔던 안중근 기념관도 제가 만들었고, 좀 더 보시면, 또 우리 민속관이라든가 도서관도 다. 정말 우리 민족이 비록 중국에 있지만 중국사람 같은 정치적 대우도 받고 특히 어떤 면에서는 또 특별히 혜택을 또 받고 있는 입장이구요. 정말 이런 회관을 갖추고 있다는 것이 저는 자랑스러워요. 그동안에 조선, 이북에서도 많이 관심을 보였고 비록 경제적으로는 어렵지만 그래도 관심 갖고 있고. 또 한국의 저명인사들도 많이 방문해 주시고 응원해 주시고 큰 도움은 별로 없었지만 그래도 생각을 해주고 있습니다.

**우병국** 해외에 있는 기타 우리 동포 단체들과도 교류가 많습니까?

**서학동** 교류가 있습니다만 별로 많지는 않습니다. 많지 않은 이유의 하나는 중국이 개방된 지 별로 시간이 되지 않았고, 직접 해외하고 단체 교류를 하고는 있지만 아직 활성화되진 못했습니다. 한국하고는 많이 교류를 하고 있습니다. 그리고 또 일본하고도 있고, 미국도 지금 교류는 하는데 개방 초창기에는 미국의 동포 사회하고 교류를 많이 했습니다. 미국에 가서 공연도 했고, 근데 요즘에는 많지는 않습니다. 한국하고 교류가 워낙 많으니까.

**우병국** 통일과 관련해 가지고 관장님께서 어떻게 특별한, 뚜렷한 이념적인 지향점이 있으십니까?

**서학동** 저는 사실 우리가 보는 것이 독일도 봤고, 우리가 홍콩이나 마카오도 봤고. 정말 우리 통일이 정치적으로 통일하면 어렵습니다. 그건 체계적으로 움직이니까. 제일 중요한 것은 통일도 통일이지만 제일 중요한 건 서로 교류를 해야 된다는 점입니다. 우선적으로 교류를 해야 됩니다. 사실 시간이 다 소모하면, 빨리 했으면 좋겠지만 그런 정치 체계를, 벽을 넘기 어려우면, 우리 해외에 있는 동포들은 스스로는 아마 같은 생각을 갖고 있는 분들이 많을 거 같은데, 서로 교류하는 것 자체가 통일에 대해 서로 이해를 할 수 있는 길이 더 넓지 않겠는가? 통일 날짜를 어느 날 갑자기 벽을 넘는 것보다도 서로 교류할 수 있는 그런 것을 빨리 서로, 정치를 벗어나서 경제 교류를 이루고 통일해서. 이북에도 지금 미국에 교향악단 가서 공연까지 할 정도면 정말 빨리 서로 교류를 하면서 서로 이해를 하면서 조금 늦더라도 아마 그런 교류를 해도 좋지 않겠는가? 이렇게 생각합니다.

**우병국** 양측의 교류와 관련해 가지고 관장님께서 보시기에 현재 남·북 간의 교류 현황이 어떻다고 보십니까?

**서학동** 저는 지금 자꾸 정치화되는 것 같은데, 이제 뭐 새 정부도 자기 경제를, 아마 민심을 갖기 위해서 하는 거겠지만, 사실 해외 동포들은 민심도 민심이지만 통일도 민심이 아닌가 싶기도 하고, 아마 그 통일은 한국 국민뿐 아니라 세계 같은 민족들은 다 통일을 원하는데 경제 부흥도 중요하지만 통일문제에 대해서, 이번에 햇볕정책도 우리가 뭐 좋다 나쁘다 생각하기는 어렵겠지만, 그래도 그 아마 그 정도까지 왔다는 것이 참... 어려운 벽을 넘고 서로 대통령까지 이북 방문할 정도면, 그 정도까지 됐다는 것이 지금 자랑스럽고, 또 김대중 대통령이 노벨상까지 받았다는 건... 우리 새 정부에서도 남북관계를 좀 정치를 넘어, 자기 정치를 지키기 위해서 너무 지키는 것보다도 저는 다만 어느 정도라도 호응정책을 갖고 하면 어떻겠나 하는 소원이고. 또 조선에서도 너무나 정치를 가지고 하다보면 자꾸 이 벽이 점점 높아지고 어려워지는데, 이제는 서로... 중국이 대만하고, 비록 통일은 아직까지 희망은 보이진 않지만, 그래도 지금 교류를 하고 있고, 비행기 뜨고 서로 친지 방문 마음대로 다닐 정도면 통일이 멀지 않다고 생각되는 게 많아요. 지금 이 상태에서는 보이지 않아 걱정이 됩니다. 심지어 군사적으로도 자꾸 좀 사태도 나고 보도를 볼 때면 가슴이 아픕니다. 지금 세계가 지구촌으로 가고 이러는데 우리는 아직까지 작은 땅에서 서로 갈라져 있으면서 좀 안타깝죠. 그래서 우리가 희망하는 것은 새 정부에서 좀 통일문제에 대해서 생각을, 신경을 많이 쓰면 경제적으로 같이 발전할 수도 있고. 아마 한국에도 이북 고향이 있는 분들도 적지 않을 거라고 생각합니다. 전쟁을 피해, 이산가족이 갈라지면서 이런 것이 교류를 통해서 서로 이해를 할 수 있으면 좋지 않겠는가?

**우병국** 지금 말씀 들으니까 물론 점진적이고 또 평화적인 방식의 교류로부터 시작해서 통일을 추구해 나가는 방식을 선호하시는 것 같은데, 그동안 과거에 남한도 좋고 북한도 좋고 여러 차례에 걸쳐서 매 시기마다 통일 정책을 내어 놓고 또 실천을 하려고 했었는데, 관장님께서 보시기에는 어떤 면에서 장점이 있고 어떤 면에서 단점이 있다고 보시는지요?

**서학동** 글쎄요, 사실, 그동안의 대북정책에 대해서 햇볕정책이라고 그랬죠, 우리가 봤을 때 참 좋았어요. 정말 경제 대국이고 세계에서도 자기 위치를 또 많이 성장시킨 대한민국이 대북에 대해서 그런 포용정책을 냈다는 것 자체를 참 우리가 자랑스럽게 생각했습니다. 근데 요즘에 사태로 봤을 때는 좀 안타깝지만, 글쎄 또 어떤 면에서 한국의 정치를 잘 모르는 입장이기 때문에 그렇게 생각하는 것도 있겠고. 해외에 있는 동포들의 입장에서 생각했을 때는 자기 정치를 위해서 생각하지 말고 민족의 입장을 생각했으면 그런 바람이고. 단점이라는 것은 경제하고 통일을 갈라서 얘기하는 것이 단점이 아닌가 싶다고. 우리가 표면적인 생각이지만 경제 발전한다고 해서 통일을 무시한다든가, 통일은 오히려 더 강국이 될 수가 있는데 사실은, 우리가 봤을 때는 경제도 중요하지만 통일문제도 좀 빨리 신경을 써주시고. 그래서 장점이라면 제가 참 또 자랑스럽고, 그래도 한국이 포용정책을 갖고 대북 관계를 지원을 많이 해주고. 같은 민족으로서 진짜 같은 깃발을 들고 나갈 수 있는 기회를, 국제대회를 나갈 수 있는 포용정책을 갖고 있는 것을 장점이라고 생각할 수도 있겠지만 너무 정치하고 경제나 이걸 가지고 말이 많지 않았으면 좋겠다는 생각이 들어요.

**우병국** 또 북측에서는 정치적으로 많이 이제 또.

**서학동** 그렇죠, 거기다 그런 얘기를 안 했으면, 조국의, 자신의 경제 발전을 많이 했으면 좋겠는데 도리어 그쪽에선 정치를 하고 있죠, 우리 입장엔. 도리어 그쪽에선 정치를 앞세우는 그런 입장이에요. 그래 그걸, 나라를 다스리는데 아마 권력이 무너질까봐 좀 걱정이 되지 않겠는가 싶다고 생각됩니다. 빨리 개방했으면, 그 교류가 많지 않다는 게...

**우병국** 관장님께서 지금 주로 문화 쪽으로 활동을 많이 하셨는데 그동안에 활동을 해오시면서 북이든 남이든 당국에서 어떤 지지 혹은 격려를 받은 적이 있으신지요?

**서학동** 남과 북의 정부에서? 별로 없습니다.

**우병국** 정부 차원에서는 별로 지지가.

**서학동** 다 민간적으로 되어있고. 정부에서는, 한국 정부도 아마 중국의 소수 민족정책 때문에 아마 그러지는 못했을...

**우병국** 조심스러운.

**서학동** 조심스러운 면도 있겠지만 이북은 거의 없고, 중국에 와서도 대 중국사람 교류는 뭐 할 수 있지만 교포단체들, 다른 교포기관, 기관에 있는 사람의 지원은 거의 없습니다. 도리어 우리가 민간적으로 이북이 어려운 일 있으면 우리가 도와줄 입장이지, 정부의, 남북 정부의 지원 혜택을 받은 것은 없습니다. 별로 없습니다.

**우병국** 아까도 말씀하신 것 같은데, 문화적인 교류, 또 민족활동을 하시는데 있어서 중국 정부는 당연히 뭐, 거의 뭐 간섭을 안 하겠지만 일반 중국 사회의 여론은 어떻다고 보십니까?

**서학동** 사실 저희들은 지금 별로 제한은 없습니다. 우리가 지금 행사를 해오면서 정부에서 간섭을 한다거나 부정적인 얘기 나왔다든가 하는 그건 전혀 없고 도리어 잘했다고 평가를 할 정도로 되어있고, 제 개인적으로도 사실 이 위치상에서 내가 동포 사회를 상대로 해서 사업을 했지만 그래도 정부의 정치적인 혜택이라든가, 국장직도 여러 차례 받았고 2005년도에도 정부의 최고 훈장을 받았고, 이 분야에서 문화인으로서 특히 또 동포 상대로 하는 직장에서 나라 훈장을 받는 것이 거의 역사적으로 처음이라고 봅니다. 그만큼 정부에서 남북교류를 도리어 정부에서는 이 회관이 남북교류에서 더 중간 역할을, 민간이나 정부 역할을 많이 하라는 뜻이 더 많더라고요. 그런 도리어 우린 눈치를 봐가면서 할 그런 입장은 아닙니다. 몰라, 다른 지역은 모르겠지만 저희 입장은 그런 게 별로 없고. 또 자체에서도 우리가 행사할 때 한국이나 이북이나 중국의,

그 나라의 법이라든가 위반하는 그거라면 자체를 안 하는 거는 사실이고. 모든 행사가 이 민족과 본토의 민족에 손해를 안 주고 그런 입장에서 행사가 모두 이루어졌기 때문에 정부에서 좋아합니다. 글쎄 뭐 객관적으로 뭐 많이 관점이 바뀌어졌겠지만 지금까지 제가 한 행사 중에 지금 와서 뭐 장애를 줬다든가 와서 비방을 했다든가 그런 건 전혀 없고 아주 편안하게 행사가 이루어지고 있습니다. 그리고 정부에서도 아주 뭐 행사를 한다고 하면, 도리어 뭐 잘 하고 있으니까. 며칠 전에도 문화부에서 와서 평가 다 끝났고. 아마 다음 달 되면 중국에서 〈문화회관〉 최고, 1등, 1급 회관으로 아마 인정받고 있는 줄, 오늘 오전에도 내가 그 소식을 들었는데. 그 정도면 뭐 별로 지장은 없습니다. 그래서 저희들이 한국 자주 다니고 해도 별로 부담이 없고. 글쎄 뭐 다른 지역에서는 가끔씩 그런 제한을 한다는 내용이 있는데. 제가 봐서는 어떤 행사는 아마 중국 사람이 민감하게 생각 안 할 수가 없는 입장이기 때문에, 도리어 우리가 행사할 때는 중국 사람도 자극 주지 말고 우리민족의 자존심도 꺾지 말고 그런 행사를 많이 좀 했으면 하는...

**우병국** 제가 듣기로 이 동북3성에 우리 동포 사회가 주로 이루어졌었는데 수적으로는 흑룡강이 제일 적죠, 아마?

**서학동** 아니죠, 요녕이 제일 적죠.

**우병국** 아, 요녕이 제일 적습니까? 아, 예, 연길 쪽이, 길림 쪽이 제일 많고. 근데 오히려 제가 듣기로는 길림보다 민족활동이 굉장히 흑룡강성에서 더 활발하다고 그렇게 듣고 있습니다. 그 이유에 대해서는 어떻다고 생각을 하시는지요?

**서학동** 이유의 하나는 위치상으로도 연변하고 이북이 가까우니까, 또 집거지고 자치주가 있기 때문에 아마 민감하게 생각할 수 있는 첫째 이유고, 그리고 흑룡강에 남쪽 고향이 있는 분들이 많아요. 세 개의 성을 보면 요녕성하고 길림성에 이북 고향이 많고 흑룡강이 거의 남쪽 고향입니다. 그리고 고향은 뭐 우리 3세까지는 좀 영향을 받고 4세에서 5세까지는 별 영향을 받지 않았거든요. 큰 영향을. 2세, 3세까지는 조금 영향을 받고. 그래서 그런 습관이라든가 문화 사고라든가 말이 차이가 좀 있고. 그리고 원래 이 지역이 민족의 행사라든가 민족 간부라 그럴까요? 민족 간부가 조금 꿋꿋한 사람들 많았어요, 이쪽으로. 좀 그렇기 때문에 이쪽에 있는 분들이 단합이 잘 돼요. 뭉쳐서 행사도 이루어지고 정부에 또 우리가 보기 좋게 또 잘하고. 제일 중요한 거는 우리가 뭘 하더라도 현지 정부에 맞붙는 인상을 주지 말아야 해요. 꼭 우리가 행사도, 우리가 민족의 모임이지, 어떤 정부에 영향을 주는 것이 아니라 정부에 도움이 될 수 있는 것을 하는 행사로 많이 이루어지고 있기 때문에 아무런 지장 없이 행사를 마무리하죠.

**우병국** 제가 저기 심양에 들어갔을 때, 〈심양조선족연의회〉 노팔균 회장님께서 그런 말씀을 하셨어요. "요녕성이 이렇게 침체되어 있는 이유가, 우리 동포 사회가 침체되어 있는 이유가 흑룡강처럼 성급간부들이 걸출한 분들이 많이 나와야 되는데 그 점에서 좀 모자라서 그렇게 된 것이다"라고.

**서학동** 그렇죠, 그것도 중요한 한 부분입니다. 그래서 지금 조선족 간부에 대해서 기대를 많이 하는데 그 기대보다도, 글쎄, 그다 영향도 있겠지만, 제일 중요한 거는 모이는 자체가 목적이 있어야 될 거예요. 같이 민족이 단합하고 공동 발전할 수 있는 길을 찾는 것이 중요한 거지, 누가 대장이다 누가 대장이 아니다 그걸 따지면, 개인의 이익이 끼어들면 문제가 있어요. 그리고 민족심도 중요하지만 민족을 위해서 잘해야 민족심이지, 민족심이라 해서, 민족심이라고 해서 모였다고 그런다면 더 이게 안 됩니다. 그것이 뭐냐? 자기 민족심을 자기 민족을 모은다면 형식, 준칙도 중요하지만, 그 목적이 중국 정부에 불필요한 자극을 주지 말아야 한다. 그래서 우리가 뭉치는 것이 뭐냐? 단합해서 현지 사회의 발전에 도움이 되도록 생각을 해야지, 도리어 우리 민족을 위해서라도 뭘 했다 이러면 사실 도리어 더 지장이 돼요.

**우병국** 실질적으로 그런 부분은 상당히 민감하게 생각하는 그런 결과가 나오겠네요.

**서학동** 그래서 저희들은 항상 그렇게 생각합니다. 절대로 자기 민족이 있는 나라가 있다고 해서 아니, 나라 있는 민족이라고 해서 그걸 따지지 말고 민족을, 그 국적을 따지지 말고, 모든 현지의 사람들한테 큰 도움이 될 수 있는 그런 행사를 만들어야 돼요. 그래서 저희 행사를 할 때는 동포 사회지만 정말 중국 사람들은 또 참 잘했다는 평가까지 나올 정도를 하고 또 우리 민족이 자랑할 만한 행사를 하기 때문에 우리는 행사 할 때마다 끝나면 중국 정부에서 평가를 해주고 한국서 온 사람들도 잘됐다고 평가를 해주고 동포들도 좋아합니다. 이제 그것이 우리가 해외에 있는 동포들한테 지금 어떤 민족 간부더라도 자기 민족으로 해서 그렇게 해 나갔었다 하면요, 오래 못 갑니다. 그리고 제일 중요한 것이, 우리 동포들이 지금 제일 약한 것이 뭐냐 하면 현지 지역사회에, 주류사회를 잘 어울리지를 못하는 것이 제일 어려움입니다. 우리가 지역 사회의 주류사회에 어울리지 못하면 장기적으로 활동을 못합니다. 이 교류의 장에 중국 사람들이 잘 어울려요. 어울려서 서로 이해를 하고 관심 해주고 그러는데 이 큰 건물을 대한민국 정부에서 줬습니까? 아닙니다. 한국의 단체에서 지원했습니까? 아닙니다. 다 중국정부에서 지원을 해줬습니다. 그런데 중국의 소수 민족 중에 조선족이 최고 많은 것도 아닙니다. 그렇지만 정부의 예산을, 이렇게 큰 예산을 받고 우리가 지금 이렇게 회관을 만들었듯이 주류사회하고 어울려서 같이 발전을 했기 때문에, 정부의 인정을 받기 때문에 지원도 해주고, 또 대한민국의 누가 와도 자랑하는 것으로 지금 얘기하고 있습니다. 지금 우리 당서기나 시장이 한국 분이 오면 스스로 자랑할 만한 곳이 여깁니다. 꼭 가서 보라고. 그것이 뭐냐? 우리 조선족이 중국 사회에 있으면서 주류사회를 벗어나서 자꾸 자기 민족 지키려고 그런다고 생각하는데, 그렇다고 하면 어렵죠. 그것이 지금 자꾸 동포들은 그런 걱정을 하는데, 우리말이 없어지면, 우리글이 없어지면, 우리 뭐 이거 없어지면 어쩌나 하는데, 이제 그것도 걱정을 할 부분입니다. 동포 사회가 흩어지고, 동북은 재이민을 하고 그러는데, 그것 다 걱정할 부분인데, 제일 중요한 거는 이 중국 주류사회와 어울려야 돼요. 그것이 중요한 문젭니다. 지금 당장 뭐 어떤 사람들은 한국 가서 국적을 바꿨다고 착각을 하는데, 그걸 자기가 민족을 찾기 위해서 가는 거 아닙니다. 그렇게 착각하지 말아야 돼요. 한국 정부나 중국 정부나. 그거는 중국 사회에서 너무 어렵게 살다 보니까 농사를 지으면서 1년을, 농사지어봐야 수입도 얼마 안 되고. 한국 갈라니까 가지도 못하고, 불법체류하면 또 힘들고 하니까 위장결혼이라든가 뭐 여러 가지 방면, 수단을 해서 지금 가는데, 국적까지 바꾸면서. 사실 그것이 제가 원하지 않습니다. 그것이 그 사람들이 정말 자기국적을 바꿨다고 해서 잘 사는 것도 아니거든요.

**우병국** 그렇죠, 또 한국 사회에서의 적응 문제도 있고.

**서학동** 그런 문제도 다 있고, 문화도 차이가 있고. 그래서 그걸 자꾸 착각을 해서 하면 도리어 우리 민족한테 지장이 됩니다, 발전에 대해서. 그래서 지금 중국 정부에서 저에게 항상 얘기하는 것이 절대로 중국 교포들이 가서 국적을 바꾼다는 것이 한국 정부에서 정치 목적으로 하는 것이 아니다, 또 자기가 좋아야만 자꾸 가서, 찾아가서 국적을 바꾸는 것도 아닙니다. 제가 항상 가서 그렇게 얘기를 합니다. 너무 어렵게 살다보니까 잘 살려고 가는 거지. 중국에서 뭐 하려고 여권을 가지고 가는 사람 자꾸 구속시키고 잡아가지고 오고 그러느냐. 한국에서도 자꾸 못 들어가게 하니까, 불법체류자니 뭐라 하니까 지금 할 수 없이 그런 방법으로 위장결혼하고 그래 가지고 국적 바꾸고 그러니까. 지금 제가 아는 사람 중에 국적 바꾼 사람 굉장히 후회를 많이 해요. 이중입니다, 지금. 거기 사회, 주류사회 못 어울리죠, 이쪽에는 또 어울리지 못하죠. 지금 떠 있다고. 이제 이 시대 사람들이 정말 어떻게 생활해야 될지, 저희가 봤을 때는 걱정입니다. 그래도 저는, 저희들은 이 주류사회들에 적응이 됐지만 그렇다고 해서 내가 한국하고 교류 안 하는 거 아닙니다. 저는 한국 자주 다니면서 교류를 합니다. 그래서 그런 것이 내가 봐서는 민족이 지역적으로 차별화라고 해야 될까, 그런 것이 좀 있는 것이. 지역사회 잘 어울리는 지역이 단결이 잘 되어 있고 사업이 잘 번영하고 있습니다. 흑룡강은 지금 단합이 잘 되고. 신문사 사장이 저를 소개했지만, 저도 신문사 사장을 자랑하고 싶어요. 우리가 그 신문을 유지하기가 얼마나 어려운데, 그 신문을 지금 그렇게... 아마 연변 친구들보다 더 잘하고 있을 겁니다. 그리고 서로 모이면 정말 '형님 어려운 거 있으면 얘길 하십쇼', '동생 좀 사랑해 주십쇼' 서로 이런 말을 하고 있다고요. 우리 회관에 있으면 전부 모아서. 그렇게 돼 있으니까 또 각 분야에서 지역사회에 정말 잘 어울려져 있어요. 그것이 제일 중요한 것이지 않겠느냐. 도리어 한국에 뭐 기대를 한다는 것보다도, 여기 사회에 있으면 여기 사회에, 로마 가면 로마법을 따르라고 했잖아요? 그럼 우리가 여기 국민이라 그러면 국적은 다 같은 국적인데 민족이 다, 민족심이란 건 항상 살아있고. 살려서 우리가 하면 더 좋고. 사실 우리가 문화를 하는 것이 우리 민족 문화를 지키는 것 아닙니까? 우리말 모르고 우리글 몰라도 우리 음악이나 우리 무용이 나오면 자연적으로 어울리게 돼요. 이것이 우리 민족심이에요. 그래서 저희들 하면서도 어려운 관문을 많이 넘었지만 행사를 하고 나면 제일 가슴이, 정말 자랑스러운 모습을 볼 수 있기 때문에, '야, 그래도 우리 민족을 위해서 뭘 한다.', 남겨 놓고 행사를 한 번 했다. 그것이 자랑스럽고, 그래서 계속 할 수 있는 용기가 생깁니다. 그래서 또 기대는 없을 수가 없는 것이 이렇게 해외 동포들이 어려울 때 한국 정부에서도 민간적으로라도 많이 지원을 해주면 정말 해외 동포들이 더 잘, 자기 민족 문화를 지킬 수 있지 않겠는가, 이렇게 생각을 많이 합니다.

**우병국** 말 그렇습니다. 그럼 화제를 조금 바꿔가지고요, 이제 중국 정부가 지금 한반도에 대해서 쓰고 있는 정책에 대해서는 어떻게 생각하십니까? 아주 잘 하고 있다고 보십니까?

**서학동** 뭐 제가 봐서는 잘 했다는 평가는 못하겠고요, 적어도 뭐 남북의 통일에 대해서는 중국 정부에서 통일이 나쁘다고 하는 거는 보이지를 않습니다. 글쎄, 방법은 국제적으로도 중국 입장이 어떻게 보면 이북 입장이 있을 수도 있고, 같은 사회주의권이니까... 또 입장이 틀릴 수가 있는데, 그래도 중국이 한반도 평화를 위해서 신경을 많이 쓰는 그걸 보면 우리가 봐서는 차이점이 있을 수 있어요. 아까 얘기 했지만, 남북 한반도 문제는 사실 대국 간의 대결입니다, 사실은. 저희가 봤을 때는 미국하고 중국의 대결인데, 중국도 이제 한반도를 아주 중요한 위치로 보고 있는 입장입니다. 미국도 아마 한반도가 아시아 지역에서 중요한 위치를... 저희들 생각으로는 옛날에는 뭐 한반도 문제에 대해서 중국은 별로 관심이 없었지만 지금은 관심 안 가질 수가 없지 않는가? 관심 많이 갖고 있는

걸로 알고 있습니다. 저희 지역에서는 정치를 그리 깊이 연구
안 하고, 제 분야도 아니고. 우리가 지금 언론 보도 상에서 봤
을 때는 잘 되고 있는 것 같은데, 모르겠습니다, 저의 입장에
서는.

**우병국**　네, 중국의 정책이 한반도 통일에 대해서는 상당히 좋은 방
향으로 진행되고 있다고 말씀을 하셨는데, 그래도 혹시 앞으
로 남북 간에 교류를 앞당기고 통일을 앞당기기 위해 중국이
조금 더 노력해야 될 부분이 있다고 생각하시면 어떤 것이 있
을까요?

**서학동**　글쎄요, 제 입장에서 생각했을 때 중국 정부에서는 아마 정
치적으로는 이북의 입장을 많이 생각할 겁니다. 같은 정치권
이기 때문에. 그래서 중국 정부에서 정치도 정치지만, 정치를
벗어나서 통일문제를 많이 추진해 주면 좋지 않겠는가. 내가
봤을 때, 정치를 앞세우면 통일 못합니다, 지금은. 중국 개혁
개방은 정치적으로 개방한 것이 아니라 경제적으로 개방한
것입니다. 토지개혁을 먼저 했잖아요? 솔직히 그것도 정치입
니다, 사실은. 형식은 경제입니다. 집체경제를 개인경제로 바
꾸고 토지를 개인한테 맡겨서, 벌써 달라지지 않았어요? 그래
서 중국이 개혁개방 정책을 조선에 설득을 많이 해서 먼저 국
민 개방을, 나라 개방을 하면서 한국하고 교류를 많이 하도
록, 이걸 많이 설득해 주면... 사실 제 입장에서 봤을 때는 그
게 중요하거든요. 자꾸 정치를 가지고 지금 군사적인 거라든
가 그런 입장을 생각했을 때는 통일문제가 더 자꾸 복잡해지
고, 반대로 경제 발전을 한다고 그러면 아마 더 가까워지지
않겠는가. 벽을 허물어서 하는 통일도 중요하지만, 사실 혈육
관계를 연계시키는 것이 더 중요하다고 생각합니다. 그래서
그 벽이 있더라도 서로 왕래를 하고 서로 교류를 하면 사실
통일이 시간문제지, 조금 이르다고 해서 통일이고 늦다고 해

서 통일 아니다... 이건 아니거든요. 중국 입장이나 한국 입장이나 통일문제에서 제일 중요한 것은 정치를 벗어나서 통일을 하는 방향으로 나가면 좋겠다는 생각입니다.

**우병국** 이건 조금 민감한 문제지만, 핵문제 가지고 지금 계속 얘기를 하고 있는데, 그 방면에 있어서는 중국도 별로 원하지 않는 걸로 저는 알고 있거든요.

**서학동** 예, 사실 핵문제는 중국뿐 아니라 세계적으로도 다 원하지 않기 때문에. 그래서 6자 회담이라든지 다 좋은 방법인데 중국 정부에서도 아마, 깊이는 모르겠지만, 뉴스를 보면 많이 가서 설득을 하고 있는 걸로 알고 있는데, 내가 봐서는 빨리 개방하는 것이 더 중요한 것 같습니다. 통일문제 중 제일 중요한 것이 남북교류도 중요하지만 개방을 하면 꼭 교류를 하게 되어 있어요. 이제 중국과 대만에도 군사적으로 그걸 해결한다는 얘기도 있지만, 내가 봐서는 전쟁을 통해서 억지로, 강제로 하는 통일은 아마 지금 어려울 것 같습니다, 지금 현재로는. 반대로 지금은 교류하는 것이 그래도... 대만이 발전하면 중국 발전하고, 서로 발전하면서... 지금 서로 비행기가 뜨고 얼마나 좋아요? 그래서 남북관계도 그렇게 이루어졌으면 좋겠다는 생각을 가지고 있습니다.

**우병국** 그럼 교류와 통일문제를 앞당기고 해결하는 과정에서 관장님께서 보시기에 우리 동포 사회가 조금 더 노력을 했으면 좋겠다는 방향은 어떤 쪽인지?

**서학동** 네, 그것도 참 중요한 부분입니다. 왜냐하면 중국에 있는 조선족은 어떻게 보면 중국 사람이라고 봐야겠죠, 같은 민족이지만. 그 영향력을 무시 못 합니다. 이북 사람이 한국을 보는 것이 아니라 중국을 보게 됩니다. 어떤 사람이 이북에서 왔는데, 이런 말을 해요. "다 공산당이고 다 사회주의인데 어찌 중국이 이렇게 잘 사냐?" 이렇게 묻더라고요. 그러니까 한국은 자본주의고 중국은 사회주의라고 생각을 하는데, 그 비교가 되더라고요. 그러면 영향이, 한국의 영향보다도 중국의 영향이 더 크다고 봅니다. 그래서 해외에 있는, 중국에 있는 조선족 동포들이 더 영향을 많이 주어야 하지 않는가 싶더라고요. 그래서 개혁개방의 어떤 좋은 의식, 우리가 정부의 정치를 가서 바꿀 수는 없는 거고, 오히려 그런 좋은 면에서 영향을 주는 것이 더 중요하지 않겠느냐, 그렇게 생각합니다.

**우병국** 관장님은 그동안 문화교류 방면에서 남북 간 교류에 많은 기여를 하셨는데, 활동하시면서 가장 어려웠던 점이 있다면 어떤 것들이...

**서학동** 그건 바로 문화적인 차이라고 봐야 돼요. 그래서 깊이 얘기하면 정치적 차이인데, 한국하고 교류를 할 때는 부담이 없어요. 정치하고 관련된 부분도 별로 없고. 대북 문화교류 상에서는 조금 부담스러운 것이 그런 문화적인 차이, 너무나 공식화되어 있다고, 너무 정치적으로... 뭐 여러 가지 제외하고 공연해 보고, 우리는 원하는 프로를 그리 했는데, 저기서는 좀 와도 자유가 별로 없고, 그것 좀 차이가 있고. 그러나 한국하고도 조금 차이가 있는 것이, 한국은 너무 자유스러운 것이 또 우리로서는 또 그래. 중국은 아직까지도 문화가 정치하고 관련된 나라입니다. 좀 남아있죠. 뭐 거의 남아있다고 생각합니다. 그래서 중국도 완전 개방이 아니고, 특히 문화는 완전 개방이 아니고. 비록 형식적으로 많은 외국 문화를 받아들이지만. 그런 차이는 다 가끔씩 있습니다. 남이든 북이든 다 있습니다, 차이가. 우리가 북하고 차이 있지만 한국도 차이 있고. 그러나 지금 뭐 큰 부담은 없습니다, 교류 상에서. 그러나 제가 행사하는 데 제일 중요한 것은 두 가지를 좀 우리가 주의해야 할 부분이 하나는 종교문제. 대 한국 교류에서는 종교가 제일 부담스러운 것이 중국은 종교의 자유가 있지만, 아직 종교의 선교 활동은 제한되어 있습니다. 그렇기 때문에 그런 선교활동이 문화 행사에 들어가 있으면 우리가 굉장히 피곤합니다. 그것이 우리가 하나 잘 해야 할 부분이고. 두 번째는 민족문제를 정치화 하지 말자. 그것이 우리가 좀 부담스러운 거죠. 우리가 매번 행사할 때 그것만 주의하면 다른 교류는 뭐 부담이 없습니다. 그래서 그 두 가지만... 제가 잡지를 발행하고 있고, 거기서 우리가 다른 것은 다 쓸 수 있지만 두 가지를, 그 정치에 대한 평가를 하지 말자...

**우병국** 『장백산』?

**서학동** 아니고, 우리 『송화강』입니다.

**우병국** 아, 여긴 『송화강』, 죄송합니다.

**서학동** 그리고 종교 문제에 대해서도 이제 정부에서 아직까지 제한도 있고, 그래서 그런 면에서 우리가 좀 생각해볼 게 있고, 좀 차이가 좀 있고. 다른 부담은 별로 없습니다. 이제는 뭐 중국이 뭐 그렇다 해서 그런 여러 가지 제한한다는.

**우병국** 몇 가지 좀 민감한 문제들이 있는데, 탈북자문제, 그런 문제들에 대해서는 아무래도 여긴 좀 떨어져 있으니까. 그런 게 없는 것 같은데.

**서학동** 이쪽에도 있습니다. 근데 그거는 국제주의, 인도주의 입장으로 생각해서는 좀 도와주면 좋겠는데 또 어떤 면에서는 이북 정책이 또 그렇기 때문에 전부 다 탈북하게 되면 또 문제가 생기기 때문에. 우리도 가끔씩 인간적으로 어떤 사람이 들어가면 뭐 정치 생명이 끊어지고 피해 받고 그런 소문을 많이 들었지만, 다 소문으로 지금 알려져 있고. 사실인지는 잘 모르겠고. 그렇지만 그게 사실이라고 하면 좀 우리는 이해를 합니다. 중국도 그런 시기가 있었기 때문에 이해를 합니다. 그렇지만 원하진 않습니다. 그러니까 그런 체제 하에서는 다 탈북해 버리면 그게 나라가 어떻게 해? 그게 자기 정치를 위해서라도 막아야 될 경우죠. 그래 원하지는 않습니다. 빨리 개방을 해야 되는데. 중국도 옛날 탈북, 거기는 탈북이지만은 중국은 외국에 많이 나갔잖아요. 지금은 그렇지 않아요. 지금은 나라가 좋아지니까 다시 도리어 중국, 외국인이 들어오는 입장인데, 미국도 7월 달이면 개방을 합니다, 관광을. 옛날엔 관광을 할 수 없잖아요. 중국도 그만큼 경제대국이 되니까 나라가 잘 살고 그러니까 사람들이 나갈 이유가 없잖아요. 탈북자문제에 대해서는 한국 정부에서 포용정책은 좋아요. 그건 제가, 뭐 제 입장에서 봤을 때는 잘했고. 정치를 벗어나서 탈북을 한 사람에 대해서 인도주의적으로 잘 해주고 그렇게 포용 정책을, 내가 알기로는 심지어 타운까지 있다 그러대요. 이북의 탈북자들 모여 있는데. 그렇게 잘, 직장까지 생각해주고, 경제 지원해주고, 참 잘 해주고 있는데. 그런 면에서는 한국이 잘 했다고 봅니다.

**우병국** 근데 그것도 정착하는 데 있어서 문제가 많습니다. 차이가 너무 많아서.

**서학동** 차이가 너무 많아요. 그래서 제가 통일문제 얘기가 나와서 말인데, 사실 통일이라는 것이 벽만 넘었다고 해서 통일이 아닙니다. 제일 큰 벽이, 보이지 않는 것이 뭐냐 하면 사고, 사고하고 문화적인 차이. 그래서 서부 독일하고 동부 독일하고 한동안 교류를 하고 나서 통일을 했기 때문에 잘 이루어진 것입니다. 지금 당장 벽을 넘는다 하면 내가 봐서는 아마 어울리질 않을 거예요.

**우병국** 독일의 경우는 그렇게 오랫동안 교류를 하고 통일을 했는데도 불구하고 문제가 굉장히 많이 나왔습니다.

**서학동** 그런데도 불구하고도 차이가 있는데. 그래서 제가 봐서는 시간표를 정하는 것보다도 과정이 더 필요하단 생각이 듭니다.

**우병국** 그렇죠, 그 과정을 천천히 걸어 나가는.

**서학동** 그래서 오늘 당장, 내일부터 통일했다 하면 그 문제가 아마 굉장히 심각할 겁니다. 경제는 짧은 시간 안에 해결할 수 있지만, 사고라든가 정치를 바꾼다는 것이 그, 우리가 개혁개방, 중국은 30년입니다. 금년에 30년인데, 30년이라면 거의 2대 내지 1세대, 2세대는 지금 겪어 왔어요, 나이로 계산하면. 그게 바꾼 거지, 1세대 사람은 이제 적응이 되고 있지만 그 과정이 어렵습니다, 사실. 그래서 내가 봤을 때는 의식을 바꾼다는 것이 제일 어렵다고. 오늘 당장 통일, 총 가지고 들어가서 통일했다고 하더라도 아마 그것은 통일이 아니다. 굉장히 혼란스러운 일일 겁니다.

**우병국** 그렇죠, 네. 관장님께서 그동안 쭉 여기서 활동을 해 오셨는데, 한반도 내부에서 일어났던 일들, 예를 들어서 남한의 변화, 북한의 변화, 여러 가지 사건들이 있었는데 그 가운데서 관장님께 영향을 많이 끼치고 기억이 가장 남는 사건이 있다면 어떤 걸 꼽을 수 있을까요?

**서학동** 사실, 한국하고 중국하고 교류를 이제 뭐, 불과 92년 수교하고. 제일 영향 깊은 것이, 중국 사람들 제일 좋은 인상이 원해 비행기 사건이요, 그게 아마 중국하고 한국하고의 처음 사건이 시작됐습니다.

**우병국** 아, 민항기 납치사건.

**서학동** 민항기 납치사건. 그 납치사건이 비록 비행기 탔던 사람들이지만, 그 영향력이 사실 중국 사람한테 굉장히 영향을 많이. 거기 간, 탄 사람들한테 정말 잘 해주고. 그래서 아마 거기에 대한 것이 중국 사람들이 큰 좋은, 한국이 이렇구나 하는 인상을 제가 자랑스럽게 느껴졌습니다. 한국에도 중국 사람들을 이렇게 해 줬구나. 두 정치가 대립에서 성사가 됐구나. 그걸 평생 제가 정말 중국 사람한테도 내가 자랑할 수 있다고 생각하는데. 두 번째는 인상이 그리고 김영삼 대통령이 김일성하고 대면을 못했잖아요. 그래서 저희들이 2000년 그때도 김대중 대통령이 그 벽을 넘고 정상회담을 가서 했다는 것이 그동안의 민족들의 아픈 고통을 넘어서 다시 이렇게 만난다는 게 참 다행스럽고. 세 번째로는 제가 88올림픽 때, 그 영향력이 중국 사람들에게 정말 영향이 깊다는 것을 느꼈습니다. 사실 중국 사람들이 올림픽에 대한 관념이 아마 순서를 보면, 영향력을 지금까지 제일 영향을 깊이 준 것이 아마 한국 올림픽으로 생각됩니다. 그래서 중국 사람들이 올림픽이 성공한 사례를, 그 과정을 제일 성공한 중에 서울 올림픽이다. 그것이 제일 자랑스럽습니다. 사실, 중국이 대회에서. 올림픽 했다고 자랑스럽지만 그 영향을 가지고 있던 것이 제가 그렇게. 뉴스라든가 이런 보도를 보면, 항상 올림픽, 서울 올림픽. 노래, "손에 손잡고" 했지만 그 영향이 정말로 대단합니다. 그래서 요즘 들어서 자랑할 만한 일이 세 번째고. 네 번째로는 한국의 문화. 경제도 발전했지만 중국 사람들한테 지금 영향을 많이 주는 것이 한국의 문화. 그 문화가 한류라고 지금 얘길 하고 있는데. 지금 정치권에서 얘기는 뭐냐 하면, 도리어 어떻게 표현을 하냐면, 야 이 문화가, 문화가 이렇게 힘이 있다는 것을 느낄 정도다. 그래서 군사 전략이라고 있고 경제 전략이라고 있는데 이제는 문화 전략이라고 얘기를 합니다.

**우병국** 뭐 이, 연성 국력이라고도 하죠. '루안싱(軟性)'이라고.

**서학동** 예, 이 '루안싱(軟性)'이라고 지금 얘기하는데, 그래 중국 사람들이 있잖아요, 아 문화라는 것이, 한국의, 오늘 우리 오전에도 얘기했지만, 한국의 단오절을 세계문화유산.

**우병국** 예, 세계문화유산으로 등재되었죠.

**서학동** 그것이 중국 사람들 굉장히 큰 경우를 둔 거예요. 그래서 금년부터 청명, 단오, 추석은 바뀌었습니다, 법적으로. 원래는 하루도 쉬지 않았어요. 명절로. 그래서 민간적으로 이렇게 나갔죠. 이제는 그 문화유산을 지킨다고 해 가지고 거기서, 그래서 그 문화 영향력이라는 것이, 대한민국의 그 작은 나라에서 그 문화 영향력이 대국을 영향 줬다는 것이 자랑스럽게 생각합니다.

**우병국** 오히려 역으로 영향을 끼쳤다는 게?

**서학동** 네, '대단한 나라다'라는 것이. 지금 정말 몇 가지는 제가 교류 중에 가장 자랑스러운 걸로.

**우병국** 북한에 대한 어떤 그런 감회 같은 것은?

**서학동** 그래서 북한은 제가 사실 한 번도 못 갔어요. 뭐 제가 제안을 여러 차례... 가려고 했는데 기회 안 되더라고요. 뭐 우리도 와서 공연하면 많이 도와주고 그러는데 기회가 없었어요. 그래서 가보고 싶은데 기회가 없다보니까. 사실 그분들하고도 참 안타까운데, 뭐 많이 좀 우리가 교류를 더 많이 했으면 좋은데. 지금 교류를 할 수 있는 정도로, 많이 교류를 개방했으면 좋겠다는 그런 소망입니다.

**우병국** 중국에서 남북교류와 통일 관련 활동을 하는 단체라든지 인물들을 소개해 주신다면 어떤 단체들을 들 수 있을까요? 이 〈문화회관〉 말고.

**서학동** 우리 방송국도 있죠. 우리 방송이 우리말로 되어있는데 단독으로 나와 있는 게 아니고 중국말 방송 중에 이제 채널로 몇 시간이 방송이 되고. 이것도 우리가 남북교류를 많이 하고 있어요. 그리고 여기 단체가 지금 〈조선족사업촉진회〉라고 여기 〈문화회관〉에. 제가 여기 전부를 싹 치우면서 모든 우리 현지에 있는 사회단체들이 여기 다 모였어요. 경제단체, 여성단체, 노인단체, 전부 다, 모조리 다 사무실을 줬어요. 그래서 이걸 〈문화회관〉이라고 그러지만 조선족 사회의 중심지로 만들었어요. 그렇기 때문에 이 단체들은 다 남북통일을 원하는 입장은 같을 것입니다.

**우병국**  아주 큰일들을 하셨습니다.

**서학동**  아이 뭐, 큰일보다도 기회가 그렇게 되다 보니까 많이 가서 좀 홍보를 해 주시고요, 통일을 원하는 것은 누구나 다 입장이 다 같을 거 같고. 방법이나 과정이나 차이가 다 있겠지만 그건 제 개인적인 생각이고. 어떤 사람은 빨리 통일했으면 하지만 제가 봐서는 시간문제가 아니라고 생각합니다. 제일 중요한 건 과정이 좀 필요하다고.

**우병국**  지금까지도 물론 활발하게 활동을 해 오셨는데, 앞으로도 조금 더 노력하시고 싶은 방향이 있으십니까? 통일 관련해서.

**서학동**  글쎄 뭐, 저도 뭐 지금 공직에, 정부의 공무원으로 지금 들어와 있으니까, 조금 제한이 있습니다.

**우병국**  아무래도 시간도 많이 좀 제한되어 있으시고.

**서학동**  네, 시간도 많이 좀 제한되어 있고. 관장의 입장에서 활동하는 입장이 좀 많이 바뀌어졌어요. 어렵긴 하지만 열심히 하고, 할 겁니다.

**우병국**  이건 좀 비껴나가는 얘긴데요, 조교들 사회에 대해서도 좀 아십니까? 재중조선인.

**서학동**  네, 여기는 교민 단체가 있습니다. 조교라고 그러는데. 가끔씩 어려울 때 봉사활동도 저희들이 좀 도와주고 뭐 이북이 수재 났을 때도 저희들 몇 명 같이 도와주고.

**우병국**  총연합회 본부가 아마 심양에 있는 걸로 알고 있습니다.

**서학동**  예, 심양에 있습니다. 하얼빈에도 지부가 있습니다. 그분들은 지금 별로 접촉이 없어요. 그래서 저희들은, 이게 저희 회관에서는 다 접촉을 하지만, 다 순서 이렇게 일단 제한을 받고 있습니다. 저희들은 비록 다 현지에 있는 같은 동족들이지만, 거기에 대해서는 조금 구분화가 있었습니다. 처음에는 한국인, 기업인 모임이 이쪽으로 다, 거기에 대해서는 제가 조금 제한을 했습니다. 서로 교류는 좋지만 들어와서 같이 엎쳐서 하기는 좀 불편하다. 그건 국적이 다르고 형태가 틀리기 때문에, 교류는 필요하지만 그건 조금 제가 제한을 줬습니다.

**우병국** 그럼 마지막으로 관장님께서 앞으로 물론, 금방도 많이 말씀하셨습니다만 결론적으로 남북관계가 어떤 방향으로 나아가는 것이 가장 바람직하다고 생각하시는지.

**서학동** 우선 목적은 통일이지만 통일의 과정에서 민족 자존심을 지키는 것이 제일 중요한 거고, 또 한반도가 통일함으로써 세계 평화에 지장 안 하는 걸 제일 원합니다. 한반도 통일을 위해서 생각하면서 세계 평화에 지장되는 일은 저희가, 저희들은 원하지 않거든요. 남북의 평화를, 통일을 하는 것은 원하는 일이지만, 너무 사태가 크지 않도록. 정치를 벗어나고, 시간이 중요한 것이 아니라 과정이 더 필요하다는 것이 제 개인적인 입장입니다. 또 통일함으로써 우리 민족의 경제발전이나 국제적인 위치라든가 모든 것이 제어될 수 있는 방향으로 나가는 것에 해외동포나 저 개인 입장에서 큰 기대를 하고 있습니다. 남북통일을 세계 사람들이 주목하고 있지만 그 과정과 결과가 좋기를 원합니다.

**우병국** 바쁘신 가운데 이렇게 시간을 내주셔서 대단히 감사합니다.

**서학동** 뭐 고맙습니다. 제가 통일문제에 대해서 별로 기회가 없었습니다, 얘기할 기회가. 얘기할 기회를 주셔서 대단히 감사합니다.

# 8. 안병호

前 북경대 교수,
국제고려학회 고문

# 8. 안병호

면담일자: 2008년 4월 20일 일요일
장    소: 중국 북경[北京直轄市]
면 담 자: 우병국
구 술 자: 안병호 前 북경대 교수, 국제고려학회 고문

**우병국** 안 교수님, 먼저 중국에 오셔서 정착하고 사시게 된 배경,
그다음에 주요경력을 간단하게 좀 말씀해 주시면 감사하겠습
니다.

**안병호** 저는 그 3세라고도 말할 수 있는데 음. 할아버지 때 그러니
까. 한인학당 거기서 1905년? 그때 그러니까 20세기 초반이었
습니다. 그때에 부모님들이 그러니까 할아버지 모시고 할아
버지 좀 연세 계시고. 아버지, 삼촌들이 그 당시 젊은 나이로
서 어떻게 했는가 하면 "한국 땅에서는 일본 놈들 때문에 안
되겠다." 이렇게 하니까 이곳을 떠나는 게 낫겠다. 그래서 고
향을 떠났죠. 그래서 그분들이 들어와서 자리 잡은 곳이 서간
도. 지금 말하면 서간도의 묘화라는 곳이 있습니다. 아마 독
립운동의 근거지였다고 이렇게 말할 수 있죠. 예.
　거기에서 한편으로 자리 잡고 또 독립운동 지지하다가 그.
그 당시 민족주의 사상이요, 그다음에 1919년 맑스주의, 러시
아에서 맑스주의 사상이 전파되면서 사회주의 사상 가진 분
들. 그러니까 한 군데선 잘 맞지 않는 것 같습니다. 그래서 우
리 아버지는 다시 거기서 또 나와서 어디로 왔는가 하면 흑룡
강으로 왔죠. 묘화에서. 그러니까 지금 길림성 그쪽에서부터,
서간도에서 다시 떠나서 저 흑룡강 그쪽에 옮겨서 자리 잡은

곳이 뭐인가 하면 지금 내가 태어난 곳인데 이것이 뭐인가 하면 흑룡강성 목단강입니다.

**우병국** 아, 목단강.

**안병호** 예. 목단 뭐 우리 동포들이 굉장히 많은 곳이에요. 거기서 나는 태어났는데, 내가 1929년생인데, 그 당시에는 벌써 그쪽에는 그 동포집단. 우리네가 살던 그곳이 집단 이런 동포들이 모여 사는 부락을 하나 형성이 되고 거기에 있는 사람들은 다 뭐인가 하면 사회주의 사상, 이쪽으로서, 공동이 잘 살아야 된다는 이런 의미에서 하나는 한국에서의 독립운동을 지지하고 한쪽에는 뭐인가 하면 그 중국 그 당시 그쪽이 장학량이 국민당이 됐던 거죠. 그쪽을 반대해서 뭐인가 하면 지주들이 중국사람 지주들이 너무 많이 차지하지 못하도록 하는 그런 투쟁. 그 투쟁을 하고 하나는 한국을 지지하는 독립운동. 그렇게 해서는 그 중국 국민당 계로에 어떤 계가 있는가 하면 이런 계로를 내가 봤어요. 그 당시 우리 마을에 있던 목단강에 있던 경찰들이 중국 경찰들이. 그 아직 일본은 아니고. 아 경찰들이 우리 동포들이 시위행진을 하고 이렇게 하니까 그 겁이 났단 말이에요. 그 사람들이. 그 통제하지 못하게 했으니까. 그래서 장학량한테 보고를 했어요. "여기 있는 귀화한 국인들이 아주 데모를 하고 시끄럽게 군다." 그래서 데모하는 데에 보니까 뭐인가 하면 일본 놈 반대하는 거죠. 그 데모하는 거는 국민당보다 못한 일본 놈들을 반대하는 건데, 일본 놈들이 그 당시 이제 조선을 다 침략하고 중국 들어오기 위한 발판으로써, 그러니까 회령, 장춘. 지금 장춘. 그러니까 길장 철로를 일본 놈들이 거기에 놓기 시작해요. 그 당시에. 그러니까 "이거는 일본이 중국 침략이다. 그러니까 우리는 반대한다." 그거 반대하고 하나는 "조선 한국 독립을 한다." 그래 경찰이 국민당 경찰들이 우리 마을 사람들을 붙잡아서 심문을 하는데 "너 어떻게 한국에서 동포들이 일본 놈한테 살해되는 걸 아는가?" 이렇게 경찰이 질문을 해요. 그러니까 "우리는 편지 받았다. 편지 받았는데 우리 형제들이 한국에서 막 죽어나간다. 그러니까 우리가 반대안하고 뭘 하겠는가. 너희들도 함께 우리 합작해서 반대해야 한다." 이렇게 하고. 그다음에 그 사람들이 우리 마을 사람들이 데모할 때 가졌던 깃발이 거기에 보면 "한국 독립만세요." 이런 거 있고. 일본 놈 반대하는 구호지. 그 사람들은 사상은 사회주의지만 그쪽에 뭐 다른 건 없어요. 일본 놈 반대하는 거지요. 그렇게 돼서 그러다 1931년 일본이 동북을 침략하고 그렇지 않습니까? 중국, 만주를 침략하지 않습니까? 우리 아버지, 부친께서는 계속 사회주의 사상 계통이니까 아마 조직계통, 조선공산당이 아마 1925년에 섰을 겁니다. 그랬다가 중국에서는 국제공산당에서 뭘 제기를 했는가 하면 "한 나라에 두 개 당이, 공산당이 있을 수 없다." 이렇게 되니까 "중국공산당 합방해라. 그러지 않으면 이 조직을 국제공산당에서 인정하지 않겠다." 그렇게 하니까 1923년쯤 원래 조선공산당으로부터 모두 다 중국공산당으로 넘어섰어요. 고 다음에는 중국공산당과 연계를 맺고 하다가 우리 아버지하고 삼촌이 1933년에 그 일본 놈들 하고 싸우다가. 허허. 희생됐어요.

**우병국** 아아. 예.

**안병호** 부모님하고 삼촌 다 그 당시 희생당해 가지고 내가 19년생이니까 내가 세살 적인지, 네 살 됐는가? 그랬는데. 난 그저 하도 일본 놈들이 우리 집을 포위하고 말이야, 샛노란 군복을 입고 그게 어찌나 혼났는지 그 인상은 계속 머릿속에 조금 남아있는데 다른 기억은 없고요. 후에 거는 어머님이 계시니까 어머님을 통해서 들었고요. 그래서 이렇게 해서 실질 부모님들 사상은 '가난한 사람들 다 잘살게 하자.' 그거 하나이고 둘째는 '일본 놈들 절대로 반대해야 된다.' 같이 살 수 없단 말이에요. 그러니까 '일본 쫓아 보내지 않으면 안 된다.' 이런 데서 싸우시다 결국은 33년에 싸우다 돌아가시고 그 후에는 일본 놈들이 만주를 통치하게 되니까 나는 그 홀어머니죠. 그러니까 부친 없고 뭐 어머니가 농사지어서 생활을 유지하게 되고. 네, 그렇게 해서 나오다가 45년 해방이 되니까 해방된 다음에는 물론 우리 머릿속에서는 부모님이 다 공산당이다, 이런 거 알고 있으니까 해방이 된 다음에는 그냥 공산당 쪽으로 발을 붙이고 계속 일을 했습니다. 그래서 나는 46년에 동북군정대학이라는 데가 있지요. 거기 가서 공부하고 나와서 그냥 혁명을 하다가 예. 그래 됐는데 그 후에 이 뭐냐. 조선전쟁이 일어나니까. 또 50년에 조선전쟁, 조선에 가서 조금 싸우다가 저기 국가에서 괜찮은 사람들을 다시 소환시켜서 대학에 공부시켜서 51년도에 〈북경대학〉, 저기 〈연변대학〉이 개교했습니다. 〈연변대학〉에서 4년 동안 공부하고 졸업한 다음에. 하하. 곧 또 국가에서 선발이 되어서 졸업한 다음에 〈김일성대학〉에 56년도 〈김일성대학〉에 대학원을 보내줘서 중국 유학생으로서 또 하하. 뭐인가 하면 평양에 〈김일성대학〉에 가서 4년 동안 공부를 했는데 그 당시에는 지도교수가 누구였는가 하면 홍기문이라고, 아마 남북에서 다 학문으로서는 굉장한 분이었죠. 홍기문 부친은 홍명희니까. 그 사람이 『임꺽정』을 쓰신 분이고.

**우병국**    네네. 아하.

**안병호**    그러니까 허허. 그 계통이니까. 전체 한국에 있어서도 남쪽에 있어서도 굉장한 분들인데 원래 〈서울대학〉에서 교편을 잡다가 그 홍명희가 북으로 오니까 같이 그냥 와서 북에 와서 같이 자리 잡은 그분이 지도교수였습니다. 남쪽에 있을 적에 그 선생님이 조선어 문법이요, 뭐 이런 책들 쓰시고 한문이

대단한 수준이어서 후에 뭐입니까? 이조실록을 그 선생님이
다 번역하시지 않았습니까?

**우병국**　아, 예.

**안병호**　예. 그 선생님께 지도를 받으면서 또 4년 동안 공부했어요.
공부하고 60년대 돌아와서 국가에서 개최하니까 〈북경대학〉
에. 하하. 〈북경대학〉에 떨어져서 42년 동안. 후반에는 거의
〈북경대학〉에 지금까지 적을 두고 〈북경대학〉에 일해 온 것
이 하하. 내 간단한 경력이라고 하면 이렇습니다.

**우병국**　예. 그동안 중국 국적을 가지고 중국 공민으로서 이렇게 쭉
살아오셨는데 우리 그 반도, 한반도에 통일에 대해서 뭐 비록
이제 중국 공민이고 하기 때문에 공개적으로 어떻게 조직을 해
서 활동을 하시거나 뭐 의견을 표명한다거나 이런 거는 곤란
하셨겠지만 거기 교류나 이런 그런데 대해서 직, 간접적으로
이렇게 활동해 오신 것은 계신지요? 학술적인 거나 아니면.

**안병호**　뭐 학술적으로는 남북이 우리 중국이 개혁개방이 된 다음에
는. 그 전에는 아주 통제가 심하니까 전혀 이런 것은 불가능
하고. 그 뭐입니까? 80년도 초부터 개혁개방이 시작되면서 차
차 차차 중국에서 풀어주고 이렇게 하니까. 우선 남하고 북의
선생들이 학문하는 사람들 사상이나 이데올로기를 초월해 가
지고 같이 한자리에 모이는 이런 행사들 해서. 우선 좁혀 볼
수 있다. 그 전에는 전혀 한국 분들하고 북쪽 분들하고 접촉
이 안 되죠. 전혀 안 될 때니까. 그게 안 돼서 87년인가 동경
에서, 언어학회였어요. 그래서 거기에서 초청했는데, 북에 사
람들은 못 오고 우리 중국 사람들은 조선족, 중국 사람들은
가고 남에서 오고 '이' 뭐야 이승선이야? 뭐야, 〈서울대〉. 그다
음에 이기문이요, 무슨 안병희요. 그 선생들. 그때 한참 일할
때니까 그 선생들 오셔서. 거기서 처음으로 이제 한국학자 선
생들과 만났고 그다음에 생각한 거는 어떨 때는 '한국하고 중

국학자들 만나는 이런 기회가 만들어줘야 접촉이 되겠다.' 이
런 생각에서 〈국제고려학회〉라는 이런 조직을 맺어가지고 우
리 중국에서 회의를 냈어요. 그때 북에서 왔지요.

**우병국** 아하.

**안병호** 그 남에서도 오고. 이게 우리 뜻은 뭐였는가 하면 '우리는
정치에 관여하지 않는다.' 그래 하여튼 접촉이 돼도 조선 간
의 우리 민족으로서의 공동적인 통일이 이런 방향으로 같은
생각을 가지도록 그것이 이념차이 때문에 적대적인 입장에서
그냥 '너 하는 건 내가 반대하고 네 하는 건 내가 반대한다.'
이런 입장에 서면 안 되지 않습니까? 그런데 이게 중요한 거는
접촉이 없으니까 그 사람들 간에 교류가 안 되지 않습니까?

**우병국** 예, 그랬지요.

**안병호** 예. 이런 입장에서 〈국제고려학회〉라는 이런 조직을 내오고
거기에서 남북학자들 모이는 이런 장소를 꾸며서 중국에서
하고 일본에서 하고 미국에서도 하고 이렇게 해서 남북학자
들 접촉하는 이런 일들을 했습니다. 그래서 이걸 통해 가지고
처음으로 아마 남북학자들이 자리를 같이할 수 있고 그로부
터 차차 차차 풀리면서 좋아지는데. 물론 그 가운데도 어려움
이 많습니다. 일본에서 할 적에는 원래 북에서 '많은 학자를
보내겠다.' 해놓고 갑자기 회의 거의 시작됐는데 북에서 안
보내지요.

**우병국** 예.

**안병호** 예. 이런 어려움이 있기는 했는데, 물론 우리 중국으로 놓고
본다면 우리는 뭐 3세면 3세고, 2세고. 하여튼 중국에서 태어
나서, 내 자신으로 놓고 보면 중국에서 나고 자랐으니까. 모
르는 사이에 중국 이런 뭐라고 할까요? 문화생활에 적응되는
이런 형태로 되고. 조선을 가 봐도 그렇고 서울을 가 봐도 그
렇고 벌써 민족은 같지만 여러 습관이라고 할까, 이런 부분에

있어 생각하는 것이 조금씩 다른 것 같아요. 그러나 다른 사람 감정은 어떻든 '이 민족이 분열돼서 이렇게 보내는 거는 좋은 일이 아니다. 어쨌든 합하는 방향으로 나아가야 한다.' 이런 생각은 아마 내뿐만 아니라 우리 동국에 살고 있는 동포들이 생각은 아마 다 같을 겁니다. 별 차이 없을 겁니다.

**우병국** 네. 교수님께서 혹시 한반도 내에 친척들이 아직 계시는지요?

**안병호** 아이고, 나는 95년도에 한국 그 〈국제교류재단〉의 초청을 받아서 한국에 갔다가 대구연변대학에서 일본에서 만났던 그 교수선생, 김주원 선생님이 서울로 왔는데 대구 와서 좀 강연도 하고 하라길래 대구에 갔댔어요. 그러다가 거기 앉아 있는 교수 선생님들이 '아, 부모님 고향이 어딥니까?' 그래서 내가 이따가 '울진이라고 하는 곳인데, 옛날엔 내 부모님한테 들은 건 강원도인데 지금은 또 경상북도로 됐다고 그런 말을 들었다.'고 들었다고. '아, 그럼 나랑 고향구경 해야지요.' 그래서 선생님들이 자기 차 가지고 새벽에 5시에 날 데리고 지도 보면서 울진, 내가 말한 울진군 기서면 뭐 척산리인지, 내 부모님한테 들은 곳을 새벽부터 가다가 '아이, 선생님 괜찮습니다. 가다 바닷가에 가서 아침 먹으면 됩니다.' 그래서 그 선생이랑 해서 바닷가에 나가서 아침 먹고 길도 찾아 묻고 고향에 갔지. 고향에 갔지만은 아는 사람이 없으니까 어떤 사람을 찾아야 할지도 모르지 않습니까?

**우병국** 아, 예.

**안병호** 그래서 또 뭐 차에서 보니까 길옆에 척산리 가는 이런 거리에 푯말, 표시가 있었어요. 그래서 내려서 길옆에 계시는 할머니들한테 물었어요. '여기 이 마을에 안 씨네 댁이 어떤 집이 있는가?' 이렇게 물으니까 할머니가 이렇게 보다가 '아무 집이나 들어가세요. 여기 다 안 씨입니다.'

**우병국** 아, 네. 모여 사시는군요.

**안병호** 어어 모여 살아요. 그래 길옆에 딱 들어갔더니, 그래서 들어가서 인사하고 '나는 중국에서 와서 부모님 성함 대고 거기에 아들 되는 사람이라고 이렇게 말하니까 그 사람들, 곧 족보를 내놓고 던지더니. 아버지, 삼촌 다 나오죠.

**우병국** 아하.

**안병호** 우리는 후에는 연계가 끊어졌으니까 없어졌고. 그래서 거기에 보니까 제일 가까운 사람이 나하고 9촌이 되는 분이 제일 가까운 사람이에요. 우리 가까운 분들은 할아버지. 그러니까 할아버지 형제분들, 할아버지 사돈 분들, 다 동북에 들어와서 살아가니까 모두 다 그 후 분들은 우리 아버지뻘 항렬이 되는 분들은 삼촌 분들, 뭐 숙부나 이런 분들이 모두 다 후에 혁명에 참가해서 일본 놈한테 희생을 당하니까, 거기에는 가까운 친척이 없죠. 뭐, 그래서 제일 가까운 친척이 9촌으로 나오고.

**우병국** 하하, 그렇겠네요.

**안병호** 그래서 하여튼 인사하고 그 사람이 날 데리고 '너 이게 너의 할아버지, 아버지가 살던 분이다.' 그렇게 하고. 그다음에 '장손계통으로서 어떤 집은 가 봐야 된다.' 그래서 그분들이 날 데리고 마을 한 바퀴 돌고 그다음에 내가 갔으니까 그다음에는 '족보에 올려야 되지 않느냐' 그래서 내가 또 해서 우리 형님, 누님 뭐. 이거 다 올리고 우리 형님네 아이들 우리 아이들 우리 손자까지 족보에, 거기서 올렸어요. 올렸더니 몇 년 전에 순흥 안 씨 제3파, 양도공파인데. 8권으로 되어 있습니다. 이만한 8권을 내가 중국에 와 있으니까. 나한테 8권을 모두 다 보내왔어요.

**우병국** 아이고. 예.

**안병호** 하하. 예. 그러니까 완전히 뿌리는 찾고 물론 마을에는 가까운 친척은 뭐 좀. 별로 그렇지만. 그래도 후에는 내 가게 되면 자주 마을에 찾아보게 되고 그 사람들도 또 나를 알게 되고. 또 우리 문중에서 뭐 만든 책자라든지 혹은 또 우리 조상들 가운데서 안향, 안숙이요. 이런 분들 고려시대, 이조시대다 유명한 이런 학자들이었으니까 그분들이 쓴 책들이요. 또 책을 보내와서 나는 보고 우리 중국 학생들이 한국말 공부하는 아이들, 연구생들한테 '너 봐라. 옛날 우리 조상들이 쓴 이런 자료인데 너네 만약 석사논문을 쓸 수 있으면 참고하라'고 했더니 면바로 한 학생이 '안숙의 문화사상에 대해'이런 걸 또 그걸 하나 썼어요. 그래서 이걸 고향에다 문중에다 알렸지요. 알렸더니 거기서는 또 감사하다고. 하하.

**우병국** 아. 아주 좋으시네요. 허허. 예. 지금까지 중국에서 참여해 오셨거나 또 지금도 참여하고 계시는 동포사회단체와 거기의 활동상황에 대해 잠깐 소개를 해주시면 좋겠습니다.

**안병호** 동포 사회의 활동은 북경에 없는, 어. 〈북경문화경제협회〉인지 뭔지 그런 거 하나 있습니다. 거기에서 뭐 고문이라 하는 어떻게 이름만 고문으로 달고 있습니다. 그런데 뭐 행사는 비교적 어렵습니다. 하나는 경제문제, 돈이 없으니까 이렇게 모일 수 없고 혹시 드문드문 모이는 거는 모이고. 그다음에 동포보다는 나는 뭐인가 하면 〈중국한국교육연구학회〉라는 조직을 모았어요. 거기에서 지금 회장을 하고 있으니까. 이 조직은 지금 중국에서 갑자기 대학에서 한국어학과가 굉장히 많이 늘어나지 않았습니까? 원래는 옛날에는 우리 〈북경대학〉이요, 〈연변대학〉, 〈낙양군사대학〉이요, 〈북경무역대〉 네 곳 밖에 조선어, 그때는 한국어라 하지 않고 조선어를 가르치는 곳이 네 곳 밖에 없고, 적었습니다. 그런데 한국하고 92년 수교하고 나서 갑자기 늘어나기 시작하는데 하여간 지금은 조선어가 아니고 모두 다 한국어예요. 지금 작년에 통계는 56개 대학에서 지금 한국어를 설치하고 있거든요.

**우병국** 예, 급속하게 늘었군요.

**안병호** 이 국가에서 인정하는 이런 대학에서 설치된 거. 그 이외에 사립대학은 부지기수고 말할 수 없고. 이렇게 해서 지금 굉장히 많은데, 그래서 우리 조직은 해마다 한 번씩 학술 그, 논문 발표회를 합니다. 그래서 교수연구과정에서 제기되는 문제요, 자기 학문연구에서 연구하는 성과요, 이런 것들을 발표하는 기회를 가져오고.

**우병국** 주로 중국 내부에서 한국어를 가르치는 그런 활동이시네요?

**안병호** 그렇죠. 중국에서 그거 한국어를 가르치는 데죠. 그리고 해마다 처음에는 〈국제교류재단〉에서 자금 지원이 적어서 해마다 스무 명씩 교원들을 한국에다 보냈어요. 아 그래서 가면. 한국어를 가르치게 되면 한국도 알고 그래야지 아무것도 모르고 한국말 가르치면 어떤 거는 실제적으로 눈으로 보면 알지만은 자기 글로 가르치려면 서울 지하철이 뭐 어떻게 됐고 어느 정도 어떻게 되는지 뭐 압니까?

**우병국** 하하. 그렇죠.

**안병호** 그러나 그건 한번 나가보면 머릿속에 대체적으로 인상 깊게 남을 수 있는 것도 글로만 봐서는 힘들죠. 그래서 해마다 스물 하다가 요즘은 확대돼서 작년에는 스물다섯인지? 그래서 〈국제교류재단〉에서 우리 조직을 굉장히 중시해요. 아주 관심을 돌리고 그래서 자금이 많이 보충되면 우리 행사가 넓어지고 돈이 적으면 또 할 수 없고.

**우병국** 예. 아까 말씀하신 대로 이제 남북한이라든지, 해외 기타 지역과 연계하는 활동은 주로 〈고려학회〉를 통해 가지고 활동을 하신 거네요? 그럼.

**안병호** 어 예. 이것도 합니다. 이것도 여기서도 우리 남에 학자도 오고 북의 학자도 오고 그러는데 지금 뭐 때문에 그러는지 북에 학자들을 청하기가 굉장히 힘이 들어요.

**우병국**  네. 그러면 이제 양측의 어휘라든지 말 같은 걸 통합하는 그런 활동도 하시겠네요?

**안병호**  예. 그것도 물론 그러니까 학문하니까 그걸 그리고 예를 들면 나 같은 거는 중간 입장에 있으니까 양쪽에서 자기 표준 혹은 문화어. 어, 북쪽은 문화규범이고 남쪽은 표준어고 이렇게 됐는데. 이 원칙만을 고집하지 말라 이 말이야. 이렇게 되면 서로 통합하는데 영향이 있다고. 예를 들면 서울에서 표준에서 어떻게 규정되고 있는가 하면 서울말을 기초로 해 가지고 서울방언을 기초로 해 가지고 '교양이 있는 사람들이 두루 쓰는 말을 표준어로 한다.' 이게 서울 표준어의 원칙이죠.

**우병국**  예.

**안병호**  그런데 평양은 또 어떻게 하는가 하면 평양방언을 기초로 해 가지고 글로 대중에 널리 쓰이는 말을 문화어로 한다. 이렇게 돼서 서로 양쪽이 대립돼서 지금 이렇게 하지요. 그래서 난 농담수준으로. 나는 양측학자들이 있을 때 농담수준으로 그렇게 하지요. '아, 그렇게 할 거 있는가. 서로 이게 지금 양쪽으로 정한 원칙이 말이야, 어느 자연공학의 법칙처럼 딱 일대일, 딱 하나 플러스 하나 2가 되는 이런 원칙이 없다 지금. 말이라는 것은 아무리 원칙을 세워도 거기에 예외가 생긴단 말이야. 이게 자연과학 법칙이랑 다르단 말이야. 자연과학법칙은 딱 맞으면 숫자가 그대로 떨어져야 되지만 이거는 그런 거 아니지 않습니까?

**우병국**  그렇죠.

**안병호**  예. 그래서 이렇게 양쪽에서 고집하지 말고 예를 든다면 서로 양보를 해서, 예를 든다면 '서울말을 표준 해서 글로 대중이 널리 쓰는 말을 표준어로 한다.' 그러면 '서울에서 교양 있는 사람이 두루 쓰는 말을 양보하고 북에서는 평양으로 하지 말고 좀 더 가운데가 서울이니까 서울 쪽으로 옮기면 되지 않느냐.'고.

**우병국** 하하.

**안병호** 하하. 예. 그저 웃기만 하고 그 사람들이 잘 답변을 그렇게 잘 하지 않습니다. 지금 남에서는 '겨레말 사전'이라고 남에서 하고 있어요. '겨레말 사전'이라고 북하고 직접 접촉해서 하는데 거기서 지금 우리가 반발이 들어간 건 그거죠. '만약 당신네 겨레말이라고 한다면 남북 말만이 아니라, 겨레면 해외에 있는 동포들도 겨레인데.' 예.

그러면 만약 중국에서 쓰는 한국말을 중국말 위에다가 만약 사전으로 올린다면 다 모아서 올려야 되지. 이거 다 빼버리면 700백만, 당신이 700백만 가까운 사람들이 당신네들과 거리 멀어진단 말이야. 남에서는 홍인표랑 그 뭐 선생들 다 잘 아니까 주관하는 선생님들이. 그러니까 그 사람들 어떻게 하냐면 남에서는 가만히 북에 사람들하고 접촉하고 다시 가만히 우리하고 접촉하지. 같이 남에서 북에 사람들하고 한자리에 안 앉게 한단 말이야 지금. 직접 남북이 하겠다는 이런 입장이죠. 그거 뭐 우린 반대 안 합니다. 그것도 좋은데 그러나 만약 이 자체가 '남북통일사업이다', 이렇게 하면 우리는 간섭할 권한이 없습니다. 그러나 '겨레말 사전', 이런 말 붙이게 되면 어디서 쓰든 우리 동포들이 쓰는 말이면 거기서 굳어져 쓰면 마치 방언처럼 그것도 올려줘야 됩니다.

**우병국** 예. 그렇죠.

**안병호** 예. 이렇게 되서 우리가 어떨 때면 겨레말 편성하는 사람들 이야기하지요. 그 사람들은 이해가 되는데 에. 그래서 예를 든다면 뭐 그거는 통일됐다고 하는 말도 있는지 모르겠는데 그러면 사정을 '당신이 변성하는데 자모 순서를 결정해야 되지 않느냐.' 자모 순서 안 됐는데 당신이 이론부터 잘 안 된단 말이야. 한국 ㄱ, ㄴ, ㄹ, ㅂ, ㅅ. 이런 식으로 나가는데 북에서는 기역이 아니라 기억인지, 이렇게 되어 있습니다. 그래서 다른 분들도 다 그러지요. 순서대로 하면 ㅇ을 해서 그 사전 가운데다 놓습니다. 중간별로 한다. 조선에서는. 맨 뒤에 갖다 놓는단 말이야. 그러면 당신은 사전 편성할 때 도대체 어느 순서를 정하겠는가 말이야. 이러다 당신네 통일하지 않고 어떻게 사전에 올리는가. 그거는 지금 통일이 양보가 됐다는 거 같아요. 아마 북에서 양보하거나 했겠지요.

**우병국** 예. 그런 쪽으로 많은 작업들도 이루어 여기 동포 사회 쪽에서도 이루어지는 걸로 알고 있습니다만.

**안병호** 그게 말이야. 그래서 우리가 우리는 객관적인 입장에서 남이든 북이든 말이야, 양보할 거는 양보하라. 그러지만 회의 때 너무 이제 양보의 원칙이란 말이야. 양쪽에서 이거 서로 고집하면 이거는 통일을 이루지 못한다. 그러니까 많이 양보하느냐, 적게 양보하느냐, 이거는 실리에 따라서 다를 수 있지만은 적당히 한쪽만 다 양보하라 이렇게 하면 일이 안 되는 거.

**우병국** 그런 중간자적인, 객관적인 입장에서 말씀해 주시는 것이 양측이 이해하는 데 굉장히 도움이 되는 걸로 봅니다. 하하.

**안병호** 아마 그렇게 될 겁니다. 특히나 우리 중국 같은 거는 그 교류로써, 해외 나가있는 동포들 진영으로 놓고 볼 적에 학문적인 이런 한국어를 전공하는 사람들이 중국이 상대적으로 많다고 봐야 돼. 중국이 자체적으로 대학이 있지, 〈연변대학〉 민족대학이 있지, 이렇게 되니까 아마 본토 이외에 한국어를 전문연구 하는 학자들이 많은 곳은 중국이라고 봐야 될 겁니다.

**우병국** 예. 그렇겠네요. 저 선생님 그럼 통일문제와 관련해 가지고 선생님께서 이념적으로 어떤 뚜렷한 입장을 갖고 계십니까?

**안병호** 나는 그거는 뭐 뚜렷한 입장은, 입장은 말하긴 어렵고요. 하여튼 통일을 바라는데 이제도 말하지만은 자기만을 고집해서는 절대 안 된다, 그러니까 우리는 우리 나름대로 봐 가서 한

쪽으로 너무 치우친다 하면 그쪽에 대해서 '그러지 말라.' 이렇게 공부하는 입장에서고.

**우병국** 아, 균형을 잡아준다.

**안병호** 어, 그 뭐 그 사람들 귀에 들어가든 안 들어가든 그건 다른 문제고. 그러나 정치적인 문제는 우리는 그 말하기 어렵지만, 이런 학문적인 측면으로 예를 놓고 볼 적에 우리 언어를 예를 든다면 우리는 언어연구에 기초해 가지고 제기하죠. 그러니까 그 사람도 우리말을 함부로 무시할 수는 없죠. 우리가 아무런 근거 없이 이야기하는 것이 아니라, 예를 든다면 뭐 '옛날에 이런 것이 있었는데 없다.' 뭐 이렇게 된다든지. 역사적으로 역시 복사한 건 많습니다. 말도. 예를 들면 고구려 때에는 고구려에서 성을 혼이라고 적었거든요? 호뜨가 지금 몽골말에서 우랑호뜨. 무슨 홋하는 것은 독실한 뜻입니다. 그런데 고구려도 썼거든요. 그런가 하면 고구려에서 달. 산을 달이라고 그랬어요. 음달, 양달. 뭐 지금 물론 남아있지만 달도 지금은 한국사람 저런 말 안 쓰지만 그때에는 고구려에서, 조선에서 쓴 것만은 사실이야. 예, 이런 걸 다 무시해 버리고 새 역사사전이다, 무시해 버리고 이러면 안 된다는 이런 입장에서.

**우병국** 예. 허허. 그렇죠. 그러면 교수님께서는 앞으로 통일이 어떤 방식으로 이루어져야 된다고 보십니까?

**안병호** 글쎄요. 그런 통일 방식이나 이런 거는 접촉과정에서 차차 이해가 되면서 해결이 돼야겠죠. 만약에 무력으로 한다는 것은 나는 절대 반대입니다, 그거는.

**우병국** 뭐 모든 우리 한민족이 반대하겠죠. 그거는.

**안병호** 예. 글쎄 말입니다. 더군다나 우리 같은 거는 전쟁에도 참가해 본 사람인데 그게 얼마나 비참합니까? 그런데 또다시 조선, 아니 한국에서 이런 불행에 닥치게 되면 세계발전의 기로에서 자기 절로 뒷걸음치게 만드는 거 아닙니까?

**우병국**  그렇죠. 예.

**안병호**  그러니까 차라리 비록 통일이 안 돼서 우리 발전 속도에서 일정한 영향을 받을 수 있기는 있지만 이것을 허물어서 새로 한다는 거 보담도 차차 차차 그 관계들을 개선하면서 나가는 게 좋아, 뭐 노무현 대통령 평양에 갔다 왔다니까 좋은 일 아닙니까? 이렇게 돼서 정치적으로 윗대가리에 있는 사람들 자신이 머릿속에서의 자기 정치적인 거만 고집하지 말고 풀어줄 수 있는 거는 양쪽에서 풀어주면서 차차 차차 나가야 될 거 아닙니까?

**우병국**  예. 그래서 과거에 있어서 남한이건 북한이든 여러 가지 통일 정책을 제기하고 또 그걸 갖다 정책을 써왔는데, 금방 말씀하셨듯이 어떤 장, 단점을 가지고 있다고 보십니까? 그런 정책들이. 뭐 연방제도 좋고.

**안병호**  응. 그래서 김일성 그거는 고려연방제요, 뭐 제기하는데 뭐 그것도 좋지 않습니까? 그냥 양쪽이 다 영토 두고 그대로 나아가면 되는 거 아닙니까? 뭐 남에서도 역시 비슷하겠죠. 남에서 뭐 많은. 남에는 내가 생각하는데 그 뭐입니까? 파가 많으니까. 정치하는 파가 많으니까 이런 사람이 이렇게 주장하고 저런 사람이 저렇게도 주장하지만 총적으로 봐서 한쪽에서 삼켜 버리겠다는 이런 정치적인 입장에 서면 아마 불리할 것 같습니다. 그러지 말고 풀어주면서 차차 차차 시간을 끌겠지만은 이것도 뭐 세계 흐름에 따라 뭐 발전 추세에 따라 빨리 될 수도 있는 것 아닙니까?

**우병국**  그렇죠.

**안병호**  예를 든다면 지금 뭐 북에서 핵문제에 대해서 그 내가 보건데는, 구부러드는 거 아닙니까? 그걸 견제해서 '우리는 핵을 보유해야 되겠다.' 이런 입장은 아닌 거 같거든. 그렇게 되면 차차 차차 풀리고 그것이 풀리게 되면 남에서 사람들이 북에 많이 내왕이 되고 이렇게 되면 백성들 사이에서도 백성이란 건 자기생활이 이해관계에 많이 그 생각이 가는 거 아닙니까? 먼 나라야 어떻든 백성들 자기 못살면 거기에 불만이 생기는 거 아닙니까?

**우병국** 그렇죠.

**안병호** 이제 그 지금으로 현실적으로 놓고 보면 북쪽에서 경제적으로 어려운 면이 많지 않습니까? 그래, 이것 해결해 나가자 하면 하나는 내가 생각하는데 북쪽도 풀어줘야 되지, 그냥 통제해서는 그게 잘 안 될 겁니다. 풀어 준다면 풀어주는 가운데서 남쪽에서 작용이 많은 역할을 할 수 있는 거 아닙니까? 이렇게 되면 자연히 거리가 가까워지는 거지요. 그렇게 되면 그 '우리 상상한 것보다도 더 빨리 풀릴 수도 있을 이런 전망이 아닌가.' 나는 이렇게 생각합니다. 옛날에는 내가 생각하건데 이게 상당히 우리 세대는 전혀 불가능하다고 생각했지만 또 그런 것도 아닌 거 같습니다.

**우병국** 아. 예. 그동안 쭉 학술활동을 하시고 또 학술교류에 종사해 오셨는데 남이든 북이든 그 당국에서 어떤 남북 간의 교류 혹은 기타사항 등으로 해서 어떤 지지 혹은 격려를 받아 오신 게 있습니까?

**안병호** 양쪽, 아무래도 우리는 그런 지지는 받은 것은 없죠. 도리어 거꾸로 남에서는 우리 북에서 왔으니까 북에서 공부했으니까. 실질 북에서 공부한 것은 북에서 우리를 양성한 것이 아니라 중국정부에서 양성해서 중국에서 복무한 거지. 솔직히 중국 공민으로서 중국 사람으로서 조선에 가서 공부한 거지. 그거 같지 않은데 남에서는 처음에는 좀 오해하는 거 같은데 심지어 〈고려학회〉까지도, 그때 〈고려학회〉에 나도 참가하고 또 최응구라고 있습니다.

**우병국** 예.

**안병호**  최응구가 많이 활약했는데 그 당시. 그것도 북에 갔다 오지 않았습니까? 그러니까 우리 모두 북에 갔다 온 사람이니까 한국에서는 좀 오해를 하는 거 같아요. '이 사람들 다 북에 치우치지 않느냐?' 이런 오해를 하는 거 같고. 그런데 한국분들 후에는 오해가 풀린 것 같습니다.

**우병국**  자, 중국에서 한반도에 통일과 관련한 어떤 일련의 교류활동이라든지 또 그걸 교류를 촉진하는 활동에 대해서 중국 정부와 사회에 어떤 태도랄까, 여론이랄까 이런 것들은 어떻다고 보십니까?

**안병호**  중국은 중국입장에서 다민족 국가로서 '조선족은 중국의 소수 민족이다.' 이런 입장에 있으니까 소수 민족으로서 나라의 동의를 초월한 이런 의사를 하게 되면 중국정부에서야 좋아하지 않는 거지요. 그러니까 하기도 또 어렵고. 내가 보건데는. 또 할 필요도 없고, 하기 상당히 어려울 겁니다. 이런 문제에 대해서는.

**우병국**  아. 예. 직접적으로 단체를 구성한다든지.

**안병호**  예예. 이거는 민족개념을 떠나서 국가적으로 하는 거는 다른데. 그런 협소한 입장이 되면 만인이 조선족하고 여기와 연계가 되니까 시끄러운 문제 생길 수 있을 겁니다. 그래서 그렇게 내 느낌은 뭐 그렇습니다. 안 하면 할 필요도 없고. 하지 않아도 사람들이 이 속에서 그걸 지지하고 남북통일을 지지하고 이렇게 되니까 뭐 큰 문제 아니라고 생각합니다.

**우병국**  네. 그럼 우리 동포 사회 내에서도 그냥 뭐 그런 중국의 입장을 갖다가 지지하는 그런 태도를 가지고 있는 것 같다는 말씀이십니까?

**안병호**  어 내가 생각하는데 대부분은 그럴 겁니다. 물론 뭐 그 가운데도 전혀 이런, 아무런 생각도 없는 이런 사람들은 그러지 않을 수도 있는데. 그런데 이 젊은 세대일수록 그것이 별로 신경을 안 쓰죠. 그 애들 중국에서 나서 중국에서 자라고 그러니까 중국이란 큰 곳을 그 애들 머릿속에서는 별로 다르게 생각하지 않습니다. 지금 1세에 속한 사람들, 뭐 조선에서 건너 왔다든지. 그런 사람들은 어떻든 어릴 때 조선에서 살던 그 감정, 뭐 그런 것들이 뭐 머릿속에 계속 남아 있는 것 아닙니까? 그러니까 그런 사람들로서는 생각이 조금 다를 수 있을 겁니다. 그러나 벌써 3세에 들어가게 되면 내가 생각하건 데 차차 차차 '거리가 조상들보다도, 1세대들보다도 차이 많아지지 않을까' 이런 생각도 하게 되고.

**우병국** 예. 이건 좀 어떤 질문일지 모르겠습니다만 지금 중국이 하고 있는 한반도에 대한 어떤 정책에 대해서는 어떻다고 보십니까?

**안병호** 글쎄 그건 정치문제니까 나는 직접 이 방향에 대해서 깊은 연구를 하지 않고 직접 여기에 관여하지도 않고.

**우병국** 네. 일반적으로 보시기에요.

**안병호** 글쎄요. 그저 일반적으로 이렇게 보니까 구체적으로 아주 세밀한 부분도 알 수도 없고. 왜 우리 중국정부에서는 보니까 통일을 지지해 나가는 것만 사실이 아닙니까? 그걸 구체적으로 정치적으로 어떻게 되는 아주 세밀한 부분은 우리는 연구하지 않고 관심하지 않으니까 그쪽으로서는 따로 전문 연구하는 사람이나 뭐 선생님 질문에 답변할 수 있는지 모르겠습니다. 우리로서는 중국정부로서 대외정책으로서의 한반도 통일을 지지한다든지 무슨 6자회담을 한다든지, 이래서 중국이 아주 그냥 중심에서 역할을 하고 있다든지 이런 거 보고 있기 때문에 중국으로서 할 수 있는 일들 한다고 생각하지. 하하.

**우병국** 예. 지금까지 쭉 이렇게 지내오시면서 선생님의 활동이 한반도의 교류와 장래의 통일에 어떤 일정한 기여를 했다고 보고 계십니까?

**안병호** 음, 나는 내 나름대로 하하. 내 나름대로 생각한다면 괜찮게
했다고 이렇게 보지요. 왜 그런가 하면 수많은 우리 제자들이
나가서 한반도의 통일을 위해서 남쪽도 가고 북쪽도 가고 다
그 사람들이 일하고 있는 것 아닙니까? 하나는 중국을 위해서
일하고 하나는 그 양쪽이 통일을 위해서 일하고. 다 일들하고
있으니까 내가 생각하는 데는 하여튼 우리가 양성한 사람들
이 한국 제 1대 대사 장정연이로부터 지금 대사들 거의 다 우
리 제자들이 많으니까. 그 사람들은 다 양쪽 좋은 일 하기 위
해서 하려고 하고. 물론, 그 사람들 기본입장은 중국정부의
입장에 근거해서 하지만, 그래도 나름대로 그 사람들이 한국
에 정이 있고 조선에 정이 있기 때문에 좋은 일을 하는 거지.
그거 불리한 일을 그 사람들은 하지 않는 거, 않지 않습니까?
좋은 일을, 전반적으로 좋은 일을 하는 거고. 물론 사람마다
다를 수 있겠지만.

**우병국** 예. 그렇군요. 지금까지 이렇게 쭉 지내오시면서 한반도에
일어난 여러 가지 사건 가운데 특별히 영향을 받았다든지 인
상이 깊었던 사건을 든다면 어떤 것들이 있겠습니까?

**안병호** 글쎄 그거는 한반도 양쪽에서 그렇게 싸우지 않도록, 그런
방향으로 나아가길 바라고 있고, 큰 사건은 사건이 안 생기면
좋다고 생각하고 이런 정도지. 크게 양쪽에서 어떤 일 때문에
자극을 받는다든지 뭐 이런 것은 없습니다.

**우병국** 예. 그동안에 뭐 좋은 일도 있었고 나쁜 일도 있었고 그랬
는데, 금방 말씀하셨다시피 충돌도 많았지만 사실 정상회담
이라든지 이런 거는 상당히 좀 고무되는 일이지 않았습니까?
제가 말씀드리고 싶은 거는 하하. 그런 사건들을 말씀드리는
것입니다.

**안병호** 음. 그다지 특별히 고무되는 건, 크게 보면 두 나라 정상들
이 서로 뭐 그 누구야, 김대중 대통령이 접촉하고 이럴 때는

아주 대단히 우리 마음으로는, 내 마음으로서는 좋게 생각하고. 그러다가 또 한동안은 잠잠하니까 또 그러고. 그러다 또 다시 지금 노무현 대통령이 접촉을 시작하니까 이것도 다 좋게 되고, 이런 거는 우리한테, 나한테는 좋은 작업으로 받아들이는 그런 거는 있습니다.

**우병국** 예. 아까 그 얼핏 그 북한의 핵실험 그리고 핵무기 개발을 말씀하셨는데 지금은 뭐 거의 포기를 받아들이는 쪽으로 말씀하셨는데 이러한 북한의 일련의 행동이 남북한의 통일에 어떤 영향을 미친다고 보십니까?

**안병호** 만약에 진정으로 그 사람들이 포기하게 된다면, 생각하건데 평화적인 방법으로 더 가까워 질 수 있는 거 아닙니까? 그걸 견제하게 되면 그건 누구도 판단하기 어려운 거 아닙니까? 만약 정 불리하다고 생각하면 무력 대 무력으로 돼 버리면 양쪽이 다 망해 버리는 거 아닙니까?

**우병국** 그렇죠. 예.

**안병호** 그러나 지금 형편으로는 내가 보건데, 그쪽에서 수그러드는 이런 방향으로 나가니까. 물론, 그 대신 일정한 대가를 주지 않으면 그 사람들도 또 하지 않으려고 생각하고. 그런데 그것이 하나는 남쪽으로서의 그 경제원조도 좋고 여러 가지 뒷받침되는 그 사람들이 요구하는 뭐 구체적인 조치 내용은 모르니까 그런 것이 있으면 될 수 있으면 만족시키는 방향으로 나아가야 하고. 또한 그래야지, 그것이 북에 사람들 백성들 사랑하는 거 아닙니까? 그렇지 않고 통제하게 되면 그건 이것도 아니고 저것도 아니면 뭐 문제되고 이러니까 남에서 이런 좋은 기회를 잘 이용해서 그 계속하고. 국제적으로 물론 조약문제는 미국이요, 뭐 이런 데서 계속 옛날처럼 그렇게 강압하지 말고 말이야, 풀어주게 되면 차차 풀리게 되고 이게 국제적으로 풀리게 되면 풀리는 과정에서 남북자체가 주요한 역할을 하게 되니까 남에서 또 역할을 해야 되겠지.

**우병국**  예. 주변국 가운데 이것과 둘러싼 그 중국의 역할도 있을 텐데요, 그동안 뭐 중국은 평화적 해결, 담판을 통한 그런 것들을 주장을 해왔는데 선생님께선 그러면 이 중국의 입장은 어떻다고 보십니까? 아주 정확한 것들을 보시면.

**안병호**  글쎄 내가 생각하건데 중국에선 풀려나갈 걸 바라지요. 왜 인가 하면 중국 자체가 전쟁으로서 뭐 나가자는 이런 생각이 없고 평화로 나가야 건설이, 경제건설이 계속 발전해 나가지. 만약시에 여기 어디서도 터지게 되면 우리 중국 같은 거는 주변 국가이잖아? 그러니까 영향을 받지 않을 수가 없게 되죠. 그렇게 되면. 만약 정말 남북에서 터지는 날이면 우선 작업하는 거는 중국이 아닙니까?

**우병국**  그렇죠.

**안병호**  뭐 남에서, 북에서 생활하기 어려우면 다 쫓겨서 중국으로 들어올 거 아닙니까? 그걸 어떻게 합니까? 그거. 그거 한 사람 두 사람 아니고 갑자기 몇 백만이 중국 들어오면 그거 중국에서 어떻게 합니까? 그러니까 그거는 내 생각하는데 '중국에서는 큰 원칙에서는 평화적으로 점차적으로 풀려나갈 것을 바라는 것이 원칙이 아닌가.' 이렇게 생각합니다.

**우병국**  예. 중국의 동포 사회에서 한반도의 교류, 통일을 둘러싸고 이렇게 활동을 하거나 여러 가지 기여를 했던 인물, 그런 분들을 꼽으신다면 어떤 분들을 꼽으시겠습니까? 물론 선생님도 포함해서. 하하.

**안병호**  아유 뭐, 나 같은 거야 뭐 별로 한 일이 없으니까. 글쎄. 우리 최응구 선생은 한동안 역할을 했는데 지금은 모르겠습니다. 다 정년퇴직한 다음에는 모르겠는데. 한동안 80년대, 90년대에 들어가서는 좀 일정한 역할을 했습니다. 그건 인정해야 될 겁니다. 그다음에는 뭐 그 나이 또래에 사람들. 모르겠습니다. 별로.

**우병국** 하하. 기억에 남는 분이 안 계시는 모양이군요.

**안병호** 아 뭐 기억에 나는 것보다도 그 활동을 좋아하는 사람이 누군가. 김철이라는 시인이 있습니다.

**우병국** 아, 김철 시인.

**안병호** 예. 시인 있는데 그 사람은 잘 움직이는 건 있는 것 같은데 잘 모르겠습니다.

**우병국** 예. 그렇군요. 아, 우리 재중동포 사회 말고 중국에 또 우리 한국에서 오는 분들도 많고 그다음에 그 외에 또 조교라는 분들도 계시는 걸로 알고 있습니다. 조교들과는 어떻게 좀 교류를 하고 계시는지요?

**안병호** 조교는 뭐 거의 그저 국적이 조선이다 뿐이지, 생활은 우리 조선족과 거의 비슷합니다. 그런데 그 사람들이 조교다 하니까 중국 정책에 관여할 이런 권한이 없지요. 그러니까 선거에 투표권 뭐 그런 거는 없고, 큰 활동은 하는 사람 가운데는 조교는 별로 없을 겁니다. 다 그저 평범한 백성, 보통 백성으로서 생활하는 그런 분들은 있는데 그 사람들이 모르겠습니다. 그 사람들이 조선 대사관하고 어떤 관계를 가지고 어떻게 활약하는지 이거는 우리가 알 수 없고, 물론 뭐 어느 정도 활약하는지 그것도 모르겠습니다. 내가 알고 있는 거는 거의 다 그저 뭐 조선에서 어려워서 들어와 가지고 조선국적 가지고 계시고 이런 사람들만.

**우병국** 네. 쭉 얘기하는 도중에 말씀이 미리 나왔습니다만, 앞으로 남북이 어떤 방향으로 발전해 나가야 바람직하다고 보십니까? 종합적으로 한 번 말씀해 보십시오.

**안병호** 그러니까 내가 생각하는 데는 첫째로는 계속 교류를 강화하고, 둘째로는 남이 발전하는 게 보다 나으니까 이런 원칙에서 적당히 계속 원조를 해줘야 하고, 그다음에는 학문적으로 접촉할 수 있는 이런 기회를, 적당한 기회를 서로 잘 마련하도 록 노력해야 된다. 그런 노력을 하지 않고 순 경제로만 가지 고 해도 마지막에는 역시 정치나 학문이나 이런 것들이 상부 구조로서 꼭대기에 있지 않습니까?

**우병국** 그렇죠.

**안병호** 아 그러니까 거기에서 그걸 잘못 쓰게 되면 경제지원이 제 대로 돼도 잘 풀리지 않고 이런 문제가 있으니까, 이런 것도 적당히 고려하면서 경제하고 상부구조의 그런 의식형태의 접 촉을 잘 조절해서 나가야 될 겁니다.

**우병국** 예.

**안병호** 그러니까 뭐 처음, 쉬운 것은 문화적으로 옛날부터 우리 조 상들이 지켜오던 공동적인 문화행동들, 뭐. 명절이요, 추석이 요, 단오요, 뭐 그런 것도 좋고. 우리 습관해서 양쪽에서 다 공동적으로 된 이런 쉽게 받아들일 수 있는 쪽에서 찾아서 들 어가면서 지금 남쪽에서 뭡니까? 비교적 좋은 새로운 문화 활 동이라든지 이런 것들을 차차 접목하고 또 접촉하고 이렇게 해서 이런 방향으로 노력해야 저쪽에 위에 뭐라 할까. 비교적 고정된 생각들을 타파하는 이런 시간을 빨리 조정, 조작할 수 있죠. 그렇지 않고 그런 것들을 그냥 고정된 상태에서 조작하 면 뭐 그 사람들 표현대로 하면 계속 선군사상 아닙니까? 선 군사상이 뭐야. 군대위주 아닙니까? 군대위주는 뭐 해야 됩니 까? 싸우자는 거. 그러지 않으려면 싸우자는 생각을 풀어주는 방향으로 나가야지. 남쪽에서 풀어주는 방향으로 나가야지.

**우병국** 예, 그 과정에서 우리 재중동포사회는 어떤 역할을 할 수 있다고 그렇게 보시는지요?

**안병호** 그 가운데서 내가 생각하는데 중국 자체가 개방정책이니까, 풀어주는 방향으로 나가기 때문에 지금 형태들을 놓고 보면 한국에서 많은 사람들이 중국에 기업이 들어오게 되니까 거기서 많은 것을 받아들여서 그 받은 것을 다시 모르는 사이에 북쪽으로 옮기는 이런 과정이 되지요. 이것이 잘 되면 우리 동포 사회에서 많이 들어와서 생활하고, 그 사람들이 어떤 생각, 여러 가지 생각. 모르는 사이에 우리 동포들한테 영향을 주지요. 교포들은 이것을 받아서 가만히 있는 것이 아니라, 그것을 받아서 다시 또 북쪽으로 옮기죠. 그러니까 그런 것들이 순환하게 되면 물론 남쪽에서 직접 해서 들어가는 그런 여러 가지 문제도 있지만 이런 형식으로 통해 가지고.

**우병국** 예. 중국에서.

**안병호** 응. 중국 사람들. 더군다나 변방, 연변에는 친척관계들이 북하고 많지 않습니까? 그런 사람들이 받는 영향이 다시 저쪽으로 들어가고 또 저쪽사람들이 친척방문으로 중국에 들어왔다가 받아 가지고 들어가게 되고. 이렇게 되면 그 모르는 사이에 이런 거는 누가 정말 분석하지 않으면 아무런 작용도 하지 않은 것 같지만 그거는 실제로 그 영향이 굉장히 큰 거 아닙니까? 그래, 지금까지는 북쪽으로 놓고 보면 거의 그런 것 아니야. 북쪽사람들이 그 남쪽 형편 이해하는 거는 거의 다 중국에 동포를 통해 가지고.

**우병국** 그렇죠.

**안병호** 그 사람들은 그 중국에 왔다가 중국 사람들 '아 한국이 지금 어떻더라. 한국 가보니 어떻더라.' 이런 말이 자연히 그 사람들 귀를 통해 가지고 또 조선에 들어가서 전파되는 거죠. 그 이런 것들은 정치적으로 한국 뭐. 그런 분야에서 제때 감안해 가지고 지지해주고 조금도 그것을 방해하는 역할을 하지 말라는 거지. 그렇게 하면 거꾸로 잘 안 될 수도 있지.

**우병국** 예. 그 다음으로는 이제 앞으로 이 중국하고 한반도 간의 관계가 어떤 방향으로 나아가는 것이 바람직하다고 보시는지요. 또 그런 관계가 맺어지는 데 있어서 동포 사회가 할 수 있는 역할은 무엇이라고 보십니까?

**안병호**　그러니까 여기서 동포 사회를 놓고 보면 개혁개방이 된 다음에 한국과 접촉해서 한국 나가서 보고 돌아와서 중국에서 좋은 경험들 살린 거는 좋은데 한동안 한국에서는 그 모라 할까. 중국 동포들이 못사니까 못사는 데서 왔다고 좋지 않은 말로 하면 너무나 업신여기고 이렇게 하는 데서 부작용이 생기는 것 같아요. 처음에는 아주 그 말이야. '같은 동포다.' 혹은 또 심지어 '조국이다.' 공민은 중국이지만은 조선으로 놓고 볼 때 '조선이 그런 거다.' 이렇게 좋게 생각했는데 한국 갔다 와서 어떤 사람들은 도리어 반감을 쌓아가게 되는데 이런 것들은 한국 정부에서도 주의해야 되고 한국 백성들도 주의해야 되고 물론 중국 사람들이 못사는 거는 사실이고 그런데, 그렇다고 해서 그것을 간 사람들에 비해서 너무 업신여긴다 이렇게 하면 도리어 반발심이 생기지 않습니까? 돌아와서 '야. 무슨 한국, 한국어. 우리는 중국 사람인데 조상이고 뭐이고 다 시끄럽다.' 이렇게 좋지 않은 인상을 줄 수도 있어요. 이거 지금 한국에서 좀 정책적으로도 주의해야 될 거고 백성들도 좀 주의해야 될 거고.

**우병국**　예. 초창기에는 그런 일들이 많았는데 지금은 많이 개선되고 있는 걸로 알고 있습니다.

**안병호**　어 글쎄 말입니다. 그게 개선이 돼야 되지, 그렇지 않으면 처음에는 인상이 좋았는데 후에 가서 그다음에는 중국이 못사니까 '조선에 가서, 한국에 가서 좀 돈 벌어가지고 와서 중국 좀 잘 살게 하자.' 하니까 이게 거꾸로 푸대접 받고 이런 사람들이 많이 생기고 그다음에 또 정책상에서는 옛날에는 친척관계가 없으면 전혀 안 받아들이고 뭐 여러 가지 복잡한 문제들도 많으니까. 그런 이런 것들도 풀어 줄 수 있으면 적당히 풀어주고.

**우병국**  예. 지금 점진적으로 개선되고 있는 걸로 알고 있습니다.

**안병호**  예예. 풀어줘서 뭐 가고 싶은 사람은 가서 거기서 '뭐 너희 생활하고 싶은 사람은 생활해라.' 뭐 다시 돌아와서 중국에 좋은 인상으로 돌아오게 되면 그거 얼마만큼 한국에 대한 좋은 영향을 중국에 또 전파합니까?

**우병국**  그렇죠.

**안병호**  그, 이거를 잘 알아야 됩니다. 같은 입장으로 보면 만약 한국 기업이 한국 경제가 발전해서 중국에 많이 들어왔지만 거꾸로 생각해서 우리 중국 동포가 없었다면 한국 기업이 그만큼 빨리 중국에 들어올 수 있었겠습니까? 못 들어옵니다. 내가 생각하는 데는. 가능성이 없습니다. 어디에다 비교합니까? 일본 사람들 보십시오. 일본 사람들 경제가 한국보다 앞서서 중국에 발붙이기 위해서 노력은 더 했지만은 와서 발붙이기 어려운 것이 왜 무엇입니까? 그 밑에서 받들어주는 그런 사람들이 적기 때문에 발붙이기 어려운 거 아닙니까? 그러나 한국 사람들은 들어오자마자, 물론 그 지금은 한국 사람들이 '에이. 이거, 중국 조선족들 쓰지 말아야 한다.' 말이야. 모두 다 저기 '나쁜 놈들이다.' 말이야. 이렇게 생각하는 기업가들도 있다고 하는 거 같은데. 물론 그런 나쁜 사람들도 있죠. 그거 없을 수는 없습니다. 그런데 있긴 있지만은 총적인 어떤 흐름으로 봐 가지고 만약시에 많은 기업들이 들어와 가지고 우리 동포들이 밑에서 말이야. 번역하고 같이 일하지 않으면 그렇게 빨리 발전해 나갈 수 있습니까? 못 나갑니다. 그거 절대로. 그래, 이런 거는 한국에서도 정책적으로 적당히 생각하고 들어오시는 분들에 대해서도 중국에 들어와서 주의할 건 주의하지만은 동포들과 관계를 너무나 어울리지 않는 이런 방향으로 쓰지 말고 하는 게 좋을 것 같다. 그것이 지금 어떤가 하면 지금 우리는 중국 아이들 한국에 나가서 많이 일하는데 많

은 기업가들은 지금 어떤가 하냐면 조선족 안 쓰려고 하고 중
국 사람들 쓰려고 하는데 물론 이것도 나름대로 그 사람들 생
각해서 아주 나쁜 것은 아닙니다. 그러나 이것을 어떻게 여기
에 살고 있는 동포들을 적당히 흡수하면서 영향을 주는 이런
것도 생각해 봐야 할 겁니다. 앞으로. 그거 생각하지 않고 '우
리 잘났다.', '우리 돈이 있기 때문에 다 된다.' 이렇게 생각한
다 하면 그런 기업들은 성공하기 어려울 겁니다. 그러니까 적
당히 물론 큰 기업들 자기네 자리 잡아서 그런 건 그렇지만
조그마한 기업들 같은 거는 동포들 소홀시해서는 안 될 겁니
다. 이런 면에서는 좀 주의해야 되지 않나.

**우병국** 예. 아주 좋은 말씀이었습니다. 마지막으로 하나 여쭤보고
싶은 거는 교수님께서 보시기에 우리 한반도는 언제쯤 통일
이 가능할 것 같습니까?

**안병호** 하하. 이 질문 아주 어려운 질문인데. 저는 전문적으로 연
구하지 않고 이렇게 되기 때문에 좀 답변이 어려울 것 같은
데, 아마 지금 이런 정세로 나간다면 좀 생각보다 빨리 해결
되는 것이 아닐까? 아까도 내 이야기 했습니다만 이것이 한
십년 내에 되겠는지 안 되는지 그건 판단하기 어렵습니다만.

**우병국** 그렇죠.

**안병호** 좀 빨라지는 그 경향이. 그래, 이거는 두 가지 원인이고 하
나는 국제적인 전반정세가 이런 흐름으로 나가게 되면 빨리
풀릴 게고, 둘째로는 남북 사회에서 교류가 더 긴밀해지면 빨
리 풀릴 거고 그런 거죠 뭐.

**우병국** 거기에 우리 동포 사회가 측면에서 지원해 줄 수 있는 그런
일들도 많을 것 같은데.

**안병호** 그렇죠. 뭐 그건 내가 생각하는데 아마 많이 발 벗고 일하
는 사람들 많이 생길 겁니다. 그런 매체로 놓고 볼 때 흑룡강
사람들이 비교적 강한 것 같아요. 네. 흑룡강 사람들이 동포

에 대한 애착심이. 그런데 그게 왜 그런가 하면 내가 생각할 때는 두 가지로 놓고 봅니다. 하나는 흑룡강에는 남쪽 사람들이 많다고. 경상도 사람들. 북에는 연변에는 함경도 사람들이 많습니다.

**우병국**  지역적으로 그렇게 특색이 있어요?

**안병호**  예. 그게 지리적으로. 또 분할이 돼 버렸어요. 중국이. 처음에 가까운 데로 들어와서 국경지대에 자리 잡은 것이 함경도, 평안도 사람들. 그것도 길림성 남동쪽에는 길림성에는 함경도 사람 많고, 요녕성 쪽에는 평안도 사람이 많고. 뒤에 들어온 것이 함경도 이쪽에 자리 잡았으니까 더 멀리 들어간 곳이 어딘가 하면 남쪽에 사람들이 많지요. 그러니까 흑룡강에 가게 되면 하얼빈, 상지 뭐 하여튼 그쪽에는 거의 다 경상도 사람들이 대부분 살지요.

**우병국**  예.

**안병호**  그래서 그런 건지는 모르겠습니다만, 내가 보건데 흑룡강 사람들이 민족적인 단결심이 더 강합니다. 연변보다. 내 느낌에.

**우병국**  아. 또 그 연길 같은 경우에는 접경에 있으니까 민감한 면도 있고.

**안병호**  어어. 그렇겠죠.

**우병국**  그런 걸 잘 아무튼 연구를 해 봐야겠습니다.

**안병호**  응. 그래서 내가 보기에는 흑룡강이 비교적 동포, 민족적 단결심이 더 강한데. 또 그것이 왜인가 하면 다른 한편에 지역적으로 이쪽에는 흩어져 있기 때문에 단합하지 않으면 힘이 없는 것 아닙니까? 연변에는 동포들이 종족이 더 많이 모여 사니까 이래도 좋고 저래도 그저 비슷하게 나갈 수 있지만, 흑룡강 같은 데서는 민족 내부에서 합심이 안 되면 다민족 아래서 견디지 못합니다. 그래서 자연히 뭉치는 이런 힘이 더 강한 것 같습니다.

**우병국**  네.

**안병호**  네. 신문도 보면 내가 생각하건데 『연변일보』요, 『흑룡강신문』이요, 『길림신문』이요, 『요녕조선문보』요... 그 중에서 『흑룡강일보』가 더 그런 민족적인 면에서 강하게 나가요. 더 그런 느낌을 더러 나는 받아요.

**우병국**  아. 그런 신문을 두루두루 다 보고 계시는군요.

**안병호**  예. 조금씩 봅니다. 그래야 그 뭐인가 하면 동포 사회에 일반 흐름을 알 수 있으니까. 하나도 모르면 북경에서 완전히 그저 고립되는 일이 일어납니다.

**우병국**  예. 긴 시간동안 말씀 감사합니다.

**안병호**  아이고. 뭐 솔직히 말해서 이런 정치적인 면에서 별로 생각하는 거 없으니까 도움 되는 말이라고는 말하기 어려울 겁니다.

**우병국**  하하. 예. 감사합니다.

# 9. 유연산

작가, 연변대 교수

# 9. 유연산

면담일자: 2007년 3월 22일 목요일
장    소: 중국 길림성[吉林省] 연길[延吉]
면 담 자: 우병국
구 술 자: 유연산 작가, 연변대 교수

**우병국**  유 작가님께서 중국에 정착하시게 된 배경, 그리고 그동안
에 어떤 활동을 하셨는지 경력에 관해서 간략하게 소개를 해
주시면 감사하겠습니다.

**유연산**  그 저의 아버님 고향이 강원도 춘천입니다. 1920년도에 우
리 할아버지 두 형제가 자식들 데리고 이쪽으로 온 거예요.
그러니까 지금까지 86년 됐습니다. 그 할아버지들은 다 여기
에서 사망하고 아버지, 어머니 다 사망하고, 그러니까 저는
제3세로 봐야하죠. 3세입니다. 그리고 태어나기는 북에서. 화
룡('화룡'으로 추정, 녹취불분명)에서 태어났고.

**우병국**  화룡('화룡'으로 추정, 上同)에서요?

**유연산**  예, 그리고 우리 조선족 마을에서 자라서 한족도 하나도 없
는데 조선말을. 그러니까 순수 우리 민족의 것을, 학교 자체
도 역시 우리 민족학교에서, 또 대학도 〈연변대학〉 조선어문
학원을 나오다 보니까 우리 민족교육을 쭉 받아 온 거죠. 학
교 졸업하고 또 〈연변인민출판사〉를 가다 보니까... 〈연변인
민출판사〉는 한족이 한 사람 있는데 우리보다 우리말을 더 잘
해요. 하하하.

**우병국**  아... 예. 하하하.

**유연산**  다 우리 조선족들 속에서 그리고 특이하게 저는 문학과 관

련해서 편집사업을 해 왔습니다. 그러다가 지난해 〈연변출판
사〉의 편집차장(副總編)까지 하다가 지난 9월에 사임했어요.
그 행정에 너무 그 치우치니까 뭐 내 시간 다 **뺏겨서**. 하하.

**우병국**  작품 쓰실 시간이 없으셨군요.

**유연산**  예. 하하 작품을. 그래서 다 사임하고 작년 9월부터 〈연변
대학〉에 조선한국학 초빙교수가 돼 가지고 지금 있고요. 아
마 다음 달에는 전근해 가지고 넘어 갈 겁니다, 대학교에 예.
그 제가 원래 농촌에 중학교를 나와 가지고 농촌에서 3년 농
사를 했어요. 76년도에 나와 가지고 78년도까지. 그때 대학이
없어가지고 좀 있다가 78년도에 대학 시험 쳐서 입학했는데
그때부터 계속 문학을 해오니까... 쭉 창작해오다가 80년대
초반부터 계속 인터뷰를 나가서 그래서 제가 맡은 게 편집을
맡으면서 그 항일 관련해서 그런 책들을 맡아가지고 계속 인
터뷰 하다가 본격적으로 제가 시작한 것은 94년도부터 했습
니다. 94년도부터 지금까지. 그래서 동3성하고 북경하고. 그
래서 조선족의 좀 이름 있는 사람들, 장군부터 밑바닥 인생까
지 한 천여 명 만났어요.

**우병국**  아, 많이 만나셨네요.

**유연산**  예, 그런 분들 인터뷰하고 녹음하고 비디오하고 그러면서
제가. 그래서 한국 『서울신문』하고 한국 잡지에 계속 95년부
터 지금까지 연재하고 있죠. 그 속에 박정희 문제도 있고 조
정남(조정남으로 추정, 녹취불분명) 문제도 다 그 속에 있는 겁니
다. 얻어 들은 얘기들 정리하고.

**우병국**  예, 지금 현재 한국 쪽에는 친척 분들이 아직 계십니까?

**유연산**  있어요. 우리 친척들 한국에 많아요. 그러니까 강원도에 가
서 류 씨 하면, 고흥 류 씨 고거 다 우리 친척입니다.

**우병국**  아, 예.

**유연산**  거기 그 강원도 〈광복회〉의 그 위원회 지부장 하는, 우리

형님이고 춘천시장하다 국회의원 두 번 한 유종수가 있어요. 국회의원 두 번 했던 그게 우리 종손이고.

**우병국** 아, 그러시구나, 예. 그래서 여기서 쭉 작가생활 하시면서 이제 어차피 한민족의 일원으로서 고국의 통일문제에 대해서 상당한 어떤 그런 관심을 가지고 계실 테고, 또 직접적으로 뭐 조직을 한다든지 이런 건 아니더라도 어떤 그 활동들을 쭉 하신 걸로 알고 있는데 그런 걸 좀 간단하게 소개해 주시면?

**유연산** 그 한반도 통일문제가 가장 뼈에 사무치는 거예요. 특히 저는 우리 고모가 북에 있습니다. 고모가 북에 가 있고. 그다음에 친척들이 남에 다 있고, 그리고 우리 집은 또 북에 있고 서로가 만나지 못하는 거예요. 특히 고모네도 이제는 왕래가 끊어지다시피 했고 언제 왔는가 하면 97년도에 그 고모, 그러니까 손녀가 아이를 세 살짜리 아이를 업고 왔댔어요. 강 건너서. 한국에서 우리민족서로돕기에서 당시 그 뭐야, 북한 돕기 한다고 사진광고를 하면서 아이 하나 있었어요. 그게 제 손자입니다.

**우병국** 아, 예.

**유연산** 우리 집에 왔는데 세 살 된 아이인데 일어나지도 못해요. 말도 못하고. 배가 이렇게 잔뜩 불은 아이인데. 그다음에 제가 만나는 사람들이 대부분 이주 1세들, 이제는 사망한 사람들이 많아요. 그리고 그 2세들인데 그 사람들이 다 겪었습니다. 특히 어떤 경우가 많은가 하면, 여기서 항일하다가, 조선의용대에 있다가 그다음에 중국, 한국, 북에 나가서 조선인민군에 있다가 그 사람들이 6·25를 일으켜 가지고 남으로 나갔다가 그래 다시 들어와 가지고 또 그쪽 북에서 견디지 못해 가지고 정치 피해를 입어서 견디지 못하고 돌아왔던 사람들 아닙니까? 그리고 이 사람들이 남북이 깨지는데 정말 그 자기 생명과 이런 걸 바친 사람들이에요. 그런데 그 사람들이 바라고자 하는 게 당시에 이 사람들은 만난 사람들을 말하면 '6·25를 어째 일으켰습니까?' 하면 '미 제국주의 그 식민지로 있는 남을 해방하기 위해서 했다'고 그럽니다. 그러니까 이념이라고 하는 게 우리 민족 한 세대를 그렇게 갈라놓는 작용을 했지 않냐... 그래서 이 사람들이 지금 와서 가장 갈망하는 게 통일입니다. 그다음에 우리 핏줄이 다 지금 갈라져 있는데 여기다 더 할 말이 없거든요. 저는 남북통일 이쪽으로 큰일을 해본 적은 없어요. 그 탈북자들 만나도 보고 그다음에 그런 사람들 예, 이제 좀 도와줬을 뿐이고 그다음에 어떤 양식 보내는 거 뭐 이런 거 조금씩 거들었을 뿐이지 직접적으로 중국에는 또 안 되잖아요. 그래서 이런 걸 하면 중국에서 하면 정부에서도 안 하거니와 민간에서도 못하게 하고 특히 조선족이 하는 거는 또 이게 다른 시각으로도 비쳐 보이고 그렇죠. 그 탈북자들에 대해서 제가 제일 처음에 만난 97년도에 탈북자들을 만났는데 그 사람들 와 가지고 여기 숨어 있었어요. 그래서 저하고 친구들이 뭐 이제 돈도 대주고 옷 뭐 해서 그다음에 일자리도 마련해주고 그래서 몇 년, 북경까지 가 가지고 몇 년 벌어가지고 갔어요. 그래서 지난번에 편지를 보내오고 자기들 내복을 어디 인사로 보냈습디다.

**우병국** 아, 예.

**유연산** 그리고 그 후에 탈북자들 숨어 있을 때 우리 집에 와서 몇 달 있었어요. 제가 그 아주머니 집이 숨어 다녀야 되니까 그래서 제 쪽에서 그 인대(人大)쪽에 있으니까 법적으로 전 보호 받거든요. 그래서 그런 편리한 게 있어 가지고 우리 집에 와서 있으라고. 그런데 그 아이가 아들이 있는데 20장짜리 글을 썼습디다. 장편 썼다고 했는데, 북한의 그 고통스러운 생활을 쫙 썼대요. 그래 그걸 써 가지고 온 걸 나한테 가지고 왔습디다. 그 아주머니가. 그거 보니까 글재주는 있어. 그래 갖고 그럼 우리 집에 와 있으라. 그다음에 그 아이가 이걸 쓸 때, 우리 집에 와서 형제 아들 둘이 와 있었는데 다 우리 집에 와 지내고 한 번은 같이 있었는데, 내가 '이걸 북한에서 그렇게 인권을 유린하고 글쎄 정말 사람 잡아 죽인 거는 모르는 게 아니다. 다 안다. 이걸 써서는 발표하지 못한다.' 가정이 중국에 와서 중국의 조선족이 돕고 또 한족들도 도와요. 그래서 도와 가지고 일 년 넘어 살고 있는데 '그 삶의 이야기를 써라. 이러면 이거는 좋은 얘기다.' 그래서 그걸 쓴 걸 한국 가서 『북한』 잡지 있어요. 한국에.

**우병국** 네. 『북한』지.

**유연산** 예, 『북한』지 있죠. 그게 가장 좋죠. 그래서 연재했어요. 그 애가. 하하.

**우병국** 아, 그랬습니까?

**유연산** 예, 그리고 이 애들 형제간이 여기 있다가 북경의 공관에 들어갔죠. 그 공관에 들어갔는데 그 엄마가 군대를 유인하느라고 다른 데로 들어갔다고 합니다. 군대 들어와서 엄마를 잡고 그새 애들은 공관에 들어갔고, 지금 한국 가 있어요. 그 엄마는 지금 없죠.

**우병국** 아하.

**유연산** 그래서 북으로 돌아갔는데, 아마 잘못 됐을 것 같아요. 그 후에, 지금은 탈북자 문제가 우리 통일에서 하나의 어떤 그 북한을 알리고 뭐 어떻게 하는 데는 좋은 계기였다고 저는 봐요. 그리고 그 사람들이 먹지 못하고 굶주려 가지고 온 사람들이 대부분이거든요. 그러니까 그 사람들의 생명안전을 위해서도 오는 게 좋았고. 그런데 탈북자 문제에 대한 처리가 타당해야 된다고 저는 봅니다. 처음에는 중국 정부도 탈북자 관련해서 어찌하다 거리마다 탈북자니까, 그러니까 다 이게 뭔가 하면, 지나가다 한 푼씩 주고 중국 사람들도 다 눈감아

주고 경찰도 다 감아 줬어요. 그런데 이걸 외교적인 충돌로
비화시켰단 말입니다.

**우병국**  아아.

**유연산**  이건 누가 했는가 하면, 한국의 NGO들이 좋은 일을 했습니
다, 진짜. 그런데 좋은 일을 하면서 이 사람들이 그 사회문제
화를 시켜서 어떤 모금 받아 가지고 와서 하는 이런 식으로
하니까 중국에다가 외교적인 압력을 줬죠. 그래서 그다음에
중국에서는 외교적 압력이 있으니까 중국에서 붙들어 보내
고...

**우병국**  외교적인 압력은 북한에서 오는 압력입니까?

**유연산**  북한에서 오죠.

**우병국**  그게 너무 공개되다 보니까 저쪽에서 그런...

**유연산**  그렇죠. 그런 데에다가 이걸 지금은 미국에서 또 중국 인권
문제에다가 엮어 버렸단 말입니다. 그래서 매년 2천만 달러인
지 뭐 이런 예산을 해서 NGO를 도와 가지고 중국에서 와서
탈북자들을 하고 있잖아요. 그러니까 미국하고 중국이 이젠
외교적 충돌에까지 비상이 돼 왔단 말입니다. 특히 문제는
2000년도인가 어느 때, 우리 연변산아조사를 했댔어요. 아이
들을 얼마나 낳았는가, 조사를 우리정부에서 했는데, 그때 연
길시에 북한의 연길시에 전문 그쪽 위생을 책임지는 부시장
이 한족인데 그런 이야기를 해보라는 거야. "원래 아이를 몇
을 낳는데 그중에 북한의 여자가 와서 중국 조선족하고 이
게... 그래서 낳은 아이는 몇이다. 이 아이를 빨리 정부 공안
에 가서 호적을 올리라고 했다. 될수록 이 사람들은 중국에서
살 수 있도록 만들었으면 좋겠다." 그래서 제가 이 연변 인대
에 사무위원하고 교육문화위생 쪽의 담당입니다. 그러니까
이게 해마다 우리 이런 제 담당부문의 감사 나가요. 그때 그
게 감사였거든요. 위생부문의 감사인데 아이를 낳는 게 위생

부문의 한 부분이니까 해보랄 때 얘기를 해보랍디다. 그래서 그때 물어봤어요. '이 북한사람들인데 분명히 이게 속여 온 건데 불법 동거고, 이 아이를 낳은 건 그런데 이걸 어떻게 합니까?' 그러니까 "아, 우리 조선족 총각들이 장가를 못 가게 됐는데 그 여자 들어와서 얼마나 좋은가. 우리 농촌에도 안정이 되고, 아이를 낳고 그러면 조선족 인구도 늘어나고 이거는 좋은 일이다. 그런데 우리 정부쪽으로는 일을 못 꺼냈다." 북한하고 외교적 충돌이 생기니까 못하는데 눈감아 줘야 된다. 그리고 아이들은 아버지 호구도 붙이는데 왜 아이들은 없겠어요. 다 붙이는 기라 했단 말이야. 그래서 다 붙였습니다. 그런데 NGO들이 설쳐가지고 그다음에 문제 생기니까 이 여자도 잡혀 가는 거야.

**우병국** 아이고, 저런.

**유연산** 그러면 아이를 낳고 잡혀가고 그러니까 이산가족 상황 만들어지고, 어머니 없는 아이들이 가뜩 만들어 놨어요. 그래서 이 NGO들이 중국을 무대로 해서 하는 탈북자에 대한 운동은 자중하고 타당한 정책이 있어야 되겠다는 그런 생각을 했어요.

**우병국** 네네. 그래서 금방 이제 NGO들의 어떤 그런 활동에 대해서 말씀하셨는데, 그것과 관련해서, 그간 한국 정부나 북한 정부가 진행해왔던 어떤 그런 통일 관련의 정책에 대해서는 어떤 장단점이 있다고 각각 이렇게 보시는지요?

**유연산** 저는 그 한 부를 제보한 사람이 있습니다. 이 사람이 제가 아주 존경하는 분이고, 40년대에 〈서울대〉를 졸업하고 그리고 그분은 솔직히 말하면 한국의 파견 받아 왔던 간첩입니다.

**우병국** 아.

**유연산** 예, 여기 와 있다가, 감옥생활을 쭉 하다가 지금 나와서 작은 시골에서 조용히 살아가는 사람이에요. 1990년도에 이분이 어떤 편지를 썼는가 하면, 미국 레이건 대통령하고 UN 사무총장한테 그런 편지를 썼어요. "남북통일은 동북아의 평화의 기초 작업이다. 그다음에 동북아 평화는 전반 양대 이념의 시기를 깨고 인류가 평화로 나가는 데 있어 중요한 그것"이라는 이야기를 했어요. "그런데 남북통일을 정치적으로 해결하자고 들지 마라."이러고 그랬어요. 또 뭐라고 했는가하면, "경의선을 뚫어가지고 기차가 통하는 것부터 해라. 그러면 자연적으로 물류가 오가기 때문에 통일이 된다. 그래야 평화가 온다. 여기다 정치적인 거를 부여하면 통일은 깨진다." 그런 이야기를 한 게 있어요. 이분이 그 편지를 했는데 레이건 대통령의 회답이 왔어요. "당신이야기, 정말 나한테는 중요한 어떤 계시를 했다. 그래서 어떤 이런 머리(수뇌)들이, 각 나라 머리들이 만나는 장소에서 얘기를 하겠다. 중국에다도 얘기를 하고 얘기를 하겠다." 이렇게 회답이 왔어요.

**우병국** 아, 예.

**유연산** 이 회답이 어디서 흘러왔는가하면, 저 심양의 영사관을 통해서 그 집에 오니까 이런 영사관이 90년도에 미국 영사관에서 개인한테 편지가 왔다하면 "간첩이다." 하잖아요. 그러니까 그 편지가 그 집으로 간 게 아니라 안전국으로 갔어요.

**우병국** 아, 네.

**유연산** 하하. 그래 안전국에서 가서 그분을 데려왔죠. "당신 이런 거 썼냐?" 하니까 "아, 썼다.", "어째 그런 거 썼냐?" 하니까 "아, 그 지금 조선족들이 한국 가는데 여기서 심양에서 기차타고 내 이전에 가봤는데 서울까지 11시간이 딱 걸렸는데 그 이게 돈도 절약하고 또 물류도 좋고 그래서 내 썼다." 그러니까 "다시는 이런 거 쓰지 마라. 당신 농촌에서 조용히 살라고." 하하.

**우병국** 하하. 예.

**유연산** 하하. 그랬던 일이지. 그래 이분이 그걸 저는 아주 어떤 우리 남북통일에 중요한 그런... 이미 이제 지난 거 아닙니까?

그렇지만 90년도에 이미 그분은 이걸 보았고 그 후에 김대중 대통령이 그 햇볕정책을 했단 말입니다. 그래서 이념을 가지고 이래서는 절대 이제는 통일이 있을 수 없다. 그리고 과거에 서로 간에 있었던 앙금은 풀어야 된다고. 풀고, 그다음에 북한이 무너지는 걸... 당분간, 저 정권은 진짜 그 바람직한 정권이 아닙니다. 그거는. 우리도 다 문화대혁명 때 중국도 다 겪어왔단 말입니다. 그렇지만 지금 현 상황에서는 북한 정권이 하나의 존재문제가 아니잖아요.

**우병국** 네, 그렇죠.

**유연산** 거기에 무너지는가, 안 무너지는가 하는 문제는 이 미국, 일본, 이 나라의 관계가 어떻게 되는가 하는 문제란 말입니다. 그렇기 때문에 햇볕정책하고 그다음에 이번에 노무현이 퍼주기 하잖아요? 퍼줘야 된다는 겁니다. 그래서 어쨌든 그쪽에 지원해서 현상을 유지하면서 점차적으로 나가야 된다. 네, 저는 그렇게 봐요. 그래서 그분도 대단해요. 원래 정치했던 사람이고, 그분의 뜻도 그래요. "햇볕정책이 바른 정책이었다. 이 길을 가야 된다." 핵문제는 여러 가지로 시각을 달리 할 수는 있어요. 핵문제는. 그래서 여기에 어떤 분들은 "핵은 자아 보호를 위한 어떤 그런 수단이 된다." 그래서 핵을 포기하는 거는 무장해제 당하는 것과 마찬가지가 아니겠는가. 그리고 국가외교라는 것은 이익의 추구지. 그 어떤 우정이라는 건 뭐. 국익우선이니까.

**우병국** 그렇습니다. 예.

**유연산** 거기에는 도리가 없어요. 거기에는 정의도 없고 국가이익에만 유리하면 되잖아요. 이번에 김정일의 핵정치가 나는, 내 보기에는 상당히 효력을 가져왔다고 저는 봐요. 그래서 한국이 한 때 핵 그런 거 하니까 한나라당에서 또 일어나 가지고 반공 그런 얘기를 하는데 '그게 그렇게 볼 일이 아니지 않은

가.' 하는 그렇게 생각하고. 대국들이 다 가지고 있고 거기다가 한반도는 다 길목에 있어 가지고 누구나 지금 먹고 싶어 하는 나라이고. 그러니까 핵은 꼭 신중히 고려해야 될 일이다. 저는 그렇게 봐요. 하하.

**우병국** 예, 그 핵 관계 질문도 조금 있다 제가 질문을 드리려고 했는데 먼저 말씀하셨기에. 하하. 지금 핵이라는 것이 물론 그런 해석도 가능하겠지만 저는 그걸 계속 시도함으로 해서 이 한반도와 동북아 안정을 해치는 어떤 방향으로 나가기 때문에, 거기에 대해서 더 이상의 그런 것은 바람직하지 않다고 보시는 분이 거의 대다수인 것 같습니다.

**유연산** 예, 저도 그렇다고 봐요. 그러니까 이제 장기적인 국가이익을 봐 가지고는 있어야 할 것 같고, 그러나 당면 국제정세에서는 그게 그 핵이 효력을 못 발휘하죠. 그래서 그때 그 말을 내한테 할 때, '그러면 핵 한 100개 가져라. 하하. 100개 가져야 그래도 툭툭툭 쏘고 빠뜨리지.' 하하하. 아, 요 한두 개 가지고 되지도 않고 그다음에는 그 작은 땅에 주변국가에서 핵 두, 세 개만 저건 터뜨리면 끝이 나는데. 그러니까 핵 대결은 아니 된다. 그러니까 이번에 정치를 하는 데서는 저는 좋은 효과를 봤다고 저는. 하하하.

**우병국** 예예. 그래서 뭐 탈북자를 도와주시고 여러 가지 활동을 하셨는데 그런 활동을 하시면서 한국 혹은 북한 쪽에서 어떤 그런 지지 혹은 격려를 받으신 적은 없습니까?

**유연산** 없습니다.

**우병국** 없습니까? 개인적으로도 없고요?

**유연산** 예, 개인적으로도 없고. 그걸 바라지도 않았고 그럼에도 또 저는 그 사람들이 여기 와 발붙이고 사는 게 좋잖아요? 그래서 그런 사람들이 때때로 여기 중국에서 사는 사람들이 왔다가고 그래요. 그런 사람들이 오면 찾아주고, 밥 한 끼 같이 먹

고, 뭐 도와줄 일 있으면 조금 도와주고 그리고 제가 또 고모
네 때문에 또 여러 친구들의 도움도 받았고, 그리고 특히 북
한은 우리 조선족들이 북한을 외면할 수는 없습니다. 못해요.
하나는 첫째, 친척관계가 혈연관계가 거기에 있고 그다음 두
번째는 우리가 어려울 때 북한이 다 살려줬어요. 제가 녹취하
는 사람들이 북한에 가서 한 1, 2년씩 살다 온 사람들이 많아
요. 다 대학도 다녔고 그다음 북한에 가서 정말 결혼하고 좋
은 처녀 만나 결혼해 가지고 아이까지 낳아 갖고 여기로 도망
오고. 그러니까 당시에는 북한의 두만강하고 압록강 유역의
도시마다 접대처라는 것을 만들었어요. 중국의 동포 접대처.
그래서 여관을 만들어 놨는데 밤이고 들어오잖아요. 그럼 사
람들이 중국에서 왔다고 하면 거기다 보내거든요. 거기 가서
등기를 해요. "당신 뭐 했는가. 중국에서." 그래서 인적사항
다 밝혀놓고. 그다음에는 "당신 요구가 뭐야?", "내 요구는 뭐
다." 이러면 그 사람 요구하고 능력하고 그거 봐 가지고 대학
보낼 건 대학 보내고, 공장 보낼 거는 공장 보내고. 다 그렇게
했어요. 그런데 일단 공장에 가서 있다가 이 기계를 내가 맡
아 하는데 북에서 도망 올 때 이튿날 아침에 새벽에 도망을
온단 말입니다. 그러면 이튿날 출근해 보면 일자리에 일할 사
람이 없어요. 그러니까 화가 왜 안 나겠어요. 하하.

**우병국**   그렇죠. 하하.

**유연산**   그 하루에 300명씩 들어갔다고 그때는 그래요. 그래서 많이
들어갔다고. 그때 뭐 중국에서 좀 우파 투쟁하고 할 때. 예,
60년도에 중국에서 … (?, 녹취불분명으로 추정 불가능) 먹고 어려울
때죠. 저희 고모네도 그때 갔어요. 어려울 때, 다 가 가지고...
그런 걸 해서 우리가 어려울 때는 도움 받고 지금 북한이 어
려운데 정부적으로는 못해주더라도 이건 다른 나라니까, 결
국 중국이 또 민족이 다른 나라고 그러니까 우리 일반 백성들

은 뭐 그런 생각 안 난다 하더라도 지식인층에서는 의무적으로 해야 되거든요. 아무래도 하하.

**우병국** 예, 그렇죠. 아무래도. 앞에서 그 뭐랄까, 귀감이 되는 그런 분들이시니까 항상 생각을 해 오셨다고 저는 보고 있고요. 그러니까 그 통일문제를 놓고 봤을 때 중국 정부와 중국 일반 중국 사회의 여론 같은 거는 어떻다고 보십니까? 한반도 통일에 대해서.

**유연산** 예, 한반도 통일은 외교적으로는 예, 통일을 안 바라는 사람은 없죠. 허허. 외교적으로는. 그런데 국익으로 볼 때는, 제 생각입니다만. 그런데 통일 되면 어떻게 통일 되는가 하는 문제가 대단히 중요한 문제예요. 그래서 한반도 자체에서 한반도에서 미군이 다 가고 외래세력이 없어서 통일 된다 하면 그건 또 다른 문제예요. 이건 또 다른 문제인데 그게 있는 상태에서 아무래도 통일이 뭔가 하면 한국 중심으로 되어 있단 말입니다. 물이 밑으로 흐르고 잘사는 동포들이 생겼으니까 그쪽으로 흐르게 됐잖아요. 그러면 추세는 한국이 북까지 다 오는 겁니다. 추세. 그런데 한국 자체가 오는 게 아니고 거기 뒤에서 미국이 슬슬 따라 들어온다고 생각할 때는 중국에서는 자기 국경하고 미국하고 대결이 생기기 때문이라 이겁니다. 에, 중국 국익으로 봐서는 통일이 달갑지 않을 수 있습니다. 그리고 38선 그대로 있는 게... 그대로 있고 한국하고 그 중간에 하나의...

**우병국** 예, 완충지대.

**유연산** 예, 완충지대. 여과시켜주는. 하하. 그러니까 북한이 뭐 잘살든 못살든지 간에 여과시켜주는 그걸 하니까 좋지 않겠는가. 그래서 중국이 지금 북에 대한 대량의 경제적 투자가 어떤 그런 안목에서 오지 않는가 생각을 해요.

**우병국** 아, 미연에 방지하기 위해서?

**유연산** 예. 그러니까 지금 상권은, 평양의 상권하고 여기 청진하고 이런 데 상권은 중국에서 쥐고 있거든요. 특히 온주, 중국 온주 사람들이 세계의 상권을 휘두르고 있어요. 온주, 심천하고 온주의 복장은 미국의 신사들이 다 입는다고. 유럽은 지금 다 입고 있습니다. 그러니까 중국은 대부분 온주 겁니다. 그래서 온주 사람들이, 연변만 해도 온주협회가 8천 몇 명이 다 회원인데 8천 몇 명이 다 상인이에요. 그래서 연변상권도 온주가 쥐고 있다고 봐도 과언이 아닐 정도입니다. 그런데 평양하고 평양의 그 백화상점 다 온주가 관리했어요. 그러니까 민간차원에서 들어가는 겁니다. 그리고 이제는 국가차원에서 정부에서 또 투자를 합니다. 투자해서 1년에 들어가는 게 수십억 달러가 투자가 들어가죠.

**우병국** 그럼 그거에 비해서 우리 조선족의 기업가들은 상대적으로 좀 열세에 놓여 있는 그런 상태라는 말씀인데...

**유연산** 조선족 기업가들이 들어가도 그럴 재력이 안 돼요. 그다음에 조선족 기업가들은 당했어요. 계속. 그러니까 상당한 사람들이 북하고 장사를 해서 당하고 망했어요. 그래서 김일성 있을 때 벌써 땡땡 울리던 사람들이 김일성한테 가서 당한 겁니다. "돈 달라." 계속 이러잖아요. 이 돈 한 가득 갖다 줬는데 그러면 김일성 접대를 시킨 거예요. 그래 김일성 접대시키고 "수령님 저 경례했는데요." 그럼 당연히 시름 놓잖아요. 아 그럼 김일성이 돈 준 게 아니니까 사진만 떡 찍어 와 가지고 망해 가지고 도망가고. 그래 최수진이라든가 그다음에 송 뭐라고 해서 저희 친구도 한 명 있었는데요. 그 친구는 북에다 숫한 것 가져다 줬어요. 그런데 중국에서 물건 가져다주는데 북에서는 또 돈도 안 주고 또 그게 북에 갔다 실종됐잖아요. 딱 죽여 버려요. 죽었다고. 그러니까 중국에 한다, 하는 재력가들은 북하고 장사해서 다 재미를 못 붙였어요. 그런 데에 손

떼고, 그다음에 이 조선족들이 그런 장사를 하면서 중국의 정부 이런 거를 뒤로 업고 하는 건 못하잖아요. 조선족은 아니 되잖아요. 인맥이 안 된다고. 그런데 온주 상인들이라든가 그 다음에 정부에서 나가는 건 외교적인 어떤 힘을 안고 가기 때문에 되거든요. 그래서 이제 여기 나진 그쪽에 바다도 중국에서 사요. 지금.

**우병국**  아하.

**유연산**  제 조카애도 지금 거기 바다를 샀어요. 나진에 여기.

**우병국**  해안선을?

**유연산**  바다 얼마를 이렇게 떼 갖고.

**우병국**  아하, 거기 그러면 뭐 양식업이라도?

**유연산**  양식업을요. 조개양식 이런 거 양식합니다. 대합.

**우병국**  아하, 예.

**유연산**  그 좋은 바다에다 사서 그걸 하고 있는데 이게 지금 내 조카애는 뭐 돈 많지 않으니까 뭐 중국 돈으로 몇 백만 투자해서 이렇게 하고 있는 거예요. 가보면 중국 사람들 거기다 어마어마하게 하고 있는 겁니다. 이 나진항 같은 것도 연변에서 가서 세 맡아 가지고 하지 않아요. 이런 것들이 몇 년 계속 지속되서 경제발전하고 이렇게 되면 경제능력을 얼마간 쥔다 하는 생각이 들죠. 그 지금 북한의 열악한 경제에서 이게 대단한 움직임이 됩니다. 경제로 말하게 될 때에는. 통일로 말하면 그때가면 그래서 제가 한국에서 북핵문제를 가지고 북에다 돈을 주지 말아야 한다든지 뭐 개성 문제에 개성공단 문제 막 떠들었잖아요. 그때 내가 그랬어. '저 자식들 정치를 저대로 하면 안 된다.' 이럴 때일수록 더 줘야 한다고. 한국에서 손 떼는 거는 중국에는 대단히 좋은 거예요. 지금 중국에서는 돈이 남아납니다. 남아돌잖아요?

**우병국**  예, 그렇죠.

**유연산** 얼마나 어마어마한 돈이 있어요? 그걸 뚝 떼고 거기 비단섬을 지금 개발하잖아요? 중국에서 개발한단 말입니다. 압록강 그쪽에 섬 하나.

**우병국** 예, 비단섬.

**유연산** 예, 비단섬 하잖아요. 그 특구로 만들어다가, 지금 두만강에, 나진선봉 그쪽에다 특구를 만들어 놓고 압록강에 비단섬 만들려고 하고 지금 다 중국의 자본이 들어가는 건데 그러니까 개성공단 하나 금방 만들어놓고 뭐 "손을 떼네, 어쩌네." 한다는 거는 말도 안 돼. 빨리 개성공단에 평양공단 만들고, 신의주공단 만들어야 돼요. 그거는 무조건 이유 불문하고 들어와야 됩니다.

**우병국** 그러면 한반도 통일, 한민족 통합에 대한 중국 정부, 그리고 사회의 인식이나 태도에 있어서 변화해야 할 점은 어떤 게 있다고 보십니까?

**유연산** 그 중국 쪽의 입장에서는 저는 그렇게 봐요. 중국에서는 한반도 문제를 너무 심각하게 보지 않는가, 하는 생각이 들어요.

**우병국** 지금 중국이요?

**유연산** 네, 역사적으로 중국은 두 개의 이민족에게 당한 역사입니다. 춘추 이후로 2800('2800'으로 추정, 녹취불분명)년 정도 되는데, 이민족한테 당한 게 1300년일 거예요. 이 중국 자체에는 중원 그쪽에서부터 해오면서 한족들이 520 몇 년이던가 통계를 내보니까 한족통치, 태평성대, 이른바 태평성대라는 건 그것밖에 안 돼요.

**우병국** 그 외에는 다 이족들이 했죠?

**유연산** 예, 이족들이, 유목민족이고 미개한 민족 아니에요? 진짜 중원에서는 문화발전이 다 이렇게 맹자 왈 공자 왈 하고 살았는데, 이족들이 말 타고 와서 다 죽이고 정말 세게 당했잖아요. 그렇기 때문에 주변 민족, 이민족에 대한 경계심은 역사적으로 봐도 풀 수는 없습니다. 풀리지가 않아요. 그런데 이거 자꾸만 역사적인 보따리를 가슴에 안고 오늘을 보고 내일을 보면 아니 된다는 거죠. 이제는 이민족이 그렇게 할 시대는 지났단 말입니다. 중국으로서는 대국이고... 이 어마어마한 인구에다가 사람의 평균 GDP는 적어도 경제력은 상당한 경제력을 가지고 있고 거기다가 원자탄 뭐 수소탄 다 없는 게 없고, 이제 달에 가고 화성 가겠다는데 '중국에서 한반도를 너무나 위험적인 요소를 간주하는 것은 맞지 않다.' 이겁니다. 좀 풀어줘라. 그리고 한반도 쪽에서는 중국하고의 그런 관계를 유연하게 넘어갔으면 나는 좋겠다는 겁니다. 이게 북한은 지금 말도 못하고 뭐 잡아먹겠다는 판에 붙들고 앉아있는 게고, 고양이 앞에 쥐잡기 돼 버렸잖아요. 그런데 한국은 여기에 대해서 어느 한 쪽에 기울면 아니 된다는 겁니다. 나는. 그런데 한국은 미국 쪽에 너무 기울어 있지 않는가 합니다.

**우병국** 미국 쪽에요?

**유연산** 네.

**우병국** 지금 저희 내부에서는 오히려 미국보다는 중국하고 더 친해지는 그런 상황이 벌어졌다고 그렇게 근심하는 분들도 계시는데.

**유연산** 그래 나는 등거리 해야 된다. 등거리 외교, 그러니까 이 러시아, 일본, 중국, 미국인데 어느 게 한반도를 고와서 놔두는 게 아니잖아요? 어떻게 삼킬 수 있으면 삼키고 싶죠. 두 개 다. 여기서 큰 사자들이 사자, 이리, 승냥이, 곰 이렇게 앉아서 지금 여기 토끼 조그마한 새끼 앉아있는데, 서로 다 으르렁거리고 있는데, 이게 한쪽으로 기울면 한쪽으로 세력을 만들어서 싸우게 생겼어요. 싸우기만 하면 죽어요. 죽는 건 내 죽지, 토끼 죽지, 큰 짐승들은 아니 죽잖아요? 그러니까 이걸 등거리 해도 이 네 대국이 서로 간의, 그 어떤 알력과 모순이 있잖아요. 이걸 충분히 이용해야 돼. 그래서 이 모순점으로 저희들끼리 으르렁거리게 해 놔야 우리는 산다는 겁니다. 그래서 유연한 정책하고, 그다음에 특히 역사문제에서 지금 이 국민의 마음을 상하게 하는 것이 오가고 있잖아요. 중국에서의 고구려 문제, 발해문제 이거 해 가지고 전반 한민족의 감정을 상했단 말입니다. 중국 잘못한 겁니다. 잘못한 거예요. 그래서 제가 그때도 그런 얘기를 했어요. "이미 이건 역사는 지나간 게다. 지나간 거는 죽은 귀신인데 죽은 걸, 귀신을 내 거라 해서 오늘의 우리한테 무슨 도움이 되랴, 그걸 내 것이 아닌 것을 내 거라 했을 때는 내가 확실히 먹겠다는 것밖에 안 된다. 이거는 자기 패권적인 심리를 표현하는 거다. 그러니까 이걸 버려라." 그다음에 두 번째는 이 고구려 문제가 역사문제가 아니라 현실의 8천만 한민족 문제다. 8천만의 감정을 상하게 하면 8천만을 적으로 만든 거다, 이건. 그러면 적이 누구냐? 중국의 적이라 하면 일본과 미국인데 그럼 일본과 미국편을 만들어주게 되는데, 그걸 또 그 편을 내 옆에다 데려다 놓은 거나 마찬가지다. 이건. "이건 대단히 불리하다. 그러니까 현실정치에서도 이거는 안 되겠다. 이건 외교적으로도 실책이다." 이거야. 내가 그 말을 했어요. 그런데 한반도는, 한국은 고구려와 발해 문제에서 너무 물리적으로 한다는 거죠. 저는 그렇게 봐요. 그래서 너무 물리적으로 하게 되면 어떤 그런 나쁜 효과를 가져와요. 특히 역효과를 가져오죠. 그래서 중국에서 이걸 억지로 역사를 만들 때 한국에서 역사로 해야 된다는 겁니다. 역사로 얘기해야 세계적으로 존중을 받아요. 점잖게 남이 억지로 이럴 때 점잖게 해야 하는 거죠. 그런데 여기 앞에 나와서 초치는 게 NGO가 보통 초를 치죠.

**우병국** 예, NGO에 대한 어떤 불신감이 굉장히 심하신 것 같은데…

**유연산** 예, 그 초를 친 게 많아요. 그러니까 그것 때문에, 그거 가지

고 뭐 시원하고 뭐 그러고. 그다음에 여기에 역사극들은 역사
는 아니고 그 뭐 일종 오락이라고 할 수 있는데...

**우병국** 예, 드라마죠.

**유연산** 예, 한민족의 문학이라는 게 어느 한 민족의 문학이 되면
다른 한 민족은 상하게 돼 있어요. 하하. 우리 그 지금 대조영
같은 것도. 거기의 이종 같은 사람 당나라 이종 같은 사람. 지
금까지 저는 중국역사에서 이종만한 재상이 없다고 봐요. 그
런 사람. 그래서 당태종이 "나의 거울이다."라고 그랬어요. 그
사람이 치밀하고 그런데 아주 그 똘마니 만들어놨단 말입니
다. 그러니까 드라마를 재미로 본다고 하지만, 그렇지만 중국
사람들은 재미로 아니 본단 말입니다. 그러니까 너무 편협한
민족관에 잡혀있습니다. 그러니까 민족관에 잡히면 역사를
오독하게 됩니다. 그리고 오인하게 되고.

**우병국** 객관적인 어떤 그런 역사평가를 계속 해야 되는데.

**유연산** 예, 그리고 이 고구려나 발해 문제는 저는 한국에서는 뭔가
하면 꼭 국가관으로 봐야 된다고 봐요. 민족적인 사관으로 보
지 말라.

**우병국** 국가관으로 봐야 한다고요?

**유연산** 예, 국가관으로 봐야 된다고. 왜냐면 고구려나 발해나 다 다
민족 국가입니다. 다민족 국가예요. 그게 한민족 혼자의 나라
가 아니잖아요? 그게 통치 집단에 한민족이 더 많았다, 뭐 이
걸 겁니다. 그 아래 숱한 민족이 지금 동북 이쪽에 살아있죠.
그럼 통치민족이라 해서 그게 그러면 "내 역사다." 그러면 그
때 같이했던 그 고구려에 같이 있었던 만족이나 다른 민족들
은 고구려인이었는데, 그 사람들의 역사가 아닙니까? 역시 그
사람들 역사이기도 하단 말입니다. 그래서 제가 민족사관을
가지고 있는 사람들에게 그런 말을 했어요. "좋다, 그럼 한민
족의 역사라고 하자. 민족사관으로 가는 게 맞다 하자." 그러

면 36년 일본이 와서 통치를 했는데 일본이 한국 통치를 했는데, 그 36년 누구의 역사야? 일본의 역사예요. "이게 뭐 총독부가 했는데 이걸 납득할 수 있냐? 당신들이 받아 들이냐고?", "못 받아들인다." 그럼 가만히 있어라. 하지 말라고.

**우병국** 하하. 예.

**유연산** 그러니까 국가관으로 하면 아무런 문제도 없어요. "우리는 그 국가에 이어 왔다. 당시 우리가 통치민족이었다. 그걸 오늘까지 우리는 가지고 왔다." 이런 식으로, 국가관으로 한다면 나는 중국하고도 그런 충돌이, 역사적인 충돌이 빚어지지 않는다고 봐요.

**우병국** 예, 조금 전에 그 탈북자 얘기를 하셨는데, 물론 뭐 NGO들끼리 활동하면서 공개화하다 보니까 지금 문제들이 많이 발생했는데 앞으로도 이쪽 방향으로 활동을 하시겠습니까?

**유연산** 저는 뭐 이쪽으로 그런데 나가서 활동을 안 하고 거기 또 나가서 참가를 안 해요. 안 하고, 피치 못하게 이렇게 사정에 의해서 만났으니까 도와준 거였잖아요. 그래 갖고 그때 그분이 글 쓴 걸 가지고 출판사 와 갖고 자기 아들이 쓴 장편인데 봐 달라 해서 보니까 북한을 쓴 거다. 그래서 그 아주머니보고 "북한에서 온 거냐?", "아, 왔다"고 그래서 알았죠. 그런데 그 아주머니 여기 있을 데가 없어 가지고, 일자리가 없어서 전화를 했더라고. "선생님 나는 일자리 없어서 여기 밖에 나와 있는데 어찌 합니까?" 그래 어찌합니까? 우리 집사람이랑 어떻게 하나 얘기해서 우리 집으로 오시라고 한 거죠. 우리 집 와서 그저 밥만 끓이고 집에 청소하고 그렇게 있었어요. 그래서 한 달에 500원 월급 주고 또 우리 집에 같이 살았죠. 그런 식으로 해서 도와줬던 거지, 뭔가 단체에 참가를 안 했어요.

**우병국** 혹시 단체들도, 기타 단체가 있습니까? 여기 유사한 단체가

NGO 말고?

**유연산** 없습니다. 저는 거기에 대해서 잘 몰라요.

**우병국** 아, 예.

**유연산** 한 번은 서경석 씨가 여기 와서 뭘 했는가 하면 '북한 돕기 하루 굶기 운동' 한 번 한 적 있어요. 그때 여기 와서 식당에서 점심 먹기로 했는데, 우리 친구들하고. 그분이 "북한이 어려우니까 우리 하루 굶자. 여기 운동하자." 그랬는데 나는 반대했어요. "나는 한 끼 굶기도 안 된다. 그런데 하루 굶자는 거는 너무한다. 그러니까 못 끊겠다." 그러니까 그분이 "아 당신 왜 이렇게 나오는가." 되게 기분 나빠했어요. "이거는 하루 굶는 문제가 아니다. 중국에서는 이거를 허락 안 한다. 중국 정치에. 우리가 하루 굶어서 북한이, 그 남북통일이 된다고 하면 한다. 그러나 하루 굶어서 그렇게 해결될 문제가 아니다. 그다음에 이게 언론을 타 갖고 국제적으로 뉴스가 되는 것도 아니다. 이건. 그다음에 이런 운동을 해서 우리 조선족들이 중국 사회에서 난처한 처지에 갈 수 있다. 이런 소질이 있는 일인데, 다음에 또 우리는 그 당시 우리는 40대 중반인데 우리는 이 사회에서 중견들인데, 중견들이 나서서 다 이래 갖고 중국 사회에서 자기위치를 빼앗긴다 할 때는 이건 우리 손해다. 그래서 아니 굶겠는데 우리들 100원씩 다 내마. 굶자는 게 이게 돈 내라는 건데, 100원씩 주마. 돈 주고 우리는 아니 참가한다." 그랬더니 그때 서경석 그분이 대단히 기분이 나빴어요. 하하.

**우병국** 하하. 예. 2000년 6월 15일 날 남북정상회담 이후에 6·15공동선언을 발표했는데요, 그 이후에 이걸 실천하기 위한 운동본부가 설치되고 북측본부, 남측본부, 그다음에 해외본부가 다 만들어진 걸로 알고 있습니다. 처음에는 이 해외본부에서 미주, 일본, 유럽, 이렇게 세 개가 있다가 후에 중국이 들어가게 됐는데 아마 어떤 사연에 인해서 여기 조교 분들의 단체인.

**유연산** 예, 여기 조교단체 있죠.

**우병국** 〈재중조선인총연합회〉에서 중국대표단을 만들어서 아마 참석을 한 걸로 알고 있습니다.

**유연산** 오, 그건 좋죠. 그건 명분이 되잖아요.

**우병국** 네, 그래서 그 우리 조선족 사회, 재중 동포 사회에서는 그런 활동을 할 수 있는 그런 계기가 되는지?

**유연산** 그게 지금 중국에 법적으로 안 된단 말입니다.

**우병국** 아, 그게 민간단체임에도 불구하고.

**유연산** 예, 민간단체 그런 걸 예. 그러니까 중국에서는 외국과, 외교와 관련되는 거는.

**우병국** '섭외(涉外)'라고 그러죠.

**유연산** 예, 섭외죠. 이 활동은 민간단체에서 하지 말라고 이렇게 해. 그러니까 못하는 거예요. 그래서 도우기만 합니다. 이렇게. 한국사람 도와서 사람들이 해 주지만, 다 물밑으로 하는 거지.

**우병국** 예, 직접 나서서 할 수 없다는 말이죠?

**유연산** 예. 그런데 정부도 그런 걸 하는 걸 알죠. 알고 그걸 눈감아 주는... 이 중국 정부의 시각에서는 북한을 도와주는 게 좋아요. 중국은 그걸 좋아하죠. 이게 계속 북한이 잘못 되어가지고 밀려들어오면 그 난민을 정말 해결할 수 없어요, 그 문제를. 그런데 이걸 자꾸 도와줘서 그쪽에서 조금씩 데리고 올 때 거기서 살면 좋잖아요. 중국은 좋죠. 그런데 정책적으로, 그러니까 특히 조선족들은 이 NGO의 습관이 안 된 사람들입니다. 이게 지금 중국이라는 게 원래 조금 뭔가 하면.

**우병국** 그렇죠. 중국은 민간단체들이 활동하기 힘들죠.

**유연산** 예. 힘들죠. 그러니까 안 되는 거예요. 그런 문제는 있어요. 지금 그 서경석 그분이 특히 중국 조선족하고 러시아 코리아

인하고 이쪽을 위해서 많은 일을 했어요. 그리고 중국에서 한국 가서 일하고 있는 불법체류자들도 많이 도와주고. 그래서 상당히 저도 고맙게 생각합니다. 그런 지도자, 일종의 지도자인데 이런 지도자들은 그 모든 언행을 정말 주의해야 돼요.

**우병국**　신중하게?

**유연산**　예, 신중하게 해야 돼요. 왜 그런가하면 서경석의 한마디 말은, 무슨 말이냐 하면, 중국에서는 어떻게 알고 있는가 하면 "아 중국 조선족은 한국 가면 서경석이 찾는다, 서경석이가 도와준다." 이 사람이 이렇게 말하는 거는 그 사람의 뜻에 의해서 조선족들이 그 뜻에 따라간다는 이 위치란 말입니다. 거기다가 국적포기운동 했죠. 5,000명 조선족 중국대사관 앞에 가서 국적포기 했어요. 대단한 쇼크였죠. 그런데다가 그다음에 서경석이 NGO 탈북자 문제를 가지고 중국 대사관 가서 중화인민공화국 국기를 태웠어요. 그다음부터 한국에 나가있는 조선족을 도와주는 서경석이란 사람은 종교단체 아닙니까? 종교단체도 물론이지만 NGO단체, 여기에 대한 중국 정부의 시각이 나빠졌다. 좋을 리 없죠.

**우병국**　예, 그렇죠.

**유연산**　지도자가 나가서 국기를 태우는 데 "아, 저 새끼는 반중이다." 또 미국 앞에 나서서 일하는 데, 더구나 미국에서 탈북자 문제 2천만 달러 어쩌구 국회에서 이럴 때 나가서 미국에 도움 받아서 하는 걸로 비쳐졌으니까 중국 쪽에서는 완전히. 그래가지고 문제가 NGO라 하면... 중국에서는 예전에는 NGO는 신경 안 쓴다고 했어요. "아 이 사람들이 NGO하고 좋은 일 하는 사람들이다." 처음에는 자선 사업하는 사람처럼 봤어요. 그다음 후에는 NGO가 장사도 좀 했잖아요? 탈북자를 이용해서 장사도 해 먹었단 말이에요. 그러니까 "아, 이사람 돈 번다." 생각했죠. 이게 정치조직이라고 생각했단 말입니다. 그런데 이제는 정치조직으로 생각하고 이걸 정치조직뿐만 아니라 그 뒤에 정치배경이 있다고 보니까, 그것도 미국이 있다고 보니까 서경석이를 그렇게 보는 게 아니라, 서경석에게 돈을 받은 조선족, 이 사람들이 여기 와서 계속 왕래를 하고, 여기 전반 조선족에 대한 시각이 변하게 되는 것도 계기를 만들었단 말입니다. 그래서 지도자들은 정말 신중하게 해야 됩니다. 한국에서 하는 그런 정치인들이 시민운동 하는 그 식으로 해외동포문제를 처리하는 것은 바람직하지 않다.

**우병국** 예. 그렇죠. 지금까지 긴 얘기를 해 주셨는데 작가께서 보시기에 남북관계가 앞으로 어떻게 발전해 나가는 것이 바람직한지, 그 방향에 대해서 어떤 생각을 가지고 계신지 좀 말씀 해 주십시오.

**유연산** 예, 저는 거기에 대해 깊이 생각은 안 해봤지만, 첫째, 경제적인 물꼬를 틀어가지고 빨리, 제가 지난 7월에 북에 명천 이쪽을 가봤어요. 3박 4일, 청진으로 해 가지고 이쪽을 쭉 다녀왔는데, 보니까 많이 좋아졌어요. 북의 형편이 좋아졌는데, 북도 자꾸 개방하려고 하고 지금 사람들이 심리적으로 많이 변화돼 있단 말입니다. 그러니까 한국이 들어가면 백성은 거부감 없이 받아들일 때가 온 거 같아요. 이제는. 정부의 그 통치자들은 그 짓거리지만은 그 밑에 사람은, 배고픈 사람은 다 받아들이게 되어 있어요. 그러니까 나는 이유 불문하고 빨리 경제적인 지원하고 북한에다가 한국이 해외로 자꾸 나아가는 중소기업들이 있잖아요? 해외 나가야 몇 해 지나면 당해요. 당해서 정말 돌아갈 차비도 없이 돼서 지금 중국에 있는 사람이 얼마나 많아요?

**우병국** 그렇죠. 지금 중국에도 마찬가지죠.

**유연산** 예, 그걸 돌려서 북에, 북한하고 정치정상들이 만나서 "우리 같이 이렇게 하자." 그래 그걸 이쪽으로 돌리면 정말 더 싸고 더 좋아요. 그리고 북한의 자원이 다 지금 중국으로 흘러옵니다. 지금 뭔가 하면 여기 지금 화룡시가 월급도 못 내주던 곳입니다. 진짜 화룡시 정부가. 뭐 한 개의 기업이 없으니까. 그런데 3년여 간에 화룡시가 일어서요. 대단히 발전이 빠릅니다. 이게 뭔가 하면 무산철광의 그 쇳돌을 실어오는 겁니다. 뭐 아무것도 하는 게 없어요. 그건 기업이 아닙니다. 두만강 여기에 이렇게 건너오는 다리에다가 자동차로 가서 쇳돌을 실어다가 여기서 다시 포장해 가지고 거기 강철공장에 가요. 그저 그렇게 해서 하는 겁니다. 그걸로 지금 전체 화룡시가 먹고 살고 있고 그런 거예요. 화룡시가 가공해서 물류를 내서 먹고 사는 거 아닙니까? 세금 받아먹는 게. 거기에 중국의 강철공장에 가서 강철로 변해오고 또 무슨 물건으로 변해서 어마어마한 재물을 가져오는 거예요. 지금. 그런데 이게 이런 것들이 한국이 저기 뭐 외국에 가서 바다를 통해 무슨 쇳돌을 실어오는, 그래가지고 포항제철을 만들고 하지만 무산에 태백 직통을 내자면 얼마입니까? 그러니까 빨리 나는 북한에 있는. 그 궁하면 뭐 팔아먹는가 하면 재산 팔아먹잖아요? 궁하면. 거기 지하자원을 팔아먹는 거는 정말 마지막 수단이에요. 원래는.

**우병국**  그렇죠.

**유연산**  마지막 수단입니다. 그런데 이 북한이 지금 공장의 기계를 다 뜯어내서 쌀과 바꾸어 먹었죠. 중국하고. 그때 어려울 때 공장가동 다 해야 되는 게 철로다 다 팔아 먹었으니까, 이제는 철을 팔아먹었으니 더 팔게 없잖아요. 이제는 철가루까지 팔고 돌가루 팔아먹고 어느 광산 이런데 외국에서 다 들어가서 개발하고. 그러니까 이거는 외국 재산이 돼 버리고. 그러니까 나는 한국에서 빨리 이 작업부터 해야 되지 않겠는가. 그래서 북한의 지하자원을 지키고 그다음에 그걸 지킴으로 해서 거기에 일자리 창출되고 그 부근에 일자리를 창출되면 그건 한국 영역이 되고, 그래서 북한을 빨리 좀 이끌어 세웠 으면... 그래서 하나의 경제능력을 세우는 데 주도했으면 좋 겠어요.

**우병국** 예예.

**유연산** 그리고 정치는, 북한정치는 떠들고 있는 겁니다. 저게. 지금 북한이 아무리 떠들어봐야 미국에서 누구 호응하는 게 어디 있습니까? 지금 북한 같은 나라는 북한밖에 없잖아요. 하하. 그러니까 거기에 대해서 신경을 쓰지 말았으면 좋겠다 이거 예요. 신경 쓰지 말고, "어떻게 얘기해라." 그것까지 얘기를 안 하면 할 게 없어요. 그 사람은. 하하. 그렇잖아요. 그때는 이쪽에서 그걸 다 받아주면서 조금. 그래서 하나는 한국은 이 미 친척으로 말하면 돈 있는, 형제 중에 돈 있는 사람이고 형 제 돈 있으면 돈 없는 놈들이 욕하게 생겼어요. 그러니까 그 욕을 먹으면서 그건 당연히 먹고 돈을 퍼줘야 된다는 거죠. 하하. 그래서 그쪽으로 갔으면 좋겠다...

**우병국** 예. 하하. 긴 시간 정말 감사합니다.

**유연산** 아니에요. 도움이 됐는지 몰라요.

**우병국** 하하. 예.

# 10. 정신철

중국사회과학원
민족학－인류학연구소 연구원

# 10. 정신철

면담일자: 2007년 3월 17일 토요일
장    소: 중국 북경[北京直轄市]
면 담 자: 우병국
구 술 자: 정신철 중국사회과학원
민족학-인류학연구소 연구원

**우병국**  예, 우선 교수님께서 중국에서 정착해서 사시게 된 배경과 그동안 여기서 어떤 활동을 주로 하셨는지에 대해서 좀 간단하게 말씀해 주시면 감사하겠습니다.

**정신철**  음, 저희 가족으로 놓고 볼 때는 저희 아버님이 오셨어요. 1941년도? 그러니까 광복 전에 오셨는데, 후에 인제 여기서 자리 잡고 결혼한 다음에 생활하시다가 광복 전에는 돌아가자고 했어요. 근데 인제 일본이 망하면서 길이 막혔어요. 못 가고 그저 중국에 남게 됐는데 아버님이 제일 그 뭐야, 돌아가시기 전까지도 한탄하는 게 뭔가 하면 맏이로서 맏이노릇을 못했다 이겁니다. 저의 아버님 고향은 경북 의성이고.

**우병국**  아, 의성이십니까?

**정신철**  예, 의성입니다. 맏이노릇을 못했다는 게 정말 한으로 돌아가셨는데 사실은 아버님이 한 몇 년만 늦게 돌아가셨어도 또 그니까 의성 고향의 아저씨. 뭐야, 삼촌들이랑도 만나 뵐 수 있는데, 아버님이 91년도에 돌아가셨어요. 그러니까 92년도에 수교되고 93년? 93년도에 저희 형님 둘이 고향에 돌아갔었어요. 그러니까 저희 가족은 중국의 뭐 연변지역이든가 연안지역 근처에 그렇게 오래 되지 않았지요. 사실 중국에서 살면서 조선족으로서 중국 정부의 정책이라든가 지금도 많이 중국 오는 분들은 아시겠지만 중국 조선족도 한민족으로서 크게 불편이 없었다고 봐야지요. 그렇지만 이거 또 조선족으로서 남북에 대한 그런 견해, 생각, 그리고 통일, 그런 데에는 아마 조금만 공부했다는 사람들은 그 생각을 하지 않을 수가 없잖 아요? 다 하지. 옛날에 중국 개혁개방 전에는 모든 것이 단절 되었으니까 그때는 인제 조선과는 그래도 왕래가 있고 그렇 지만 중국과는 거의 단절되었고. 그렇지만 단절됐지만 라디 오 같은 거 있잖아요? 라디오. 단절되었어도 방송 같은 거는 많이 갖다 듣고 했어요. 그때 그러니까 KBS라든가 화요일 날 의 재미나는, 그거 보고 뭐라고 하는가. 흘러가는 옛 노래 같 은 거. 그거는 예, 단속이 심하더라도 집에서 듣고 그랬어요. 그리고 개혁개방 후에 이렇게 서로 연계를 다지면서 '아, 이 게 정말 남북이 더욱 통일됐으면 중국 조선족들한테도 더욱 좋지 않는가.' 하고 많은 사람들이 가질 겁니다. 그런데 지금 개혁개방 이후에 많은 큰 변화라는 게 뭐냐면 중국 조선족으 로서 남북통일, 대화, 교류에 어떤 역할을 할 수 있느냐. 그것 을 학계에서 생각을 많이 했지요. 그래서 저도 제일 감명 깊 게 한 89년, 90년도던가? 〈연변대학〉에서 주최한 한국과 국제 포럼세미나에 갔었을 적에, 그때 인제 남북학자들이 모였잖 아요. 근데 그건 딱 수교 전이라서 한국의 학자들은 힘들게 오셨는데, 북의 학자들을 초청해오고. 그런데 거기서 이런 만 남, 장소가 얼마나 중요한지 느낀 게 뭐냐 하면 그때 우리가 해외 측에서 8월 15일 노인절이 있어요. 해외 측에서 대표들 이 다 참여하게 됐는데 그때 저기서 한국에서 온 학자들이 나 와서 노래하고 그다음에 이제 북에서 온 학자들이 노래하는 데 인제는 마지막에는 남북학자들이 노래하는, 그러니까 그 때 노래하는 게 뭐야, '나의 살던 고향' 이런 거. 그런 거 참

멋지게. '아, 우리가 사실은 참 직접적으로 남북통일에 기여를 못하더라도 간접적으로 남북이 서로 교류하는데 일정 정도는 조선족이 큰 역할을 할 수 있지 않겠는가.' 그래 생각을 하면서 후에도 저가 그쪽으로 잘 많이 봤습니다. 보니까 확실히 중국 조선족이 남북교류 역할을 하는데 할 수 있다는 확신을 가지고 〈연변대학교〉 같은 데서는 학술세미나의 형식으로 남북학자들이 모여서 할 수 있는 그런 계기를 많이 마련해줬고 그 후에 인제 그런 세미나도 처음에는 연변, 심지어는 북경에까지 하고 그렇게 볼 때에도 조선족들이 남북 서로의 교류와 앞으로 나아가서는 통일에 기여할 수 있다 생각하게 되었어요. 그리고 실질적인 뭐 그...

**우병국** 그래서 그런 생각들을 많이 하시는데 그래서 학계에 계시기 때문에 주로 학술단체들이라든지 이런 걸 통해 가지고 그런 활동을 갖다가 많이 하신 걸로 알고 있습니다. 그래서 지금 참여하시고 있는 어떤 그런 주요한 단체들이라든지 그 단체들의 활동 상황에 대해서 잠시 좀 얘기해주시면 감사하겠습니다.

**정신철** 사실 뭐 예. 중국에서 실제로 단일 민족의 모임? 그런 걸 어렵고 해서 제가 실질적으로 참여하지는 않고 거기 조선족 발전문제 가지고 〈중앙민족대학〉의 황유복 교수, 지금 한 십 몇 차례 포럼? 세미나를 그걸 저가 거의 다 참여하고, 지금도 하고. 그런 게 있고. 제가 지금 국내에서 저의 전공은 민족문제 연구니까 주로 인제 어떤 한민족의 그게 아니고 제한된 게 아니고 좀 포괄적인 연구를 하기 때문에 저의 지금 소속은 〈중국민족연구학회〉라는 게 있어요. 학회의 그 한국에서 말하면 사무국, 비서사무국 그런 식으로 하고 있는데 그거는 사실 조선족과는 크게 관계가 없고요. 그 작년에 제가 한 가지 일을 한 게 사실 중한수교 이후 중국 조선족과 한국과의 관계에서 중국사회에서 조선족에 대한 견해가 이전보다 달라지는 데 입각해서 작년에 그런 세미나를 제가 기획했어요. '한중교류에서의 조선족의 역할' 작년 8월에 하얼빈에서 세미나를 했는데 그건 잘 됐는데 사실 거기에서도 조선족의 중한교류에서의 역할하고 남북통일의 어떤 역할하고 그런 내용이 들어 있었어요. 그런데 사실 뭐 저도 통일연구와 다른 실질적인 그런 거는 적고요. 그 후의 모임 같은 거는 뭐 지금 북경에도 조선족의 계층에 따라서는 모임들이 좀 있어요. 그런 거에는 주요하게 뭐 민족 내부의 단합, 서로 문화의 동질성을 보전하기 위한 그런 활동을 하고 이게 정말 남북의 위한 그런 거를 거의 언급하지 않았다고 봐야지요.

**우병국** 그래서 이제 통일에 관련돼 가지고 교수님이 생각하시는 어떤 이상적인 방식 혹은 주장하고 싶으시는 그런 것이 있으면 좀 말씀해 주십시오. 예를 들어서 뭐 조금 전에도 말씀드렸지만 과거와 현재 남북한의 그런 그 통일정책에 있어서의 장단점을 비교한다든지 말씀해 주십시오.

**정신철** 사실 수교 이후에 한국의 학자들이 중국에 많이 오게 됐잖아요? 그때는 인제 92년, 93년이니까 한국 학자들 접촉도 있고 했는데 그때 그분들이 와서는 이야기하는 게 통일문제를 많이 다루잖아요. 그분들이 이야기 하는 게 하여튼 뭐 남북통일이 빨리 될 것 같이 이야기를 많이 해요. 저는 그때 이야기를 하는 게 '저 보기에는 그렇지 않습니다. 실질적인 통일보다도 직접 그런 교류가 더 필요하다. 이 통일이라는 것은 형식에 불과하지만 정말 서로 교류하고 유지 관계를 가질 때는 통일하는 게 자연스럽게 그렇게 되는 것이니까 통일을 당장 되는 것처럼 그래 생각을 하는 건 이르지 않는가.' 그렇게 이야기 했는데요. 사실 보면 그렇잖아요?

**우병국** 그렇습니다.

**정신철**　그니까 독일의 통일도 그렇지, 거기에도 물론 사전에 준비도 많았지만 통일 후에 얼마나 큰 그 뭐랄까 그...

**우병국**　부작용이요?

**정신철**　예, 부작용이든 부담이 큰, 그 경제적 발전도 중요하지만 사림이 그게 민족이 몇 십 년 갈라졌으니까 이질성이 아주 강하잖아요. 이질성을 어떻게 인제 극복하고 동질성을 회복하는 이런 작업이라고 하면 단시간에 되는 게 아니잖아요. 특별히 의식, 사상적인 그런 데에서는 실질적인 한계에 뭐 집 짓는 것을 짓는다고 되는 것은 아니잖아요. 그때부터 저는 계속 이렇게 생각했어요. 저는 통일에 급급하지 말고 예. 그래서 통일을 위한 일, 일이라는 것은 접촉을...

**우병국**　교류를요.

**정신철**　예, 교류를 많이 하도록 이 교류하는 데 확실히 그렇잖아요. 중국 조선족이 중간에서 역할을 많이 했지요.

**우병국**　그렇습니다.

**정신철**　예. 한국의 학자들도 직접 북의 학자들을 못 만나고 이 학자들도 못 만나는데... 그래도 중국이 일단은 조선족들이 중간에서 이렇게 해서 서로 만나게 하고 지금은 이전보다 많이 좋아졌지요. 금강산으로 해서도 그렇고 뭐. 그래서 통일은 사실 뭐 남북, 하나의 국가차원에서 양국 간의 관계도 관계지만 지역, 국제정치 테두리에서 못 벗어나잖아요. 사실, 뭐 한국이 정말 통일하고 싶고 뭐 통일한다 해서 하는 게 아니잖아요. 그리고 북에서 그렇게 하는 것도 아니잖아요. 지금은 사실은 이 조선반도라는, 한반도라는 것은 미국, 중국. 이 두 개의 그런 그...

**우병국**　예, 양대 강국.

**정신철**　예, 그 가운데서 그 뭐야 중간에.

**우병국**　끼어서요.

**정신철**   예, 끼어서 참 힘들지요. 예, 힘든데 인제 우리가 방향은 통일방향은 그거는 누구도 부인할 수도 없고 또 해야 되고 그런데 이제 통일하는 데 어떤 형식을 할 것이냐. 뭐 북에서도 3대 원칙을 제창하고 한국에서도 구상을 하지만 사실 아직까지 저는 그렇게 생각합니다. 체제가 다르고 의식이 다른 이런 상황 하에서 어느 한쪽에서 한쪽을 그걸 하자는 건 안 되잖아요. 한쪽의 의사가 참 절대적으로 차지해서는 그럴 가능성이 없을 것 같아요. 여기서도 인제는 어떻게 하면 국제정치에서 미국, 중국, 이런 걸 잘 역할을 뭐야, 대국의 심리를 잘 파악하고 거기에 조금 맞게 통일의 길을 서서히 나가는데 저 보기에는 무엇보다 아직도 서로 교류를 많이 해야 한다. 물론 이것은 한국에서는 많이 하자고 하고, 또 많이 하고 있는데 북에서 대응 안 하면 안 되잖아요?

**우병국**   그렇습니다.

**정신철**   그런데 북에서 어떻게 대응하도록 할 것인가, 여기서도 물론 한국의 노력도 있겠지만 중국에서도 우리 많이 참여해서... 사실은 중국 조선족들이 할 수 있는 게 뭐냐 하면 한국의 실질적인 상황을 북한 주민들한테 알려주는 그런 거는 할 수 있잖아요. 그리고 또 사실은 우리가 실제 하지 않았던 또 하고 있는 것도 있어요. 예를 들 거는 우리가 청진, 평양 관광을 가잖아요? 거기 가면 우리 데리고 해설을 하잖아요? 안내를 하는데, 중국 조선족들이 가지고 가는 게 뭔가 하면 어쩔 때는 한국산 스타킹 같은 거 그런 거 여성들 줍니다. 그래서 처음에는 이 사람들은 받으려고 하지 않고 또 한국 물품이라고 무조건 배척하고 그런 게 있어도 후에는 다 받고. 어떻게 처리할지는 우리는 물어보지도 않고 그렇지만 어쨌든 받는 겁니다. 그리고 한국과 이거는 통일이 되고 어떤 거는 가서 그 사람들이 우리에 비하면 곤란하니까 몰래 중국 돈으로 줍니다. 그 사람들은 받죠. 받는데, 이것도 사실은 이제 중국 조선족을 통해서 북한 주민들이 세계를 아는 게 아닌가.

**우병국** 외부에 의해서. 예, 맞습니다.

**정신철** 예, 아는 게 아닙니까? 그 관광가이드도 재미납니다. 사실은 관광가이드를 얘기하면은 젊은 아이들, 말도 잘합니다. 그러니까 북한이 접촉하기 전에는 북한의 사상이 너무 그래서 아마 말하지 않고... 그러나 실제로 이야기를 하다보면 잘합니다. 하고 또 우리가 할 수 있는 거는 우리가 할 수 있는 대로. 중국 연락처 같은 거, 중국 같은 데 보면 명함이 많이 보급 됐잖아요. 그때가 우리가 2001년에 갔을 적에는 북한의 가이드는 명함도 없고 아무 것도 없어요. 그래 '아 왜, 명함을 안 만드나. 그러면 내가 만들어줄게.' 그리고 연길에 와서 만들어서 다음 관광객들 통해 보내주고 사실은 그런 것들을 서로 교류를 함으로써 "아, 바깥세상이 확실히 많이 변했구나." 하고 이런 것들을 자기들이 느끼고, 이런 것이 많이 서로 교류하는 데 많은 도움이 되지 않겠는가 생각합니다.

**우병국** 예. 그래서 금방도 말씀하셨지만 그 중간의 중계 역할로써, 또 북한이 외부 세계를 알아서 점점 개방으로 나가는 데 있어서 우리 중국 동포들이 굉장히 큰 역할을 해 오셨고 앞으로도 하실 거잖습니까? 그래서 말씀하시는 도중에 제가 들어보니까 이 통일문제에 관련해 가지고 이념적으로 어떤 뚜렷한 입장은 없으신 것 같습니다. 그래서 그냥 통일이라는 어떤 그런 목표를 가지고 양측이 양보할 건 양보하면서 점진적으로 나가야 한다고 말씀하시는데..

**정신철** 예예. 사실은 뭐 지금 딱 어떻게 해야 한다는 것, 그것도 사실은 세울 수는 있지만 크게 필요는 있을 것 같지는 않아요. 물론 일정한 목표를 설정한 다음에 그 목표를 달성하기 위해서 노력하는 거는 필요하겠지만.

**우병국**  예, 그래서 이렇게 그런 노력을 하시는 데 있어 가지고 그 북한이나 남한의 당국들에 있어서의 지지라든지 혹은 뭐 방해를 그런 걸 받으신 적은 있으십니까?

**정신철**  뭐 지금까지 보편적으로 소수 민간적인 차원에서 일을 많이 하니까 "정말 너 그렇게 하는 건 안 된다." 그런 건 거의 없다고 봐야지요.

**우병국**  예. 그래서 지금 중국에서 거주를 하고 계시는데 중국에서 한국의 어떤 그런 통일운동에 대해서 중국 정부, 그리고 또 중국 사회에서 여론이라든지 그런 반응은 어떤지 여쭤보고 싶습니다.

**정신철**  예. 뭐 민간인들은 사실 뭐 통일에 관심 있겠습니까? 그렇지만 중국 국가 차원에서는 물론 봐줬으면 하지요. 그런데 학계에서 흐름을 보면요, 중국이 남북한 통일을 꼭 바라는가 혹은 어느 정도까지 했으면 하는 그런 뚜렷한 목적은 목표는 없지만 사실은 쫙 흐름을 보면 현상유지가 제일 좋을 것 같다는 그런 이야기가 많이 돕니다. 사실 특별히 학계에서. 또 사실 그럴 수 있잖아요. 이 남북한이 정말 통일이 된다면 이 중국과 그러니까 인제 통일된 한반도가 어느 쪽으로 쏠리는가에 따라서...

**우병국**  민감하죠.

**정신철**  그래. 아주 문제가 될 것 같지 않아요? 그러니까 가령 중국과 좋으면 아무 문제는 없는데 딱 중국과 좋을 수도 그럴 이유도 문제가 있잖아요. 국제관계에서는 그 미국과 일본과의 관계처리를 어떻게 할 것이냐. 물론 지금도 한국 같은 경우에는 점차적으로 미국의 영향을 조금 벗어나려고 하는 그런 게 있지만, 사실 지금 정황 하에서는 미국을 떠날 수가 없잖아요?

**우병국**  그렇죠.

**정신철**  사실 통일된 다음에도 물론 이거는 6 · 15공동성명 후에도 인제 그런 말이 있잖아요. 주한미군에 대한 심지어 김정일도 그렇게 말하는데 사실은 우리가 보기에도 중국 관계가 어떻게 처리함에 따라서 주한미군이 계속 있는가, 없는가의 처리가 그게 큰 아주 중요하다고 봐요. 중국과의 가령 좀 못 할 때는 이게 꼭 있어야 되고 중국과 좋을 때는 하하. 그러니까 어떻게 보면요. 물론 통일도 통일이지만 중국 조선족들이 우리 한국에서 그렇게 말하나? 과계의 민족, 과계민족.

**우병국** 그거는 후에 이제 동북학자 분들이 논문 기고를 하면서 저희도 과계민족이라는 새로운 신조어가 나온 걸로 알고 있습니다.

**정신철** 예, 사실 그게 중국에는 이런 민족들이 한 30개 되는데 조선족이 다른 데보다 조금 유리한 게 있잖아요. 밖에 두 개의 자기의 독립국가가 있다는 게. 그러니까 이게 중국에서의 조선족도 남북한 정치에 따라서 중국 조선족의 영향도 밀접한 관계가 있다고 봐야 돼요.

**우병국** 네, 맞습니다. 그래서 중국 정부나 사회, 사회나 뭐 여론이 거의 없다고 말씀하셨는데, 우리 그 동포 사회 내에서는 상당한 논의들도 있고 또 얘기들도 있을 거라고 생각하는데요. 입장과 관련해서 중국에서 거주하시면서 그런데 대한 조심성이 조금 있을 것 같습니다.

**정신철** 음, 생각은 '아, 빨리 통일해서 더욱 강대해졌으면 좋겠다.'는 건 아마 거의 다 이렇게 생각할 겁니다. 그런데 또 실제로 그렇게 하기 위해서 우리가 어떻게 할 수 있느냐. 이것도 물론 생각은 하겠지만 실질적인 행동은 좀 못 따라가지요. 그리고 이거는 이야기를 하면 옛날에 저희가 설문지 조사를 한 게 있는데 그거는 주로 중국 조선족의 귀속문제를 가지고 한 건데 거기에 저희가 중국 조선족 귀속이 어디냐. 중국, 한국, 조선, 그리고 통일된 조선반도. 이거였는데 재미난 건 통일된 조선반도, 여기에 몇이 있더라고요.

**우병국** 아, 예.

**정신철** 거기에 거의 중국으로 하고, 그런 거 보면 아직도 통일된 조선반도, 이게 민족으로서 당연한 거 아닙니까? 이게 생각하는 거 그게 강대해지면 우리 또 더. 사실 지금 한중교류가 깊이 되면서 중국조선족의 위상도 많이 올라갔다면 올라갔고, 상승됐다고 할 수 있고 전체 사회로 볼 때 문제도 있고.

**우병국** 예. 제가 교수님 글을 보면서 그런 것을 많이 느꼈는데요. 그래서 중국에서 사시면서 국외에 두 개의 모국이 있는데, 한반도의 어떤 정치상황이라든지 아니면 어떤 기타 상황들 중에 상당히 기억에 남고 동포 사회에 영향을 미친 일들도 많이 있을 걸로 생각합니다. 그래서 뭐, 예를 들어서 88올림픽이라든지, 또 한국의 정치적 민주화 과정이라든지 그다음에 경제발전, 또 북한 같은 경우는 김일성 사망 이후에 김 위원장이 권력을 승계하는 과정이라든지, 또 최근에 있었던 2000년 6월 15일에 남북정상회담. 이러한 등등의 일들을 항상 관심을 갖고 보시는 걸로 생각합니다. 그 중에서 가장 인상 깊게 느끼시는 일이 있으시다면 어떤 일이 있으십니까?

**정신철** 이제 좀 거슬러 올라가면 88올림픽이 참 중국 조선족들 내에서는 인상이 아주 깊었죠. "한국, 우리 모국이 올림픽까지 진행할 수 있는 능력이 됐구나." 그거는 다 정말 감격스러운 마음을 갖고 있는 거예요. 그리고 이제 한중수교, 사실 조선과 중국과의 관계에는 나쁘든 좋든 특별히 두만강 연안의 조선족들은 계속 관계를 했으니까 그건 뭐 크게 깊이 뭐 어떻게 자극을 줬다는 거는 없고요. 이제 한국과의 관계에서는 올림픽, 그리고 이제 아주 감격스러운 것은 정상회담, 이거는 많은 사람들이 사실은 기대했고 더 많은 사람들은 정상회담 후에 남북관계가 더 깊게 밀접하게 됐으면 하는 바람을 가진 것이 아마 가장 큰 인상이라고 봐야지요. 그다음에 뭐 보통 한국의 민주화에 대해서는 보통 조선족들이 그렇게 관심을 갖지 않아요. 뭐 연구하는 사람, 연구자들만 관심을 가지고... 북에 대해서는 제일 뭔가 하면 안타까워요. 안타까워. 빨리 특별히 주민들의 생계 문제를 해결하였으면 하는 그런 안타까움. 그것이 제일. 거기에 제 설문지가 있습니다. 거기 뭔가 하면 '한국하면 (무엇이) 제일 떠오르는가?' 먼저 88올림픽, 그리고 경제발전, 이게 다 앞에 있고 그러니까 숫자적으로 많이 있고 북하면 경제곤란, 빨리 개혁개방이 되었으면 그런. 하하.

**우병국** 예. 제가 다시 글을 찾아보겠습니다. 그래서 지금 뭐 조금 최근에는 호전됐습니다만, 북한이 핵실험을 하고 핵개발을 함으로써 굉장히 제재를 받아왔었는데 그 사실이 남북통일에 어떤 영향을 미친다고 보십니까?

**정신철** 예, 그 사실 뭐 중국에서 볼 때는 뭐 남북통일에 뭐 어떻게 큰 영향을 준다는 그런 생각을 가진 사람들이 뭐 연구자들은 잘 모르겠습니다. 그렇게 생각을 많이 하지는 않는 것 같아요. 예. 남북통일에 대해서 북핵문제가 뭐. 그런데 인제 간접적으로 뭐냐면 중국조선족들은 중국에 살면서 어떨 때는 조금 난처한 그런 걸 느낄 때도 있어요. 가령 한국과 중국 간의 관계에서 마찰이 생길 때, 그리고 조선과 중국과 또 무슨 문제가 있을 때. 우리 중국 조선족은 그렇지 않았으면 좋겠다는 것도 있지만 또 하나는 이 중국 사람들이 그렇게 한국을 욕하고 조선을 좀 욕하고 할 때는 우리 마음이 안 좋잖아요.

**우병국** 아아. 그렇죠. 예.

**정신철** 그래서 우리 마음속으로는 '아니야. 이런 원칙적인 문제 아닌 것 가지고는 얘기하지 말고 편안하게 했으면 더 좋지 않냐.' 특별히 그때 동계올림픽 그 뭐냐? 꺼내 놓은 것. 후에 저도 들은 건데 지금 사이트를 보면 그게 중국 사람들의 정서가 그러니까 반한정서라고 할까? 그런 게 있는데 우리 생각은 '그렇지 않았으면 좋겠는데...' 그런데 북핵문제를 가지고 남북한의 통일에 그런 건 많은 것 같지 않아요.

**우병국** 예. 그래서 우리 동포 사회에는 이렇게 상당히 심정적으로는 한반도의 통일에 대해서 굉장히 지지를 하시고, 또 원하시고 실질적인 어떤 개별 활동을 통해서 이런 중계역할을 계속해 오시고 있는데, 중국에서 통일문제와 관련해서 또 〈재중조총련〉이라는 단체가 있습니다. 조교로 구성된. 그분들이 제가 조사한 바로는 현재 중국에 약 7,000명이 살고 있다고 들었습니다. 그런데 아까 말씀하신 그 2000년 6·15정상회담이 있고 난 뒤에 공동선언을 발표했는데, 그것을 실천하기 위해 남측본부, 해외본부, 그다음에 북측본부 이렇게 해 가지고 구성된 과정에서 제가 알기로는 조교를 중심으로 중국을 대표해서 뭐랄까 대표단을 구성한 것을 알고 있습니다.

**정신철** 음, 거기에 대해서는 저는 잘 모르는데, 그러니까 뭐 구성되어서 서로 연락이 있어요?

**우병국** 예, 모여서 대회를 열기도 하고 있습니다.

**정신철** 아, 그거는 잘 모르는데 조교가 있다는 것은 그것은 동북3성이 다 알고, 그리고 조교도요, 지금 보니까 좀 재미난 게 뭐냐면 1세와 2세가 많이 다르더라고요. 저번에 〈연변대학〉 박사과정을 한 2세, 조교 2세가 있는데, 그를 보니까 거기는 이제 거의 중국 조선족과 같더라고요. 근데 사실 뭐 국가의 어떤 내부의 무슨 일을 하는 건 잘 모르고. 그리고 또 하나는 저의 대학 후배 하나도 조교인데 지금 중국 조선족으로 중국 국적을 바꿨다고 하더라고요. 사실 조교가 그 통일, 이런 데 참여보다도 많은 사람들이 이제 말하는 게 이 조교들이 북을 위해 어떤 일을 하고 있다는 그런 인상을 주는 거지요.

**우병국** 예예. 그래서 저도 깜짝 놀랐습니다. 중국 동포 사회가 190만입니까?

**정신철** 예.

**우병국** 190만 정도 되는 인원이 있는데 그걸 제쳐놓고 중국 대표로 조교의 대표단이 한국에도 가고 북에도 가고 이러는 걸 보고서 저는 깜짝 놀랐습니다.

**정신철** 그건 저도 처음 듣는데, 사실 그걸 중국 대표라고 할 수 없죠.

**우병국** 그렇습니다. 대표라고 할 수는 없는데, 지금 한국도 가고 또 모임이 있을 때마다...

**정신철** 그런데 그걸 거기서 자칭으로 대표라고 한다고요?

**우병국** 그럼요. 예예.

**정신철** 그건 엉터리지.

**우병국** 하하하.

**정신철** 그게 이제 조금 미묘한 게, 중국에는 자체의 그런 게 될 수가 없잖아요. 요즘에도 보세요. 그러니까 세계한상모임 같은 거, 중국에 이제는 이전보다 좋아졌지만 이런 국제적인 모임 이런 중국 조선족이 단체 한 개의 팀으로 참여하는 게 좋은 게 아니라 중국 정부에서도 그런 거는 조금.

**우병국** 신경을 많이 쓰고 예. 그렇습니다. 그래서 우리 중국 동포 사회에서 그와 같은 어떤 그런 조직이라든지 그다음에 조직을 만들어서 활동에 참여할 수 있는 그런 여건이 아직 마련되지 않았다는 그런 말씀이지요?

**정신철** 예, 그렇지요. 사실 제가 가장 하고 싶은 게 중국 조선족 그러니까 학술 연구팀, 연구단체라도 하나. 내가 지금 현재 중국 조선족 사회가 이렇게 많이 변화되고 진통을 겪을 때 민족 그러니까 지식분자, 지성인들이 모여서 대책을 강구하고 토론하고 그런 장을 마련하고 그런 것도 중요한데 사실 힘들어요.

**우병국** 예, 참 고민이 많으시겠습니다. 그 다음으로 이제 여쭤보고

싶은 게 앞으로 남북관계가 바람직한 발전방향을 잡아야 한
다면 어떤 방향으로 잡아야 될지 그 부분에 대해서는...

**정신철**  우리 마음 같아서는 빨리 역시 통일이 되는 게 중요한데,
남북 각자가, 사실 한국도 그래요. 후에 와서는 이제 정상회
담 이후에는 통일을 그렇게 막 될 것 같이 "통일을 이루자!"
이건 뭐 원래보다 좀 가라앉은 것 같은데요.

**우병국**  예.

**정신철**  사실 그게 저는 중요하다고 봐요. 시간적 여유를 가지고 통
일을 이루고 저기인데 이 통일을 하기 위해서는 사실 한국에
서는 이제 한국 경제력도 좀 그렇고 하고 한데 지금 한국의
문제를 보니까요. 정부와 민간, 이게 갈라져서 일을 하고 그
런 감을... 사실은 이게 어떤 때는 물론 정부가 나서서 좋지
않거나 혹은 정부가 압력을 받아서 하지 못할 때 민간이 나서
서 하는 거는 좋다고 저는 그렇게 봐요. 어쨌든 북에 대한 원
조도 그렇고 북에 대한 교류를 좀 힘을 합쳐서, 너무 그 각
기... 단체도 보니까 종교 단체도 종교 단체 내에서 또 여기저
기에 스스로 그거 하고, 학계에서도 각자 그거 하고. 그런 건
참... 사실 돈은 돈대로 쓰고 역할은 돈 쓴 역할보다 썩 못하
는 그런, 그러니까 우리가 이제는 일을 추구할 때는 그 작은
돈으로.

**우병국**  힘을 모아서 효과 있게?

**정신철**  더 큰 일을 할 수 있는 그런 걸 생각해야 하는데 사실 한국
을 보면 우리 한국에서 북에 대한 지원이 너무 분산적이에요.
그니까 가능하면 조금 더 힘을 좀 합쳐서 정말 북에 힘이 되
는, 뭐 하나를 해도 아주 영향력이 크고 그 생각을 해 보세요.
그 한 개의 단체에서 몇 천 불, 몇 만 불 해도 혹은 뭐 그게
그렇게 해도 북의 2천만 3천만 되는 인구에 그게 뭐 큰 그게
있겠습니까? 사실 이 일은 저는 뭐야 북에 대한 지원도 그렇

거니와 한국 정부에서 중국 조선족에 대한 지원에 그렇게 했으면 좋을 것 같아요. 지금 보면 한국에서 장학금을 많이 조성해서 중국 조선족에게 지원하는데요, 그것도 보면 다 제각기 하는 거예요. 그러니 물론 한국이 이게 민주국가고 자유, 그런 건 있는데 요걸 힘을 합쳐서 정말 중국의 조선족에게.

**우병국** 규모 있게요.

**정신철** 예. 규모 있게 하고 혹은 중국 조선족의 훌륭한 아이들, 젊은 아이들을 정말 키우는 그런 방향으로 장기적으로, 정말 장기적으로... 하다못해 장학금을 모아서 "저 젊은 친구 전도가 있다." 하면 아예 돈을 내서 한국에 유학시키든가 미국에 심지어 미국에 유학을 시켜서 좀 크게, 크게 키우면 중국 조선족 혹은 한국에 나쁜 게 없잖아요. 그런 식으로 좀 했으면 저거 하하하.

**우병국** 하하 예, 정말 좋으신 말씀입니다. 마지막으로 여쭤보고 싶은 게 생각하시기에 한반도가 언제쯤 통일될 걸로 보십니까? 물론 어려운 질문입니다만.

**정신철** 어, 저는 이렇게 봐요. 음, 지금 이런 흐름을 볼 때 특히 북이 조금 많이 변화가 되어야 하잖아요. 북이 변화가 될 때에는, 북이 가령 저 핵도 핵이지만 핵은 저는 있어도 나쁘다고 보지는 않는데, 한 개의 반도에서 핵이 있는 건 나쁘다고 보지는 않는데, 이걸 가지고 너무 세계, 기타 국가에 그런 위협을 하지 않는 그런 방향으로 나아가고 그런데서 북이 제일 중요한 것은 개혁개방을 해서 경제발전, 사실 북은 개혁개방만 하면 빠르잖아요?

**우병국** 빠르죠. 예. 인재들도 많고.

**정신철** 소질, 문화소질, 중국에 비할 수 있습니까? 안 되죠. 그렇게 해 물론 여기에는 북의 당국들이 자기의 통치유지에 문제가 된다고 하지만은 어쨌든 저는 그렇게 생각해요. 북이 우리 생각대로 경제개혁을 서서히 해서 나가고 나가면 이제는 아마 가능하게 이전 상태로는 돌아갈 가능성은 없다고 봐요. 그러면 이렇게 천천히 한다고 해도 저 보기에는 5년, 10년 내에 좀 변화가 그니까 눈에 띄는 변화가 있지 않겠냐. 그때에는 이제는 우리가 통일을 바라보고 이제 더 가깝게 봐야죠. 그러면 이제 5년, 10년 후에 눈에 띄게 발전하고 되게 했을 때는 그때 다시 10년, 15년. 이때는 이제는 조금 남북이 정말 통일, 거의 통일에 가까워지지 않겠는가하는 생각이 들어요. 그러니까 지금 한 20년, 30년? 그래 되나?

**우병국** 그렇죠. 대략 그렇게 되죠.

**정신철** 예. 한 20년 좌우.

**우병국** 긴 시간 동안 말씀 참 감사하고요. 저기 앞으로 물론 그러시겠지만 학계에서도 또 학술단체 모임에서도 그전에 하셨던 것처럼 지속적으로 이렇게 통일문제에 관심을 많이 가져 주셨으면 감사하겠습니다. 물론 상황이 굉장히 곤란한 그런 면도 없지 않습니다만, 어차피 문제의식을 가지고 앞으로 나가야 될 것 같습니다.

**정신철** 예, 그래서 저는 그렇게 봅니다. 중국 조선족들이 북의 주민들한테 좀 더 가깝게, 좀 더 세상물정을 알려주는 그런 작업을 좀 많이 했으면 좋겠고, 거기에는 이제 지금 물론 단동이나 그런 데서는 물론 무역 경제 쪽으로 많이 바라보고 하는데 거기 앞으로 많은 영향을 줄 겁니다. 국가무역이나 교류에는 아직 중국 조선족들이 많이 하고 있으니까. 예, 뭐 도움이 되겠는지 모르겠지만 뭐. 하하.

**우병국** 하하. 예. 도움이 많이 됐습니다.

# 11. 최응구

북경대 조선문화연구소 명예소장,
국제고려학회 상임고문

# 11. 최응구

면담일자: 2008년 4월 21일 월요일
장    소: 중국 북경[北京直轄市]
면 담 자: 우병국
구 술 자: 최응구 북경대 조선문화연구소 명예소장,
          국제고려학회 상임고문

**우병국** 최 교수님 중국에서 이렇게 정착해서 사시게 된 배경에 대
해서 그리고 그간의 주요 경력에 대해서 간략하게 소개해 주
시면 감사하겠습니다.

**최응구** 저는 충북 최씨입니다. 할아버지 때에는 벌써 평안남도 개
천군으로 이주를 해서 살다가 한일합방이 되서 쪽박 차고 북
한으로 들어왔을 때, 그때 내가 따라 들어와서 그때 우리 할
아버지가 우리 아버지, 어머니를 모시고 중국 화룡 거기 먼저
정착을 했다가 용정으로 왔어요. 저는 아홉째입니다. 모두 열
을 낳았는데.

**우병국** 아, 형제분이 많으시네요.

**최응구** 여섯이 죽었어요. 그래서 자식들 공부시키겠다고 용정으로
내려왔어요. 저는 용정 태생입니다. 1937년 7월 23일 용정 태
생이에요. 제 경력을 말씀드리면 간단합니다. 〈용정소학교〉
로부터 시작해서 〈연변대학〉. 전부 연변에서 공부했어요. 그
래서 61년도에 〈연변대학〉을 졸업하고 북한에 〈조선김일성종
합대학〉 연구생, 대학원생으로 가서 문체론이라는 것을 김시
경 선생이 만들어 쓰셨습니다.

**우병국** 문체론이요?

**최응구** 예. 한국의 박갑수 교수가 한 것. 아, 네 그리고 64년도에
돌아와서 〈북경대학〉 취직할 때까지.

**우병국** 동방론?

**최응구** 네. 동방론 하고 조선어과. 여기에서 한 40년, 한 40년... 가
까이 일했습니다.

**우병국** 지금 중국 공민으로 살아오셨는데 비록 공개적으로 어떤 단
체에 결성해서 활동하시거나 또 공개적인 의견표명은 곤란하
셨겠지만 한반도 통일에 대한 관심이랄까 그런 것과, 그다음
에 직접적이거나 간접적인 어떤 활동이 있으셨는지요?

**최응구** 저는 직접적으로 했어요. 내가 1961년 대학 시절에 중국 공
산당에 가입을 했습니다. 그때에 대학생들 가운데에서 당원
이 되는 것은 아주 힘든 일이었어요. 진짜 저는 공산주의를
믿었고 그걸 위해서 일생을 싸우겠다. 그렇게 생각을 했었어
요. 그러다가 61년도 대학원 가서 우리한테도 이렇게 많은 소
질이 있구나. 아, 우리한테도 이런 문화가 있구나. 그때는 마
음, 그런 생각을 하면 안 됩니다. 그런데 어쩔 수 없는 것 같
아요. 그런 생각이 들었죠. 제가 민족 자긍심, 민족에 대한 생
각을 한 건 61년도 평양에 가서예요.

**우병국** 연구생으로 유학을 가서요?

**최응구** 그때 김정일 위원장하고도 친분이 있었어요. 그때 그 친구
는 60년도 경제학부에 입학을 했습니다. 그 친구한테서 많은
걸 배웠어요. 우리가 만났을 때 아주 허물없는 사람이에요.
아주 소탈하고. 2호 기숙사. 그때 유학생 기숙사가 2호 기숙
사입니다. 61호실에 있었는데 제가 61년도 가서 며칠 안 돼서
찾아왔어요. 제가 대사관을 통해서 김일성 주석의 자제분이
공부한다는 걸 알고 있었어요. 그래서 보니까, 지금은 아버지
하고 틀리지만, 그때는 아주 비슷했어요. 그래서 대충 알았습
니다. 중국에서 동포가 공부하러 왔다고, 그래서 찾아왔다고.

아주 허물없이. 그래서 제가 "왜 경제를 배우느냐?" 그렇게 물었어요. 아버님이라고 하는 법이 없습니다, 항상 수령님. 수령님께서 나보고 "소련의 정치경제학이 나를 돕지 못하니까 네가 가서 경제를 잘 연구해라" 그래서 공부를 한다고. 그런 거 같은 것은 그때 저 같은 사람한테는 너무 너무 이상한 얘기. 소련의 모든 것이 옳고, 모든 것이 따라가야 할 본보기인데 그런 말 같은 것은 저로서는 큰 충격이었습니다. 그런 일이 많아요. 그다음에 하나는 제가 83년도에 일본 동경외국어대학에 객원교수로 나갔습니다. 1년 동안. 그게 또 큰 계기가 됐죠. 81년도, 83년도 동경에 갔을 때 주요하게 느낀 점은 두 가지입니다. 하나는 당 망하는구나! 입니다. 하하하. 우리가 중국에서 진짜 속아 살았다. 이런 느낌이 많았지요. 그러니까 중국에서는 그때 진짜 자본주의 나라에서 기아선상에서 굶어 죽어가는 우리 피압박 동포들을 구하는 것이 순간 이 사회에서 모두 평등하게 다 잘사는 세상을 만드는 것인데 뭐 구체적으로 얘기하라면 몇 시간도 얘기할 수 있어요. 그러니까 내가 첫 번 월급을 쥐고 백화점으로 갔어요. 그래서 백화점에서 그때 46만 엔인가? 83년도 46만 엔이라면 대단합니다.

**우병국** 네. 큰돈이죠.

**최응구** 전기제품을 다 사고도 돈이 남아요. 근데 저는 〈북경대학〉에서 그때 83년도면 벌써 20년 교수로 있었는데 9인치짜리 흑백TV 하나 사는데 다른 교수 돈을 모아서 샀어요. 모자라니까. 그래서 83년도가 저한테는 그런 계기가 되었어요. 그래서 하나고. 그리고 다른 하나는 거기들 동포들 하고 많이 어울렸습니다. 민단, 청년 상관없이. 그래서 느끼는 거가 지금부터라도 우리 민족을 위해서 내 조국을 위해서 일을 하자. 그때 나이 적지 않습니다. 하하하. 그래서 그때부터 바깥세상의 자기 민족과 조국에 눈을 뜨기 시작한 거예요. 그래서 83년도에 처음으로 동경에서 '학자학습토론회'를 했습니다. 동경외대에 있는 간도히로이 일본교수하고 손을 잡고 그래서 한국에서 이숙명 박사를 비롯해서 안병국, 뭐 석학들 8명이나 오셨어요. 그리고 중국에서도 5명이 나갔습니다. 우리 국학자들이 그리고 평양에서는 못 오고. 동경에 있는 〈조선대학〉의 교수들 대거 참여하고. 그게 아마 남북의 학자들, 물론 평양서 직접 공부는 안했지만 한 자리에 모시니까 저로서도 기분이 좋았습니다. 이숙영 박사는 저보고 "평양서 공부할 때 누구한테서 배웠소?" 그러니까 "김숙영 선생한테 배웠소." 하니까 "그렇게 훌륭한 분한테서 배웠는가, 내 옆으로 와, 김숙영 같이 훌륭한 분이 월북을 했기 때문에 남에서 나 같은 사람도 떠들고 다닌다." 그렇게 말씀을 하면서 그래서 보람을 느꼈다고 할까, 재미를 느꼈다고 할까. 그래서 아, 할 수 있는 일이 있다! 그때 한국에서 국방연구소를 세우려고 했어요. 그래서 저한테 한국으로 오지 않겠느냐 하는 것도 있었습니다. 그런데 저로서는 생각을 해 봤어요. 집도 좋은 집 주겠다, 월급도 일본에서 받는 것보다 더 많이 주겠다. 그런데 갈 수가 없었어요. 하나는 그때는 냉전의 시기이니까. 내가 가난한 농민의 자식이. 상당히 없었으면 오늘이 없었을 거고, 그리고 내가 북한에 가서 유학을 안 했으면 오늘이 없었을 거고. 내가 한국에 가서 국방연구소라는 것을 해 가지고 그리고 북한에 대한 이야기를 할 수가 없어요. 그래서 아니다, 한국으로 가는 게 내 길이 아니다. 그래서 저는 다시 돌아왔습니다, 84년도에. 다시 돌아오니까 처음에는 '아이, 이런 데서 내가 살았나.' 그런 생각도 나요. 하하하. 몇 년 지나니까 또 살만도 하고. 자기가 수십 년 살던 곳이니까 서서히 적응해서 86년도에 〈북경대학〉에서 처음으로 '언어문학국제학술프로그램'도 했습니다. 저로서는 2번째입니다. 그래서 북한에서도 오고 미

국, 캐나다에서도 오고, 일본에서도 오고 7개 나라인가? 왔어
요. 중국에서만 그래서 88년도에 두 번째. 86년, 88년, 90년에.
86년, 88년에 〈북경대학〉에서 하니까 한국에서 못 온 거에요.
그래서 한국 분들이 올 수 있는 데에서 하자. 그래서 90년도
에 일본에서 했어요. 그때 제 생각에 상설화를 해야 되겠다.
그래서 〈국제고려학회〉에다 만들자. 그래서 중국인으로 내
와 가지고 90년도에 오사카에 〈국제고려학회〉를 내가 설립했
어요. 여기에 학자가 중심이 되자. 남북이 중심이 되자. 싸우
기만 한다. 저는 88년도에 북한에 갔다가 싸우고 다시 밖으로
돌아왔어요. 서로 뭔가 하니까. 한국하면 우리 대한민국이 주
체지. 조선학하면 우리 공화국이 주체이지. 어쩔 수가 없었어
요. 남하고 북의 생각이 똑같았습니다. 제가 보기에는 너무
답답했어요. 이 사람들이 하는 데에 맡겼다가는 아무 일도 안
되겠다. 그래서 우리가 신고하자. 그리고 오겠으면 오고 말겠
으면 말고, 그래서 때가 되면 우리 뜻을 알아서 올 거다. 그래
서 계속했어요. 그래서 90년도 학회 만들어가지고 90년도부
터 남북의 학자들 모시고 91년, 94년 계속하고 그다음에 분과
별로도 많이 하고. 지금은 학회가 제대로 굴러가고 있어요.
그 뒤에는 제 생각이 그렇습니다. 지금은 이때까지는 해외 학
자들 중심으로 했어요. 남북이 반목을 하는 상황에서 남북에
맡기면 아무 일도 안 된다. 그래서 우리가 하자. 지금은 한국
의 이번에 정방 교수라고 그 교수가 회장이 될 겁니다. '한국
이 중심이 되어서, 남북이 중심이 돼서 할 시기가 서서히 오
고 있는 것 같으니까 그쪽으로 넘기자.' 그런 생각하고 있어요.
수십 차례 했습니다.

**우병국** 상당히 많이 기여를 하신 것 같습니다.

**최응구** 그러니까 지금 여러 군데에서 많은 분들이 함께. 저는 뒤에
서서 수고를 하면서 아, 보람을 느낍니다. 힘들게 시작했던

거가 내가 바라던 대로 가고 있구나 하는 생각을 하면... 여러 번 그만두려고 했어요. 한국의 일부 매스컴이 저를 때린 적도 한두 번이 아니죠. 북에서는 저를 믿지 않은 때도 많지요. 그만두려고 한 적도 한두 번이 아닙니다. 그런데 남북의 분들, 특히 고루한 학자들이 서로 부둥켜안고 눈물을 흘리는 걸 보면 '아니다, 계속하자, 계속 해야 되겠다.' 생각이 나서 집어치우지 못하고 계속하고, 계속하고 그랬습니다. 90년대 중반부터 저는 생각이 조금 달라졌어요. 남북의 힘만으로 이룰 수 없겠다. 그게 하나고. 그다음에 두 번째, 학자들의 힘으로는 너무 약하다. 그래서 고민을 하면서 주변국들 EU, 유럽연합이 저한테 큰 영감을 줬어요. 그분들이 앞서 나가고 있는데, 우리 동북아시아도 그렇게 됐으면 좋겠다. 그러자면 일본, 중국, 러시아, 몽고, 남북한 여섯 개 나라하고 지역, 거기다가 미국, 세계를 리드하고 있는 힘을 합해야 한다. 진짜 네 속에 내가 있고 내 속에 지금 네가 있는 유럽 같은 나라. 저는 유럽에 가서 제일 그 사람들이 부러웠던 게 두 가지입니다. 하나는 돈입니다, 유로. 그거 가지고 어디든 가서 쓸 수 있고, 그다음에 하나는 자동차 그쪽입니다. EU 번호판 달고 어느 나라, 열 몇 개 나라 어디든 마음대로 통과할 수 있고. 그래서 동북아시아도 그렇게 됐으면 좋겠다. EU 같은 동북아시아. 그걸 위해서 지금도 학술토론회의 하고 그런 거는 후에 회장들, 초대 회장은 제가 했습니다만, 후대 회장들도 다 잘하고 있고 남북관계도 풀려가고 있고. 미국, 일본, 러시아, 중국 4대국 포럼을 또 시작을 했어요. 구상은 그냥, 지금 90년대 중반부터 하다가 돈이 없어서 못했습니다. 그러다가 돈을 구해 가지고 해남도, 중국 해남도에서 1차 회의를 했어요. 그때 미국의 멤버들이 아주 셉니다.

**우병국** 재미 동포들 말씀이십니까?

**최응구**　아니오.

**우병국**　아니고 완전히 미국 사람이요?

**최응구**　애마 함대 사령관 태평양 함대 사령관 하던 스텍 폴 장군, 멕그레이드 대사, 스칼라피노 교수, 카나미스키 그런 친구들. 일본에서는 오코노기 교수, 이즈미 교수. 러시아에서도 〈사회과학원〉 동북아 전문하는 분들. 외무성에 있던 분들. 중국에서는 〈국제관계연구소〉, 〈현대국제관계 연구소〉. 〈중앙당학교〉 경제학부 이런 곳에서. 우리 1차 회의에 해당됩니다. 2차 회의는 2001년 7월 하와이에서. 3차 회의는 2004년 일본 시즈오카에서. 러시아에서는 못하고. 러시아 사람들은 돈이 없어서 못하겠다고 그래서 우리가 미국이나 다른 나라에서 돈을 얻어서 당신들한테 줄 테니까 하자고 하니까 자존심이 상해서 못하겠다고.

**우병국**　〈고려학회〉에서 다 지원을 해주셨습니까?

**최응구**　아니오. 자, 그냥. 그냥 4대국 포럼이 생겼습니다. 2000년부터. 실은 저하고 미국의 북한 담당관으로 있던 키노네스 씨하고 일본의 이즈미 교수하고 셋이서 한 겁니다. 그래서 4차 회의는 또 중국 심양에서 재작년 9월 달 '9·19합의' 나온 이틀 후 9월 21일. 하하하. 뜻은 역시 동북아시아 평화안정하고 발전. 4차 회의는 한국, 북한에서도. 6자회담이 포럼이 되었습니다. 하하하

**우병국**　다 참여하셔 가지고?

**최응구**　문 닫아놓고, 주요한 내용은 때마다 다릅니다. 예를 들어서 2000년도 같은 때에는 해남도 문제. 미국 공군기의 해남도... 해남도 문제를 중심으로 중미관계를 다루었어요. 2001년 하와이 회의에서는 부시 대통령의 등장과 정관 분마다 조금씩 다른 내용들. 당시는 그 문제에 대한 각국의 정부의 입장, 그 다음에 차이점, 다 했지요. 이런 것들을 토론하고. 그래 가지

고 매스컴하고는 차단하고 자기 정부에 대해서만 책임지고, 민간 포럼입니다. 그것까지 하고 나니까 계속 지금 국제관계, 국제정치 하는 분들이 절 찾아옵니다. 미국에서도, 미국에서 제일 많이 찾아와요. 지난해까지. 미국, 일본, 한국 분들은 찾아올 때는 확 찾아오다가 안 오고 그러는데 제일 꾸준히 찾아오는 건 미국하고 일본이에요. 그리고 제가 관심이 있는 나라도 미국하고 일본이고. 그 외로는 스웨덴하고 불란서, 대만. 심심찮게 찾아와서 동북아시아 문제, 중미 관계, 북미 관계, 그리고 이제는 북일 관계 대체로 그런 것들. 지금까지도 계속 들어오죠.

**우병국** 주로 학술 교류를 통해서 활동을 쭉 해오셨네요, 보니까. 교수님께서는 통일과 관련해서 이념적으로 어떻게 자신의 뚜렷한 입장이나 견해 같은 것이 있으신지요?

**최응구** 저는 83년까지는 공산주의자였습니다. 83년부터는 민족주의자로, 뭐라고 해야 하나? 전향을 했다고 그러나? 그런데 90년대 중반부터는 제 나름대로 저는 저를 지역주의자로. 민족주의에서 또 전향을 했어요. 그래서 제가 바라는 세상은 한 민족만 잘 되는 세상이 아닙니다. 그리고 한 민족의 힘만으로 동북아시아가 잘 될 수도 없고, 한 민족의 힘만으로 한 민족이 잘 살 수도 없어요, 이 세상은. 그렇기 때문에 저는 90년대 중반부터 저를 지역주의자라고 그러고 있어요. 그런데 민족주의, 민족을 위해서 일할 때도 괴로움이 많았고, 고민이 많았고, 그리고 오해도 많았고, 그렇습니다. 지역주의 하면서는 더합니다. 그래서 저는 '나는 죽으면서 묻히면 한이 없는 사람이다.' 그렇게 생각합니다.

**우병국** 아이고. 하하.

**최응구** 민족을 위해서 한 것도 아니니까 한국에서도 나를 믿어줄 리가 없고, 북한에서도 안 믿어줄 거고. 또 중국에서는 이 사람은 우리 중국에 살지만 민족주의 하는 사람이라고 해서 좋아할 리가 없고. 그러니까 섭섭한 마음도 많습니다. 하하하.

**우병국** 예. 학술적인 면에서 남북의 교류에 그렇게 많이 기여를 하셨는데, 그 기여만으로도 상당히 많은 활동을 하신 것 아닙니까.

**최응구** 지금 잘 해 간다고 생각해요. 그러니까 제가 아까 식사할 때도 말씀 올렸지만 저는 시작을 했습니다. 제가 그리고 70년대 말, 78년도 그때 〈고려대학〉을 도와서 『중한대사전』을 감수를 해줬어요. 그것도 중국하고 한국의 문화교류가 처음입니다. 남북의 교류, 중국하고 한국의 교류, 동북아시아 6개 나라의 교류 이런 것들을 시작은 했어요. 그러나 저로서도 느껴지는 것은 이게 큰 조류가 돼야, 큰 흐름이 돼야 역사를 바꾼다. 그거는 두 가지가 구비되어야 한다고 생각해요. 하나는 민중의식. 민중이 그걸 받아줘야지. 민중의식이 돼야 되는 거고. 두 번째는 그걸 끌고 갈 수 있는 민족의 영수(領袖)가 있어야 한다.

**우병국** 리더가 있어야 한다?

**최응구** 네. 리더가 있어야죠. 김대중 대통령 그때부터 시작을 해서 지금 잘 돼가고 있고 한국 국민의식도 많이 바뀌었고 북한도 지금 많이 바뀌었습니다. 83년도 제가 할 때는 미국하고 북한보다도 관계가 더 나쁜 것이 남북이었습니다. 그런 상황이 오늘 같은 상황으로 변화되리라고는 그때는 감히 생각을 못했어요. 그래서 옳거니, 그리고 그때 나는 할 수밖에 없다. 그래서 했을 뿐입니다. 근데 지금 잘 돼가고 있으니까.

**우병국** 통일과 관련해서 교수님께서는 어떤 방식의 통일을 주장하시는지요?

**최응구** 저는 통일은 천천히 됐으면 합니다. 급히 해서 뭐 좋은 점보다 나쁜 점이 더 많죠. 독일 사례도 그렇고. 독일 사례는 경제적인 부담을 많이 생각을 하는데, 저는 그것보다 남북의 민족사회의 이질화, 그게 더 큰 문제라고 생각해요. 그러니까 북을 극복하자면 몇 십 년은 잘 견뎌야 된다. 이질화 된, 그러니까 사람들의 생각이 달라진, 가치관이 틀린 상황에서 통일이 빨리 이루어지는 것 역시 민족의 불행입니다. 전략적인 통일은 서서히, 그 대신 교류는 활발한, 그래서 동북아시아가 하나로 되면 좋지 않습니까? 일본에서 차 타고 해저터널을 통해서 부산 통해서 서울, 개성, 평양, 신의주 통해서 중국으로 올 수도 있고 청진, 원산 그쪽으로 해서 러시아로 갈 수도 있고. 그다음에 연변, 연길, 장춘, 만주를 통해서 러시아로 갈 수 있고. 그런 시기가 오리라고 저는 믿습니다.

**우병국**　아주 원대한 구상이십니다.

**최응구**　다른 길이 없잖아요. 다른 길이 없어요. 그걸 위해서는 남북이 영세 중립통일을 해야 합니다. 다른 길이 없어요.

**우병국**　중립화를 주장하시는 겁니까??

**최응구**　그 길만이 남북이 살 길입니다.

**우병국**　그 간에 남북이 정책을 써온 것 가운데 중립화가 없었습니다.

**최응구**　앞으로 그런 얘기들이 나오겠지요.

**우병국**　과거에 남한이든 북한이든 실행했던 정책들, 또 내세웠던 주장들은 각각 어떤 장단점이 있었다고 보시는지요.

**최응구**　우선 두 켠 다 틀린 게 힘의 대결입니다. 우선 그걸 버려야지요. 그다음에 두 번째로는 자기중심입니다. 그것도 버려야 될 것입니다. 지금 한국이 우세하다고 해서 한국 중심으로는 역시 불행한 통일밖에 없습니다. 그러니까 자기중심 그걸 버려야 됩니다. 세 번째로는 민족중심을 버려야 됩니다. 너무 좁은 우리 민족만의 통일, 민족만의 행복, 민족만의 번영 그런 시대는 지나갔습니다.

**우병국**  협소한 민족주의를 지양해야 한다는 말씀이십니까?

**최응구**  그러니까 이것이 미국과 같습니다. 미국의 주인이 어느 민족이에요? 어느 나라 민족이에요.

**우병국**  뭐 거의 백인들이 요새...

**최응구**  지도층의 문제죠. 백인들도 그 수십 개 나라, 유럽 어떻습니까? 그러니까 그런 정도로는 해야겠지요. 세 가지를 버려야 빨리 좋은 세상이 올 것 아니에요? 민족의 순수성, 일정한 정도까지는 좋습니다. 그러나 미래 지향적으로 볼 때는 제한성이 많은 거죠.

**우병국**  그동안 활동을 하시면서 남측이든 북측이든 당국에서 선생님께 남북교류나 기타 사항으로 해서 어떤 지지라든지 격려를 했던 적은 있습니까?

**최응구**  지지, 격려보다 방해를 많이 받았었죠. 대체로 남북이 똑같습니다. 방해를 많이 했습니다. 남에서는 제가 북에 가서 공부를 했기 때문에, 김정일 위원장 아는 사이이고, 북한 빨갱이 이렇게. 신문에도 그렇게 무슨 뭐 사건이 일어나면 저하고 연결시켜서 신문에다 터뜨리기도 하고.

**우병국**  전혀 관계가 없는 데도 불구하고 말입니까?

**최응구**  꿈 같은 얘기예요. 많이 저를 의심하고 방해하고. 90년도 일본에서 학회 할 때 안기부에서 교수들한테 편지글이 많이 왔습니다. 참가하면 해가 올 줄 알아라. 그런 것도 있고. 북도 마찬가지예요. 88년도에 제가 중국에서 교육위원회 우리 학자대표단 단장으로 몇 명 모시고 북에 갔는데, 〈사회과학원〉 제1부원장이 김철수라고 날 불러가지고 "이번에 국제적인 학회를 만들겠는데 최 교수 좀 지지해라." 그래서 "지지하겠다."고 했어요. 그러면서 "우리도 지금 〈국제고려학회〉라는 것을 만들기로 했는데 서로 돕자." 그러니까 "조선학국제학술 쪽인데 어떻게 당신들이 중심이 될 수 있느냐?" 이런 식으로 얘기하는 거예요. 그러면서 "당신들 그거 집어치워라. 그 대신 우리하고 손잡아서 우리가 하라는 것을 잘하자." 그래서 "그럴 수는 없다." 그러니까, 저도 항상 연회 할 때도 제일 앞자리에 앉는데, 그 회의 끝난 다음에 저를 제일 말석에, 운전기사들 식사하는 데 같이했어요. 그래서 저는 회의가 끝나기 전에 돌아와 버렸어요. 중국에서 대표단 데리고 갔다가 발표단원들 놔두고 먼저 돌아온 건 저밖에 없다고. 안 하겠으면 말아라, 그랬죠. 그 회의가 88년 5월 달에 있었는데, 저희들 2차 회의가 8월이에요. 돌아와서 실무하는 선생들 모여 갖고 이번에 북한에서는 안 올테니까 우리끼리 하자. 남이든 북이든 안 오겠으면 말고. 남은 우리가 초청할 수 없는 거고. 우리끼리 하자. 하하하하, 그런 일들이 많습니다. 지지와 도움을 받아본 적은 기억에 없어요. 지금까지. 그런 점에서는 특히 한국에 대해서는 대단히 섭섭합니다. 그냥 좁은 나라 사람들이구나. 그런 느낌이 많아요. 나 같은 사람도 포용을 못하는 사람들이 북한 사람을 포용하겠다고? 그냥 그렇게 생각하는 때가 가끔 있어요. 이런 의식으로 뭐 통일을 하려고 하느냐? 좀 우스울 때가 있지요.

**우병국** 남북한에 관해서 말씀하셨는데, 그럼 중국에서 한반도 통일과 관련한 이러한 활동에 관련해서 중국의 정부와 사회 내의 어떤 태도, 분위기, 여론은 어떻습니까?

**최응구** 중국에서 저는 가끔 좌담회 같은 걸 같이합니다, 국제관계 하는 분들과. 글쎄요. 정부 생각하고 학자들 생각이 가끔씩 틀립니다. 지금 학자들 생각이 다양해지고 있어요. 정부의 생각은 이데올로기로 구분하던 시대는 지나갔습니다. 이제는 국가이익입니다. 북한도 마찬가지이고, 중국도 마찬가지이고. 그런데 국가이익을 어떻게 보느냐에 따라 틀립니다. 반전이 첫 번째냐, 그러지 않으면 비핵화가 우선이냐, 이런 것도 가끔씩 의견들이 달라요.

**우병국** 그럼 현재 중국의 한반도에 대한 정책에 대해서는 어떻게 보십니까? 잘하고 있다고 보십니까?

**최응구** 중국도 고민이 있을 겁니다. 잘 모르겠지만. 동북아시아 안정, 그러니까 주변국과의 안정된 관계, 이게 중국으로서는 제일 큰 문제이지요. 대만 문제도 대만 문제이지만, 그런데 비핵화라는 문제가 또 있지요. 북한의 비핵화, 북한의 핵무장화가 중국으로서도 역시 또 치명적입니다. 그래도 이게 어느 정도로 되느냐, 이것도 문제입니다. 저는 2단계까지는 북한이 잘 나갈 겁니다. 어려울 것 없어요. 영변에 다섯 개, 세 시설하고 두 개 건설 중인 공장, 다섯 개 시설, 그 친구들이 버리기로 결심을 했습니다. 제가 보기에는 2단계까지 미국이 종전선언을 한다든지. 그다음에 북한이 바라는 것은 두 가지. 하나는 경제제제, 하나는 테러지원국 해제. 그런데 실은 하나예요. 그리고 지원국 해제를 하면 거기에 따라서 여섯 가지 제재가 풀립니다. 그 중에 하나가 경제제재예요. 북한으로서는 핵 프로그램하고 테러지원국 명단 삭제 그것만 바꾸면 큰 비전이 있습니다. 거기까지는 잘 가리라 생각하는데 마지막 국교정상화 거기가 힘들 것 같습니다. 그것은 북한이 핵무기를 완전히 포기해야 합니다. 그것은 지켜봐야 할 것 같습니다.

**우병국** 현재 중국의 우리 동포 사회에서 한반도 문제와 관련해서 공식적이든 비공식적이든 활동하고 있는 단체가 있습니까?

**최응구** 없어요. 못합니다. 저처럼 국제적인 것은 할 수 있습니다.

**우병국** 자체적으로 할 수 없고요?

**최응구** 예. 못합니다.

**우병국** 중국도 지속적으로 개방이 가속화되면 사회단체에 대한 제한이 많이 풀릴 거라고...

**최응구** 중국도 정치체제 개혁이 따라야 합니다. 그런데 그것도 성급하게 할 것 같지 않고, 시간이 걸릴 겁니다.

**우병국** 지금까지 이렇게 쭉 활동해 오시면서 가장 보람 있었던 일과 가장 어렵게 생각했던 일이 있으시면 어떤 것이 있으셨는지요?

**최응구** 보람으로 생각하는 것은 잘 돼가고 있는 것.

**우병국** 현재 상황이?

**최응구** 예를 들어서 남북이 자리를 같이하는 국제학술토론회 같은 것. 이제는 시골학교에서도 하고 안 하는 데가 없잖아요. 그래 '제가 첫 시작을 한 거가 꽃이 피는구나.' 그런 느낌을 느낄 때. 한국 국민의식이 많이 달라지고 있다, 아이고, 그만큼 했으면 됐다. 그럴 때 제일 보람을 느낍니다. 역사의 흐름으로 되어가고 있다... 이것 이상의 기쁨이 없습니다. 그리고 제일 기분 나쁜 것은 남이나 북이나 믿지 않는 것.

**우병국** 아. 그건 뭐 남북이 서로 불신하니까.

**최응구** 그래서 남북의 대결이 내 목에 비친 거다. 저는 그렇게 생각을 합니다. 그렇게 생각을 했어요. 그래 남북이 풀리니까 저 찾아오는 사람이 없어졌어요. 저 욕하는 사람도 없어지고. 편합니다. 그래서.

**우병국** 한반도 통일뿐만 아니라 한민족의 통합, 또 아시아의 어떤... 금방 말씀하신 동북아의 일체화, 그런 걸 위해서 중국 정부와 사회가 어떤 점에서 좀 더 변해야 한다고 생각하십니까.

**최응구** 중국도 세대교체가 돼야지요. 중국도 민족주의를 버려야 될 겁니다.

**우병국** 중국에선 민족주의를 많이 함양하고 있는데...

**최응구** 있겠죠. 많이 남아 있지요.

**우병국** 금방 드린 질문과 관련해서 우리 재중 동포 사회가 갖고 있는 문제점과 개선해야 할 부분은 어떤 것들이라고 보십니까.

**최응구** 아이고. 동포 사회 문제점은 너무 많습니다. 그러니까 그런 건 연변 분들에게 들으면 잘 아실 거예요. 저는 관심이 남북, 동북아시아에 집중되어 있습니다.

**우병국** 예. 제가 연변에서도 많은 분들의 말씀을 들었는데, 아무래도 베이징에 계시니까 조금 더 다른 각도에서 그런 문제점을 보실 수 있을 것 같아서 여쭤어 봤습니다.

**최응구** 연변이 살아나는 길은 압록강, 두만강이 풀리는 거예요. 이전에 연변이 앞섰습니다. 서구 문명이 일본을 통해서 한반도를 통해서 연변으로 먼저 들어왔기 때문에 그때는 연변이 중국의 심천 같은 데. 그런데 지금은 막치기가 되었죠, 막혀버렸어요, 시멘트같이. 그러니까 연변이 살아나는 길은 북한이 좀 더 자신을 가지고 개혁개방을 해서 다시 그 길이 뚫려야 합니다.

**우병국** 지금까지 쭉 활동해 오시면서 어떤 특별하게 영향을 받은 사건이라든지 또 가장 기억에 남는 사건 같은 것들은 어떤 것들이 있으십니까?

**최응구** 제가 얘기했던 것처럼 61년도 평양 갔을 때, 83년도 일본에 갔을 때.

**우병국** 시각에 많은 변화가 있으셨습니까?

**최응구** 그래요. 저는 일본을 좋아합니다. 왜? 저는 예를 들어서 어느 민족이나 어느 나라나 친일파, 그래서 자기민족 이익과 조국의 이익을 팔면서 외세에 붙는 것은 반대합니다. 그러나 친일을 해야지. 자기 민족도 좋고 자기 조국에도 좋고 그러면서도 일본으로부터 배울 것 얼마나 많습니까. 한국에서 일본에서 배운 게 얼마나 많은데. 그건 선생 아니에요? 그걸 왜 인정을 안 하려고 하는지 너무 너무 답답합니다. 왜 일본사람도 좋은 사람들 많은데.

**우병국** 아무래도 역사적인 문제 때문에 그런 것 같습니다.

**최응구**  너무 좁지요.

**우병국**  조금 전에도 말씀하셨는데 북한의 핵실험, 작년에 했지요. 그리고 핵무기 개발이 남북통일을 떠나서 동북아 정세에 어떤 영향을 미친다고 보고 계십니까?

**최응구**  북한을 볼 때 그렇게 보면 됩니다. 김정일 위원장은 미국하고 게임을 하는 거예요. 그러니까 북한의 입장에서는 미국이 주요 상대입니다. 북한한테, 북한으로서는 두 가지 문제가 제일 큰 문제입니다. 하나는 안보문제, 하나는 발전문제. 이 두 가지를 풀자면 다른 누구하고 해도 안 됩니다. 중국하고 해도 안 되고, 러시아하고도 안 되고, 일본하고도 안 되고, 한국하고도 안 됩니다.

**우병국**  오로지 미국?

**최응구**  오로지 미국이에요. 그 친구들이 수십 년 자기들 진짜 뼈에 사무치는 경험이 그것입니다. 한국하고 풀려고도 했지요. 일본하고도 풀려고도 했습니다. 안 됩니다. 미국하고 장기를 둔다고 보면 돼요. 부시가 '9·19협의'를 달성한 다음에 '방코델타' 문제가... 그것을 북의 친구들은 제 추측입니다만, "부시가 북한에 대한 새로운 도발을 하고 있다. 새롭게 부시가 우리를 죽이려고 한다. 부시가 선수를 썼다." 그렇게 볼 거예요. 반격을 할 준비를 했을 거예요. 거기에 이어진 것이 미사일 발사하고 핵실험입니다. 미사일, 핵실험이 한 번으로 끝나리라고 저는 생각을 안 했어요. 준비를 했을 겁니다. 다른 길이 없으니까. 그래서 미사일 발사도 몇 번 하려고 했을 거고, 핵실험도 몇 번하려고 했을 거예요. 그러니까 핵 게임에서는 부시가 졌다. 저는 이렇게 생각을 합니다. 그러니까 북으로서는 좋은 기회요. 그러나 잘못하면 마지막 기회가 될 수도 있어요. 이것을 북의 친구들이 귀중히 여겨야지요. 클린턴 시대처럼 다시 되면 다시는 기회가 없습니다.

**우병국** 이러한 국제관계로 돌아가서, 국제관계 흐름에 있어서 중국의 한반도 정책이 통일에 어떤 영향을 미치고 있다고 보십니까?

**최응구** 북이 망하... 그러니까 북이 붕괴되자면, 북으로서는 제일 겁을 내는 게 두 가지일 거예요. 하나는 남이 대량으로 침투하는 것.

**우병국** 네. 어떤 경제적인 이런 것들로?

**최응구** 경제, 문화, 정치 이런 왕래. 이게 지금은 괜찮습니다만 급격하게 들어오는 경우에는 북한의 기반이 흔들립니다. 그러니까 한국으로서는 절제 있게, 북의 생존을 위협하지 않는 선에서 서서히 하는 것이 바람직하다고 생각하고. 그다음에 두 번째는 미국하고 중국이 손을 잡아서 북을 조이는 거, 그거는 무서운 일이지요. 중국으로서는 북이 지나치게 미국, 그때 중국으로서는 미국하고 관계를 나쁘게 가질 시기가 아닙니다. 아직은. 대만문제가 있는 한, 중국으로서는 미국하고 관계를 좋게 가질 수밖에 없어요. 그렇기 때문에 북한이 미국하고 손을 잡아서 중국을 지나치게 견제하거나 적대시할 가능성이 적습니다. 그런 상황에서는 중국으로서는 남북이 잘되기를 바라고. 특히 제 생각에 제일 무난한 것은 남북이 중립국으로 가는 것. 그러면 미국도 중국도 일본도 러시아도 다 좋게 대할 겁니다.

**우병국** 그것과 관련해서 이번에 남북정상회담 제2차 정상회담 때에 3자, 4자 정상회담을 열자 제안을 했고 그것 때문에 중국이 약간 의심의 조짐이 있다고 하던데요.

**최응구** 그것은 사실입니다. 북한이 미국하고 미국공작을 많이 하고 있어요. 중국이 이렇게 빨리 성장을 하는데, 중국을 견제하기 위해서도 내가 필요하다. 중국하고 미국 사이에 끼어들려고 많이 하고 있어요. 중국에서도 압니다. 기분 좋을 리가 없지요. 특히 3자하는 경우. 그런데 북에서 그렇게는 못합니다. 중국하고 지나치게는 못해요. 제 생각에는 미국하고 맞서는 것보다 더 힘들 거예요. 그 사람들 아주 정치 잘하는 사람들이에요. 국제관계는 잘하는 사람들이에요. 그 정도까지는 못합니다. 물론 지금 성이 나 있지요. 그러니까 제일 크게 성이 난 건 '중한 국교정상화' 그다음에 UN에서 중국이 미국제안 찬성, 이 두 가지는 북으로서는 두고, 두고 갚으려고 할 거예요.

**우병국**  우리 동포 사회에서 교수님께서 관련활동을 많이 하셨습니다만, 한반도의 교류나 통일과 관련해서 여러 가지 활동, 기여를 하신 분들이 계시면 좀 소개를 해 주시면 감사하겠습니다.

**최응구**  아이고, 제가 데리고 일하던 사람들 많이 고생했습니다. 생각을, 제가 한 일은 그저 생각을 했을 뿐이에요. 실제로 한 사람들은 전부 다 젊은 교수들입니다. 젊다고 해봐야 이제는 50대. 하하하.

**우병국**  예를 들면 어떤 분들이 계십니까?

**최응구**  양호진, 이선한, 조호길 많습니다. 다 그 친구들이 했지요.

**우병국**  실질적으로? 실무차원에서요?

**최응구**  네.

**우병국**  다음에 기회가 있으면 그분들도 다 한 분씩 만나 뵈면 좋겠습니다.

**최응구**  좋은 친구들입니다. 지금도 많이 활약하고 있어요.

**우병국**  활약에 있어서 아무래도 교수님께서 많은 보람을 느끼시고 계신데요. 그동안 미진했다는 점이 있다면 또 그것 갖다가 어떤 방식으로 앞으로 보완해 나갈 수 있다고 보시는지요?

**최응구**  아. 이제는 편안하게 살다 죽겠습니다.

**우병국**  교수님 자신은 그렇게 생각하시고, 앞으로 동포 사회를 놓고 보면 어떤 쪽으로 노력이 되어야 한다고 보시는지요?

**최응구**  한국, 북측에 바랄 것은 너무나 많습니다. 우선 너무 바깥세상하고 등지고 살아서 북한 국민 의식이 변하자면 시간이 많이 걸릴 겁니다.

**우병국** 그 과정에서 우리 동포 사회가 할 수 있는 역할 같은 것이 없겠습니까?

**최응구** 저도 90년대에 해마다 평양 다니면서 많이 설득을 했습니다. 북으로서는 곤란한 게 일인통치이니까, 그게 가장 힘이 듭니다. 물론 지금 국민의식이 많이 변했어요. 지금은 돈밖에 모른다 생각하면 됩니다. 2천 3백만이 다 장사를 한다. 좋은 거 아니에요? 아주 좋죠. 이런 의식들이 서서히 늘어난 그다음에, 위에 사람들은 자신감이 생겨야지요.

**우병국** 그러기 위해서는 많은 지원이 필요하겠습니다.

**최응구** 물론입니다. 특히 인재양성이 앞으로 권력이다. 저는 이렇게 생각합니다.

**우병국** 제가 여기 오기 전에 연길에 있는 〈연변과기대〉를 들렀었습니다.

**최응구** 총장?

**우병국** 총장님은 만나 뵙지 못하고 〈사회교육원〉 원장을 하시는 분을 만나보았는데, 참 뜻 깊은 일들을 하고 계십니다.

**최응구** 네. 평양에다 지금 또 하고 있지요.

**우병국** 예. 그래서 내년에 아마 개교한다는 뭐 그런 계획이라고 합니다.

**최응구** 그 총장 아주 재간 있는 친구입니다.

**우병국** 네. 김진경 총장님.

**최응구** 학교 세우기 전에 북경 와서 "어디 세우는 게 좋으냐. 북경에 세우는 게 좋으냐, 연길에 세우는 게 좋으냐." 그래서 "반드시 연길에 세워야 된다." 그렇게 권고를 해서... 아주 재간 있는 분. 고생도 많이 하고.

**우병국** 고생도 많이 하셨더라고요.

**최응구**  잡혀도 들어가고. 전 잡혀까지는 안 들어갔지요. 하하하.

**우병국**  재중 동포 사회라 하면 조선족 사회를 말하는데 다른 소그룹으로서 조교 사회가 있다는 것 알고 있습니다. 조교 사회에 대해서 어떤 이해가 있으신지요?

**최응구**  전혀 모릅니다. 아뇨.

**우병국**  전혀 모르시고? 어떻게 제가 여쭤보는 분들마다 다 전혀 모른다고 말씀하시는지?

**최응구**  진짜 어떻게 하는지 몰라요.

**우병국**  그분은 북한 국민으로 여기에서 살아가고 계시고.

**최응구**  아마 그럴 거예요.

**우병국**  전혀 교류가 없으시고요?

**최응구**  없습니다.

**우병국**  아주 독특한 존재겠습니다. 하하.

**최응구**  네.

**우병국**  예. 지금까지 많은 말씀을 해 주셨는데 총괄적으로 남북관계가 어떤 방향으로 나아가는 것이 가장 바람직한 발전 방향이라고 보시는지요?

**최응구**  한국 국민들의 국민의식이 계속 바뀌어야 합니다. 지금 많이 좋아졌어요. 국민의식이 지금 대결로부터 화합으로 이제는 대세를 이루지 않나. 그래서 저는 이제는 좀 안심하는 편입니다. 걱정이 많았는데 그냥 내버려둬도 이제는 흘러가겠다. 국민의식이 이렇게 돌아서면 대통령이 누가 돼도 상관없습니다. 잘 되게 마련입니다. 그런데 바라고 싶은 것은 정치하는 사람도 그렇지만 국민들이 좀 더 넓게 생각을 했으면 합니다. 제가 매일 한국 뉴스 보는데 너무 좁아요. 너무 눈앞의 일만 생각을 하고 눈앞의 이익만 생각하고 그런 것 같습니다. 간단하게 예를 들어서, 진짜 돈 몇 푼 주면서, 하하하 그걸 뭐 퍼주기 한다. 그걸 간단하게 비교하면 될 것 같은데, 북하고 대결로 가서 매일같이 전쟁이 일어난다고 하면 한국이 밑지지 북이 밑질 것 없어요. 경제적으로 좀 그렇습니다, 경제 잘하기 위해서라도. 한국 경제에 주는 타격. 북한의 경제는 원래 고립상태고 폐쇄되고 그다음에 제재 받고. 지금 진짜 김일성 주석이 얘기한 것처럼 '우리가 언제 제재를 안 받고 살았나? 계속 제재 받고 살은 우리인데.' 그 말이 저는 인상이 깊거든요. 그런 체제 속에서 살았습니다. 50년 동안. 그러니까 그 친구들은 잃을 것도 별로 없습니다. 그러나 한국으로는 잃을 거가 너무 많지요. 관계가 호전되니까 주식이 오르는 것 보세요. 그러니까 큰 걸 봐야 해요. 그러니까 좀 넓게 보고 멀리 보고. 이게 첫 번째. 그다음에 두 번째는 좀 여유가 있었으면 좋겠어요. 좀 부드러워졌으면 좋겠어요.

**우병국**  같은 맥락이네요?

**최응구**  정치하는 사람들 특히 정치하는 친구들도 있습니다. 아는 분들도 있고. 정일권 씨, 김종필 씨, 한완상, 이세기, 양 편에 다 있어요. 원래 우리 학회의 특별 고문에 김대중하고 북에서 월남을 한 분. 아니, 그 누구야? 큰 분 있지요? 저하고 아주 가까운 분. 중앙 당서기.

**우병국**  아. 황장엽 선생님?

**최응구**  황장엽 선생님. 원래는 황장엽 선생님이 북측 특별 고문, 김대중 대통령이 안 됐을 때인데 김대중 선생이 남측 특별 고문. 그렇게 하기로 했다가 97년도 황장엽 씨가 건너가 버리니까 특별고문 다 한국에만.

**우병국**  두 분 다 한국에 계시네요.

**최응구**  하하하. 그래서 실현이 못 됐어요.

**우병국**  남측에는 그렇게 보시고, 중국과 한반도 관계가 앞으로 어떻게 발전해야 바람직하다고 보시는지, 또 거기서 우리 동포 사회가 할 수 있는 역할은 또 어떤 것이 있을까요?

**최응구** 중국하고 한국은 점점 가까워질 수밖에 없을 것 같아요. 그 러니까 별로 신경 안 써도 될 것 같습니다. 미국하고는 차차 멀어진다고 할까, 대등해진다고 할까. 역시 많은 면에서 미국 눈치를 너무 많이 봤어요. 북한이라는 이 사회주의권에서 미 국에 예속되어 있다, 혹은 종속되어 있다, 혹은 미국의 눈치 를 너무 본다. 이것은 일본이나 한국이 오십보백보라고 저는 생각을 합니다. 일본은 지나치고 한국은 좀 나은데, 역시 역 사가 그렇게 만들었는데, 이제는 그럴 때는 지났지요. 자기 생각을 가지고. 아, 제가 두 번째로 한국 분들한테 권고하고 싶은 것은 하고 싶은 얘기를 솔직하게 했으면 합니다.

**우병국** 미국한테?

**최응구** 미국뿐이 아니죠, 그러니까 많은 국제관계 문제에 대해서 정치에서. 특히 미국 문제에 대해서 그런 점이 많지요. 그 시 기는 지나갔는데, 사실은 사실대로 얘기하면 좋은 건데 그런 걸. 북방한계선 문제도 그렇지요. 우리 밖에서 보기에는 정전 협정이 아무 것도 없어요. 미국이 나섭니다. 왜 그런 것도 인 정을 못해요. 참 한국 국민들 생각이 정말 좁다. 그게 어떻다 는 거예요. 그게 영토선이면 어떻고, 한계선이면 어떻고, 법 적인 거면 어떻고, 아닌 거면 어떠냐. 그러면 풀기가 쉬울 건 데, 사실대로 인정할 경우에는. 사실대로 말하는 사람이 적어 요. 미국에 대해서, 북한에 대해서 혹은 중국에 대해서 그 국 민들이 어떻게 내 말을 생각할까, 매스컴이 나를 어떻게 때리 지는 않을까, 이거 너무 많은 것 같아요. 사실대로 그냥 얘기 하고 미국하고 중국하고 한국은 가까워질 거고, 북한하고 미 국하고 일본이 차차 가까워질 거고. 그러면서 밸런스를 유지 해 갈 거다. 저는 그렇게 봅니다. 북한으로서는 얻어먹을 나 라가 일본입니다. 일본하고 관계 개선은 시간문제입니다.

**우병국** 그러면 변화 가운데서 우리 재중동포사회가 어떤 역할을 할 수 있다고 보십니까?

**최응구** 별로 일을 못합니다. 힘이 들어요. 뭐 아까도 말씀하셨듯이 한국이 잘되고 북한이 잘되고 그러길 바랄 뿐이지요.

**우병국** 아까도 말씀하셨지만 좀 천천히, 점진적인 그런 식으로 가는 것이 좋다고 말씀하셨는데, 한반도 통일은 대략 언제쯤 실현될 걸로 보십니까?

**최응구** 50년 뒤로 봅니다. 하하하.

**우병국** 굉장히 오래 보시네요.

**최응구** 글쎄. 알 수 없는 것은 통일, 정치문제입니다. 하루아침에 벽이 무너질 수 있고 하루아침에 국경이 무너질 수도 있어요. 한국이 아무리 북한을 돕고 싶어 해도 북한 내부가 무너지면 통일이 되는 거죠. 그런 걸로 생각을 하면 알 수가 없어요. 내년도에 정일이가 잘못된 다음에 북한...

**우병국** 내부적으로 어떻게.......

**최응구** 어떻게 되겠느냐. 저는 미국하고 북한 관계, 저는 정일이한테 바라는 게 두 가지입니다. 하나는 북미관계 개선해라. 하나는 개혁개방 시작이나 해라. 그거면 충분하다. 전 그래요. 중국도 개혁개방해서 시장경제를 영위한 것까지 15년이 걸렸어요. 북한은 5년밖에 안 걸려요. 앞으로 10년 그냥 초기단계로 개혁개방을 해도 충분합니다. 그 뒤에 뭔가를 하겠지요.

**우병국** 북한 유학 초창기에 김 위원장이 기숙사에 찾아와서 그때 관계가 맺어졌다고 하셨는데 그 이후에도?

**최응구** 학회 할 때. 학회 만들 때 황장엽 씨 통해서 OK 해 달라, OK 해 줬어요. 저한테 선물도 보내올 때도 있고. 사람은 좋습니다. 체제가 문제예요.

**우병국** 체제가 어떤 식으로 개선되어야 한다고 보십니까?

**최응구** 중국식밖에 없습니다.

**우병국** 중국밖에 없다고요? 네. 결국 그걸 통해야만 중국과 북한이 개방될 수 있고?

**최응구** 제가 말하는 50년은 북한이 잘되는 상황에서 얘기입니다. 제 생각에 북이 제일 위험한 시기는 미국하고 대립하는 시기도 아니고, 중국하고 대립하는 시기도 아닙니다. 북한 내부의 정치적인 과도가 이루어질 때. 다시 말해서 김정일 체제가 바뀔 때가 제일 위험한 시기입니다. 그걸 잘 넘기면 중국처럼 잘 나갈 수 있을 거예요. 그러면 빠르죠. 아마 중국도 제 생각에는 한 20년 더 기다려야 될 것 같습니다.

**우병국** 제대로 궤도에 오르려면?

**최응구** 북한도 그렇게는 돼야 하는 것 아니겠어요? 그다음에 예를 들어서 정치체제의 완전통일까지를 두고 50년을 말하는 겁니다. 그전에 뭐 '국가연합'이요 뭐요, 그런 것은 10년 뒤에 이루어질 수도 있는 것이고. 정치체제, 그러니까 체제까지 단일화하는 것은 시간이 걸릴 것 같아요. 그게 나쁠 것도 없을 것 같고.

**우병국** 교수님 한반도 관련 논문도 많이 쓰신 적이 있으시지요?

**최응구** 아니오.

**우병국** 그쪽으로 잘 안 쓰시고?

**최응구** 뭐 일본에 가서 몇 글자 썼는데, 그것은 저는 처렁한 한국 사람이기 때문에 술어를 모르겠어요. 그리고 기초지식이 없지요. 국제정치는 아주 중요한 하나의 학문인데 저는 기초가 없습니다. 하하. 그러니까 일본에 가서 한 일 년 있으면서 몇 글자 쓴 것은 있습니다만. 하하하.

**우병국** 그동안 활동을 많이 하셔서 이제는 뭐 후진들에게 그것을 다 넘기시고 이제는 쉬시는 단계 같은데, 앞으로 그쪽에서 어떤 고문이라든지 기타 등등의 사회단체들에 있어서의 계속되는 연계나 활동은 어떤 식으로 하고 계신지요?

**최응구** 자문은 그나마 하고 있어요. 미국, 일본, 한국에서 오면 또 한국, 북한에서 오면 북한, 중국.

**우병국**  주로 자문 활동을 하시고?

**최응구**  네.

**우병국**  잘 알겠습니다. 긴 시간동안 말씀해 주셔서 감사합니다.

**최응구**  천만에요. 하하하.

# 12. 황유복

중앙민족대 민족학과 교수,
한국문화연구소 소장

# 12. 황유복

면담일자: 2008년 4월 19일 토요일
장     소: 중국 북경[北京直轄市]
면 담 자: 우병국
구 술 자: 황유복 중앙민족대 민족학과 교수,
                          한국문화연구소 소장

**우병국**   예, 황유복 교수님. 제가 여러 차례 만나 뵙고 싶었는데, 이
렇게 기회가 돼서 참 영광으로 생각하고요. 질문을 몇 가지
올리겠습니다. 먼저 간단하게 교수님께서 중국에서 정착해서
사시게 된 배경과 그간의 주요한 경력을 잠시 소개해 주시면
감사하겠습니다.

**황유복**   네. 저는 여기 중국태생입니다. 베이징. 아버님이 그 경북
울진에 사시다가 30년대 이쪽으로 이민을 나오셨어요. 그때
혼자 먼저 나오셔서 가지고 여기 이제 주로 농업 하는 데 가가
지고 돈을 벌어가지고, 한 2, 3년 해 가지고, 이사 올 수 있는
그런 집을 먼저 마련해 놓고 다시 돌아가셔서 이제 결혼하시
고, 그다음에 우리 할머니 모시고, 그때 삼촌이 아주 나이가
어렸어요. 우리 아버지한테는 동생이 되는 거죠. 또 어머니
동생하고 같이 네 사람이 만주로 이민 나왔습니다. 그래서 중
국 만주지역에 길림성 영길현이라고 있습니다. 거기 상진이
라는 곳에 정착을 했습니다. 상진이 신농장이에요. 신농장이
그때 제가 후에 지방 자료를 보다가 발견했던 게, 이게 인제
옛날에 우리 항일독립단체 가운데 정리부라고 있습니다. 남
한지역에. 정리부의 자금마련이었던 농장을 하나 마련해서

그걸 신농장이라고 했습니다. 그런데 사실 시간적으로 보면 우리 아버지가 오셔서 거기에 정착했을 때는 정리부는 통합 되고 하니까 없어졌는데 그 지역에 정리부가 계속 활동을 했 습니다. 그랬는데, 신농장 자체가 정리부의 자금줄을 하기 때 문에 아버지가 책임을 지셨다고 그래요. 농사짓고 이제 한국 에서 오신 우리 한국 사람들 이렇게 모아가지고 거기 안착시 키고 그 다음 거기 농사해서 모아가지고 정리부 쪽으로 자금 도 대주고 그런 일을. 그게 이제 저 위에 형님이 한 분 있습 니다. 그런데 1942년에 그게 10월 달이었던가. 그때. 일본 놈 들이 아버지를 살해했어요. 그리고 제가 43년 2월 달에 태어 납니다. 그러니까 아버지가 살해되고 제가 태어난 거죠. 그 전에 형님이 계셨죠. 그런데 그 후에 이제 45년에 광복되고 어머님도 가시고 해서 할머니 혼자서 우리 형제들하고 그다 음에 삼촌, 삼촌이라 봤자 우리보다 열 살 정도 위였습니다. 그래 가지고 네 식구가. 할머님이 주로 우리를 키웠는데, 그 래서 이제 광복되고 47년에 중국, 그러니까 공산당 계열이 우 리 지역을 완전히 이제. 그때는 해방한다고 그러죠. 해방하 고. 이제 뭐 우리가 그때 지역에서 아마 가장 적게 놓였어요. 집에 이제 어른도 없고 노인이 한 분, 애들 세 사람. 그래서 저희들이 이제 집도 물려받고 땅도 이제 분양받고 거기서 정 착해서 살다가 또 후에 이제 할머님이 제가 초3 때 돌아가셨 어요. 그러고 저하고 이제 형님이 계속 이제 학교에서, 저 우 리 삼촌은 군에 갔다가 뭐 결혼하고 하다보니까 바로 이제 우 리 지역에 안 있고, 그래서 우리 형제간은 학교에서 계속 자 랐습니다. 둘 다 이제 대학까지 가고 형님은 연변에서 이과대 를 졸업했어요. 그래서 교사를 하다 지금 정년퇴직하고 북경 에 나와 계십니다. 저는 여기 이 대학을 그때 왔습니다. 와 가 지고 이 대학을, 〈중앙민족대학〉을 졸업하고, 그때 5년제 대

학이었죠. 5년간 마치고 이제 학교에 조교로 발탁이 돼 가지
고 하하. 여기서 평생을 여기서 이제 살아온 거죠. 그렇게 됐
습니다.

**우병국**  아, 예. 평생을 학자로 살아오셨네요. 현재 중국 공민이신
데, 아무래도 이 통일과 관련해서 공개적으로 어떤 그 단체를
결성한다든지 입장을 표명하는 것은 참 곤란한 일이겠지만,
그래도 한반도 통일에 대해서 관심이 많으실 거라고 보고요.
그런 쪽에 관련해서 직간접적인 어떤 활동을 해 오신 게 있으
면 좀 소개해 주시면 감사하겠습니다.

**황유복**  예. 단체결성은 뭐 통일과 관계없는 단체도 중국에서는 단
체결성 그 자체가 상당히 어렵게 되어 있습니다. 물론 이제
정당하게 신청을 해 가지고 정부까지 올라가서 인가가 되면 단
체가 되지만 거의 불가능하다고 봐야죠. 뭐 그렇지만 간혹 가
다 또 되는 경우도 있고, 그래서 저는 금년에 우리 〈조선민족
사업회〉 해 가지고 학술단체 하나를 등록을 했습니다. 그러
니까 이제 전혀 안 되는 거는 아니에요. 그런데 통일에 관한
언론이나 혹은 뭐 주장이나 그거는 중국에서 위배되는 거는 없
고, 그거는 자유롭게 말할 수 있어요. 중국도 상당히 뭐 그런
자유는 되어 있기 때문에. 하여튼 단체도 안 되는 건 아니지
만 통일에 대한 단체는 인가가 나지 않기 때문에 누구도 신청
을 하지 않는다, 이제 그렇게 봐야죠. 그렇게 되어 있는데, 저는
아직 한중수교를 하기 전에 한국을 방문했습니다. 1988년에.

**우병국**  1988년에요?

**황유복**  예. 좀 어떻게 말하면 학자로는 가장 일찍이 방문했다고 볼
수 있죠. 제가 87년에 〈하버드대〉의 교환교수로 그쪽에 갔었습
니다. 그런데 88년에 한국에서 서울올림픽이 있지 않았습니까?

**우병국**  예.

**황유복**  조직위원회 쪽에서 올림픽 개최 3일 전에 국제올림픽 학술

회의다, 올림픽 국제학술회의라 해서 큰 대형 학술회의를 조
직했습니다. 그때 백여 명의 각 나라 학자들을 초청했는데 우
리한테도 초청장이 왔더라고요. 그 전에 82년에 제가 이쪽에
서 조선족 연구에 관한 논문도 쓰고 한 게 알려져 가지고 〈서
울대〉에서도 초청을 한 번 했는데, 그때 이제 갈려고 신청을
하니까 그때는, 82년에는 한국에 가는 건 도무지 불가능하게
그렇게 되어 있더라고요. 그래서 포기했는데 아마 〈서울대〉
에서 명단을 제공한 거 같아요. 그래서 88년에 초청장이 왔는
데, 물론 이제 북경으로 보내 왔죠. 그런데 이제 우리 집사람
이 받아서 다시 이제 하버드로 보내왔는데, 보고 중국 공안에
얘기하니까 "가도 좋다." 그래서 그때 제가 참석을 했습니다.

**우병국** 아, 예.

**황유복** 그 중국학자로는 그때 아마 상당히 일찍이 갔다고. 그런데
학술회의에 참석을 하고 그다음에, 이제 그때 한국 주최측에
서 저희에게 문의를 하더라고요. 한국에 제가 왔다는 소리를
듣고 〈서울대〉에서 특강 부탁이 왔는데 할 바에는 "10개 대학
에 특강을 해주시고 갈 수 있느냐." 그래서 제가 하버드에는
그때 강의가 없었기 때문에, 왜냐하면 미국 왕복 차비라던가
뭐 그때 제가 대우를 참 잘 받고 갔습니다. 처음 들어갈 때.
미안하다고 했어요. 미안하고 너무 감사한데 또 그만한 일을
해 드려야죠. 그때 10개 대학을 릴레이 강의를 했습니다. 〈인
하대부〉터 시작해 가지고 서울에 몇 개 대학, 그다음에 이제
경북.

**우병국** 지방에 있는 대학도요?

**황유복** 네. 지방대학. 이제 그때 〈영남대〉도 갔고 〈충북대〉도 갔던
가? 마지막 강의를 할 예정이 〈전남대〉였어요. 그러니까 꼭
한 달이 되더라고요. 그 후 다시 미국 하버드로 건너갔고. 그
때 물론 이제 그때 올림픽 조직위원장, 박세직 위원장이라든

가 그런 분들의 식사초대를 받았고, 중국에 대해서 한국이 우호적이고. 이제 그때 제가 느낀 거는 '수교가 멀지 않을 거다.'라는 느낌을 받았어요. 그래서 제가 하버드 생활 마치고 89년 1월에 중국에 들어올 때 제가 오자마자 북경에 한국 학교를 하나 만들었습니다. '수교를 대비한다.'라는 그런 의미에서 한국학교를 만들고 제1회 졸업생 졸업할 때 수교가 딱 되었더라고요. 그래서 한국이 그때 여기 북경에 영사관이나 대사관, 그다음에 코트라 뭐 설립할 때 저희 애들 많이 썼죠. 현지 직원으로 좍 전부 졸업생들 보내주고.

**우병국** 아주 선견지명이 있으셨네요?

**황유복** 예. 허허. 그렇게 된 그런 경력이 있는데, 하여튼 제가 처음 갔을 때 대우가 너무 좋았기 때문에. 그때 그 원래 북경서 가야하는데 미국서 타다보니까 티켓 같은 게 문제가 되었다고요. 뉴욕에 있는 한국 영사관에서 그걸 해결을 못했어요. 임박했기 때문에 모든 좌석이 다 예약이 되어 있는 상황이다, 표가 없다 이거야. 그래서 어디로 보냈냐면 그때는 아직 한국이 유엔에 가입하지 않았을 때입니다. 그렇지만 거기 대표부가 있더라고요. 대표부로 보내서 대표부에서 티켓을 하나 특별하게 만들어 줬는데, 후에 비행기를 타면서 제가 알았지만 그 KAL 2층에 있는 특실이었습니다. 6명이 앉는 그런 특실이었는데 그때 하하. 알아보니까 제일 앞좌석에 두 분이 이제 그러니까 미국 초대 한국 대사를 하셨던 분, 워커 대사하고 부인, 그다음에 주한미군사령관을 하셨던 4성 장군하고 부인. 제일 뒤에 내 옆에는 경호원들 같았어요. 우리 여섯 사람이 들어갔는데 청와대에서 마중 나와서 완전히 그...

**우병국** 하하. 국빈대우.

**황유복** 하하. 국빈대우로 나갔는데, 그분들이 나가서 국빈관으로 이제 리무진으로 해서, 제가 일어나니까 물어보더라고, 왜 그러느냐고. 여권을 보여주니까 "아 이거는." 내가 초청장하고 여권을 보여주니까 "아 이거는 어느 호텔로 가야하는데." 자기가 이제 안에 사람 시켜서 들어가서 입국 그거를 찍어 달라고 해서 우리는 그거 안 거치고 들어온 거 아닙니까?

**우병국** 하하. 그렇죠.

**황유복** 금방 찍어 나오는데 차를 하나 주더라고요. 그때 어떤 느낌을 상당히 받았냐면, 한국에 그렇게 들어가면서 아버지의 나라인데 그렇게 지극한 대우를 받고 들어갔기 때문에 상당히 저는 감사한 마음이었고 그랬습니다. 그때부터 그러다 보니까 이제 수교 전에도 그 친척방문이나 그런 이름으로 내왕이 되고 하지만 우리는 그런 쪽으로 가지 않았는데, 한국 쪽에서도 이제 서서히 사람들이 오니까 찾는 사람이 많아졌죠. 그래서 이제 북한에 친척 있는 분들이 많이 찾습니다. 그래서 저는 여기 있으니까 그쪽은 안 되고 연변 쪽에 내 제자들도 많이 있고 하니까. 부탁이랄까, 찾아 올 수 있으면 그쪽에 조직을 해서 연변에 와서 만난다든가, 뭐 이런 식으로 그런 정도는 해 드리고. 그런 정도는 우리가 해야 될 일이고, 그리고 이제 그쪽에서 뭐 저쪽 친척들에게 뭐 이제 돈을 보낸다든가 그쪽에 다니는 사람들을 부탁해서 보낸다든가. 처음에는 그런 쪽으로 많이 도와드렸습니다. 그러다가 후에 한중정치수교도 됐고, 시간이 지나면서 남북의 대치상황도 점점 완화되는 형태가 되니까 후에는 주로 우리 학자들은 학술회의 형태로 북경이나 연변, 연변에는 지금 못하게 합니다. 남북이 만나는 행위, 그런 건 못하게 되어있습니다. 북경 쪽에 나와서 하고 있습니다. 그래서 이제 한국에서 원하면 이북의 학자들을 초청해 가지고 같이 앉아서 이제 통일에 관한 학술회의를 한다거나 그런 쪽으로 많이 했죠. 그리고 이제 저는 미국에서 미국을 여러 번 갔다 왔습니다. 최초로 간 것이 1983년에 갔던 겁니다. 그러기 때문에, 일찍이 갔기 때문에 그때까지 미국에 아는 사람이 많이 있습니다. 북한이 가장 어려울 때, 굶어죽는 사람들 많고 할 때 그때 이제 북한 돕기 운동하는 사람들 나와서 자금은 자기들이 모금하고 제가 여기서 강냉이, 옥수수, 쌀을 사 가지고 북한에 보내주는 겁니다. 제가 그걸 했어요. 그걸 알아봤더니 못하게 하더라고요. 중국은 양식지원은 정부에서밖에 못해요. 민간단체에서는 못하게 되어있습니다. 돈 보내는 것도 공식적으로 은행거래가 안 되기 때문에 가는 사람은 부탁을 할 수 있지만 정식으로는 안 돼요. 정부에서 못하게 하는 거는 할 수가 없으니까. 그리고 이제 하나는 제가 아주 일찍이 84년에 미국에 갈 때 그쪽에 우리 한국계 신문이 많이 있지 않습니까? 많은데, 인터뷰를 많이 이제 하게 돼 가지고, 그때는 뭐 중국에서 나갔다 하면은 중국에 아마 관심이 있기 때문에. 교포단체들이 주말에 초청을 하면 상당히 신문에 보도도 되고 하니까. 그때 보통 북한에 대해서 상당히 부정적이었지 않나, 미국의 경우는요. 그러기 때문에 북한에 대해 얘기를 할 때 저는 처음부터 북한에 가지 않았고, 직접 체험을 해보지 않았지만 저는 이제 거의 북한에 대해서 부정적인 얘기를 전혀 하지 않았습니다, 한 번도. 저는 가보지 않았다는 얘기도 하고. 저의 제자들은 많이 갔다 왔거든요. 돌아와서 얘기도 많이 듣고 하고 그랬는데, 물론 이제 얘기를 많이 들었을 때 우리 표준으로 봤을 때 부정적인 면도 많이 있지만, 인권문제나 몇 가지가 있지만, 그런 것들을 구태여 거기에 가서 얘기할 필요 없고, 또 제가 한국 갔을 때도, 88년에도 90년부터는 자주 나가거든요, 그러면 신문이나 혹은 방송 쪽에 부탁을 받아 인터뷰 할 때는 저는 절대로 북한에 대해 부정적으로 얘기를 하지 않는다, 이게 제가 제3국에 살면서 통일을 위해 할 수 있는 일이 바로 이제 그렇다. 왜 그러냐 하면 부정적인 얘기를 하다보면 서로 어떤 갈등을 부추기는 그런, 그러니까 제가 보통 체제에 대해 이야기를 하면 "그게 아니다, 북은 북대로 자기들 존재의 이유가 있지 않겠느냐. 만약에 그런 이유가 없다면 주민들이 폭동을 해 가지고 이유 없는 정부는 뒤집을 거 아니냐. 우리가 이해를 하려고 노력을 해야 하고, 만약에 우리가 우리 생각으로 일방적으로 어떻게 한다는 그런 생각은 현재는 통하지 않는다." 그런 식으로 많이 얘기를 합니다. 그런데 그게 어떻게 되는지 모르겠는데, 하여튼 한 7, 8년 전에 북의 아주 높은 분이 와 가지고 찾더라고요. 만나자고. 만났는데 그 얘기를 하더라고. 저하고 만나서 얘기를 하는데 "우리는 황 교수님한테 의견이 참 많습니다." 저는 "초면에 이게 무슨 일입니까?" 하니까 "황 교수님, 남에는 그렇게 자주 가시는데 우리가 그렇게 초청을 해도 안 나오느냐." 이 말이야.

**우병국** 아하.

**황유복** 그래서 내가 웃으면서 그 얘기를 했어요. 저는 학자이기 때문에 철저히 학자의 신분을 지키는 사람입니다. 제가 남을 여러 번 갔지만 한국 정부의 초청이나, 어느 정당의 초청은 제가 가본 적이 없고 대학 초청이나 혹은 학교의 초청으로 가가지고 학술회의에 참석하거나 대학에서 강의를 한다거나 이런 거로는 갔지만. 제가 처음 갔을 때 노태우 대통령이 접대를 하는데 제가 그 명단에 올라 왔더라고요. 그런데 제가 거절을 했습니다. 대통령을 안 만났습니다. 그때까지는 수교 전이기 때문에 제가 좀... 제가 갈 때 영사관에서 그렇게 부탁을 하더라고요. "학술활동은 얼마든지 하지만 정치 쪽은 피하라" 그러더라고요. 그래서 대통령 만나는 거는 분명히 학술은 아니고, 물론 이제 정치도 아니죠. 그거는 일종의 예절인데 뭐 그래서 저는 그때 만나지 않았거든요? 그런데 하여튼 정부쪽의 초청은 안 나갔다 이 말이에요. 그 얘기를 하면서, 제가 사실 북의 초청은 세 번 받았어요. 세 번 다 당 중앙이 초청을 했습니다. "내가 만약 중국에서 어떤 관직에 있는 사람이면 아주 기꺼이 가겠지만 일개 학자가 당 중앙의 초청은 너무 황송스럽다. 그럴 자격이 안 되기 때문에 제가 알아서 가지 않았습니다." 그러니까 뻔히 알면서 저런 소리 한다고 그래요. 그래서 "제가 아는 게 뭐있습니까?" 하니까 북에서는 대학이 초청을 못한다고.

**우병국** 아하.

**황유복** 중앙에서. 그러니까 대학이 초청을 하더라도 중앙을 통해서밖에 안 된다는 거야. 저는 몰랐다고 앞으로는 만약에 대학이 당 중앙을 거쳐서 초청을 하면 제가 가겠습니다. 내가 그렇게만 얘기를 했거든요. 그때 그분이 그 얘기를 하더라고요. "황교수님이, 우리는 다 알고 있는데, 언제 미국을 갔고 뭐하는데. 지금까지 해외에 가서 우리를 욕한 적이 한 번도 없다는 걸 알고 있다."고 하더라고요. 신문보도 자기들 수집을 하는데, 거의 저는 좋게만 이야기를 해 왔기 때문에... 그게 본의가 뭐냐 하면, 제가 예를 들어서 북에 가서 한국을 욕한다면 그거는 이간하는 거지, 그거는 화합을 하는 게 아니잖아요?

**우병국** 그렇죠.

**황유복** 화합을 위해서라면 이쪽에 가서는 저쪽을 욕하지 말고, 저쪽에 가서 이쪽을 욕하지 않는 게 상식이 아니냐. 그렇게 행동을 했던 거죠.

**우병국** 그렇죠. 아주 훌륭하신 말씀입니다. 혹시 지금 한국에 친척분들이 아직 계십니까? 아까 울진이 고향이라고 하셨는데.

**황유복** 고향에 6촌 형님이 두 분 계시는 걸 찾아갔습니다. 6촌 누님이 한 분 계셨는데 잠깐 가서 이제 인사드리고 그런 적이 있습니다. 형님들은 포항에 나와 계시더라고요. 포항 제철에.

그런데 큰 형님 몸이 그때 좋지 않으셨는데 아직도 살아계시
는지는 몰라. 그런데 저는 그러니까 전화번호를 적은 그 책을
얼마 전에 가방을 도둑맞았어요. 그래서 지금 전화가 전혀 없
어가지고.

**우병국** 아이고. 저런.

**황유복** 이전엔 가면 한국을 가면 전화를 해서 안부를 전하고 그랬
는데 전혀 뭐 그런 거 없어요. 누님은 고향에 계시더라고요.
울진에 그 백암온천 그쪽에서 식당을 하고 계시더라고요.

**우병국** 아, 네. 그래서 금방 말씀하신 것처럼 주요 활동방식이 교육
자시고 그러니까 저술을 통한다든지 그다음에 해외 기타 동
포단체들과 연계를 가지면서 활동을 해오셨는데, 지금 남에
서 많은 교민들이 여기 와 있습니다. 현지 교민단체와의 교류
같은 거는 있으신지요?

**황유복** 어 뭐, 교민단체가 어떤 학술단체는 없고 하기 때문에. 그
대신 지금 저희 대학에서 아직까지 공부하고 있는 박사생만
한국 사람이 한 열 명 정도 됩니다. 지금 졸업해서 돌아간 애
들이 20명 정도 됩니다. 그러니까 저는 이제 한국 학생들을
많이 만나게 되고, 여기 제 제자로 많이 들어오기 때문에, 그
대신 여기 〈재중한인학생회〉를 결성한다든가 그럴 때 제가
보통 여기에서는 조금. 그분들이 생각하기에는 유명인사라고
생각했던지 거의 제가 초청되어 가서 축하드리고 그런 거. 그
런데 제가 시간이 별로 없기 때문에 모임에 가서 제가 얼굴만
보여드리고 축하하고 오는 거는 괜찮지만 끝까지 참석하고
그런 것은 불가능하죠. 거의 그런 정도.

**우병국** 제가 그 교수님과 관련된 어떤 기사를 봤는데 아주 연구 쪽
으로 몰두하시는 그런 모습을 제가 느꼈습니다.

**황유복** 통일에 관한 논문도 여러 편을 다 냈는데, 한국의 〈평화학
회〉라고. 논문 몇 편이 있으니까 제가 드리겠습니다. 그리고

이번 '한인포럼' 그 자료를 받아보시면 거기도 보면 제가 개막 사회를 이제.

**우병국** 예, 알고 있습니다.

**황유복** 발표했던 거는 다 있기 때문에.

**우병국** 예, 감사합니다. 하하. 그 통일과 관련해서 교수님께서 어떤 이념적인 입장이 있으신지, 어떤 방향의 통일을 주장하시는 지에 대해 조금 말씀을 해 주십시오.

**황유복** 뭐 제가 별다른 이념을 가지고 있기 보다는 남과 북이 오랫동안 부동한 사회체제, 또 그리고 이제 사실 사회체제만으로도 쉽게 극복할 수 없는데, 6·25전쟁 때문에 상호간에 상처를 너무 남겼다는 거, 그런 것들 때문에 상당히 화해가 어떻게 말하면 다른 지역보다도 훨씬 어렵다는 거를, 그걸 저도 알고 있지요. 남북 예멘이 통일하는 걸 보십시오. 얼마나 빨리 통일이 되었습니까? 동, 서독 자체도 사실 통일한다면 금방 된 것이 동독인과 서독인들 사이에 싸움은 없었죠. 2차 세계대전 때 서로 한편이어서 전쟁을 발동한 나라의 국민이었지만 누가 그것을 해결하느냐에 따라서 갈라졌기 때문에. 그렇지만 우리가 만약에 6·25만 없어도 독일같이 쉽게 그렇게 할 수 있는데 이념 사회, 무너지는 건 쉽게 되는데 6·25때 너무 많이 상호 간의 사람을 많이 죽였고 뭐 그런 것들이 상처로 너무 깊이 남아 있다는 것, 그리고 이제 바로 이북의 입장에서 볼 때는 6·25가 … (?, 녹취파일 상태 불안정으로 추정 불가능) 정권이 … (?, 녹취파일 상태 불안정으로 추정 불가능) 됐기 때문에 상당히 힘들 거다. 만약에 이제 김일성 주석이 서거하시고 다른 사람이 계승을 했을 때는, 중국에 모택동이 죽고 장개석이 계승했을 때 쉽게 틀린 부분은 수정하고 이제 옳은 부분은 긍정하면서 정권을 계승하면서도 어떤 개혁개방을 할 수 있지만은 이제 부자간의 계승이기 때문에 자기 아버지를 부정할 수 없기 때문에, 부정하면서도 자기 당위성이 없어지니까. 그렇기 때문에 그런 쪽이 어렵다는 것은 제가 학문적으로 볼 때 이렇다는 거. 그렇지만은 제가 볼 때에는 지금 한반도에 일어나고 있는 일들을 지켜보면서 상당히 고무적이지 않느냐. 경제적 교류가 먼저 성립되고 그런 상황에서 어떤 그런 '소외감이나 이런 것들이 점점 해소되면서 점진적으로 통일 할 수 있지 않겠냐.' 그런.

**우병국**  예. 그래서 그 방금 말씀하셨듯이 많은 장애가 있는데, 그 통일과 관련해서 남이든 북이든 많은 구상들을 그동안 해 왔습니다. 물론 거기에 따른 정책도 해 왔고. 그런데 그런 과거에 있었던 정책들이 어떤 장, 단점이 있다고 보시는지요?

**황유복**  지금 우리가 남북이 각자 통일 방안을 마련하지 않았습니까? 거기에 어떤 본질적인 대립은 아니라고 봅니다. 이제 어떤 형태는 어떤 입장에서 자기들에 유리한 그런 쪽으로 해석을 할 수 있겠지만은 그러나 제가 보기에는 크게 문제라고는 보지 않아요. 그런데 이제 고려연방제를 한다든가 혹은 남북 그 어떤 연합이 되는 그런 거를 한다든가 그런 거는 앞으로 토론 돼야죠. 그런 거는 많은 문제가 될 거 같지 않습니다. 그거는 정권이 바뀌고 그러면 서로 간의 대화에서. 본질적인 문제는 북한의 경제가 빨리 발전해야 한다. 현재 상황에서는 쉽게 그걸 한국에다 개방을 못하고. 자신이 있어야 될 것 아니니까? 자신이 있으려면 그만한 비슷한 경제 수준이 돼야 되지 않겠는가, 그게 아주 중요하다고 봅니다. 그래서 한국에서 너무 성급하게 '통일한다' 그런 생각을 하시지 말고. 그러나 지금 개성공단도 좋고 해주공단도 만든다든가 이런 식으로 해서 점진적으로 북한의 경제를 발전시켜서 그걸 도와줘서 북한에 어떤 자신감이 있어서 그럴 때는 되지 않겠나. 그리고 현재 우리가 말하는 현재 기성세대에게서는 통일까지는 힘들 거다 그런 생각을 합니다. 아까도 말한 것 하고 거의...

**우병국** 예. 불신이 깊기 때문에.

**황유복** 예. 제가 금년에 북한학자들과 여기서 우리가 한 번 하고, 9월 1일, 2일 날 심양에서도 또 한 번 했습니다. 그때도 북한 학자들이 상당히 민감한 게 개혁개방이라는 말, 절대 못 쓰게 합니다. 우리는 개혁도 없고 개방도 없다 이거야. 그런 쪽을 보면서 제가 아직도 여기서는 아직 상당히 이제. 물론 단어를 다른 단어로 한다, 이거는 중국에서 쓰는 단어이기 때문에 우리가 중국을 모방하지 않는다고 그렇게 우리가 생각을 한다고 해도, 그럼 이제 다른 우리식 말이라도 있어야 할 거 아니냐? 그런데 그런 쪽에 상당히 그게 없죠. 그러니까 이제 그쪽에서 얘기하는 거는 우리민족, 뭐 이런 그것밖에 아직 없지 않느냐 그런 거예요. 우리끼리, 우리 민족끼리 이런 말인데, 그런 건 체제나 정책 어떤 것들을 우리가 화해해 나가기 위해서 고치겠다는 그런 말이 아니거든요. 그건 일종의 어떻게 말할까? 일종의 그거라고 할 수 있죠. 처음 만날 때 '우리'라고 한다면 친근해진다는 긍정적인 게 있겠지만, 이북의 입장에서 말한다면 어떻게 보면 통일전선이라는 어떤 그런 이유가 되겠죠. 그러니까 그런 것 가지고는 아직 힘들다. 지금 세대들이 오래 갈 것도 아니고 벌써 다 60이 넘은 사람들이고, 노무현 이제 금년에 대선이 어떻게 될지는 모르겠지만, 정동영이 될지 이명박이 될지 모르겠지만 제가 볼 때는 누가 되더라도 남북 화해를 뒤로 당겨 가지는 못합니다. 되돌릴 수는 없는 일이에요. 그건 이제 당위성 때문이라도 그렇게 못합니다. 그리고 옛날, 예를 들어서 노무현이 되지 않고 이회창이 되었더라도 분명히 국가의 그거는 합니다. 김영삼 정권 때도 김일성과 직접 만나려 했던 거 아니에요?

**우병국** 그렇죠.

**황유복**  그러니까 이거는 어떤 대통령 한 사람의 입장이나 어떤 정당의 이념을 갖고 되는 게 아니에요. 왜냐하면, 남에서 지금 뭐 소위 말하는 보수나 진보로 갈라졌다고 하지만 전체 국민의 정서상에서, 화해 자체는 아무리 보수라도 화해는 반대할 인물이 없는 거 아닙니까? 그런 이유로 봤을 때 제가 보기에는 계속, 화해는 계속 진척될 거라고 그렇게 생각합니다. 그 대신 통일이 그렇게 빨리 올 수 있느냐, 그거는 문제라고 생각합니다.

**우병국**  예. 그동안 쭉 활동을 하시면서 남한이나 북한 측에서 이런 그 남북교류 혹은 기타사항에 대한 응원으로 어떤 지지나 격려를 받아 보신적은 있으십니까?

**황유복**  하하. 저는 그런 적은 없습니다. 저는 학자로서 정도를 지켰기 때문에. 하하, 저는 또 이제 중국에서 특수한 위치라는 거죠. 중국 조선족이라는, 조선족 사회의 발전이라는 그런 사명감을 이제... 물론, 내가 그렇게 사명감을 가졌다기보다도 조선족 사회가 그렇게 인식하고 있기 때문에, 제가 그런 쪽으로 많이 합니다. 그래서 조선족 발전에 한해서는 제가 이제 여러 가지로 활동을 많이 하고 있지만 한국 그쪽에도 물론 연구도 하고 관심도 있고 하죠. 이제 빨리 통일이 되면, 저희들은 좋은 거죠.

**우병국**  조금 민감해 하실지 모르겠지만, 중국에서 말입니다, 한반도 통일에 관해서 이러한 활동들이 진행되고 있는 것에 대해서 중국정부와 사회의 여론 같은 것은 어떻게 이루어지고 있는지?

**황유복**  중국은 거의 외교 사안에 대해서, 중국인들이 물론 수 십 년 동안 습관이 되어 있는 것이, 외교부의 어떤 공식적인 의견을 중국 사람들이 잘 따릅니다. 지금까지 보면 남북화해를 중국에서 가장 빨리 환영한다는 쪽으로 계속 발표해 왔습니다. 저는 그걸 그렇다고 믿습니다. 왜냐하면 세계에서 아직 남북이 분단이 되어 있는 상황, 거의 같은 체제는 중국밖에 없습니다. 중국은 대만하고 대륙으로 이제 갈라져 있지요. 역시 중국의 목표도 평화통일 입니다. 그렇기 때문에 대만과의 어떤 경제거래를 활발하게 진행하고 있지 않습니까? 그러면서도 물론 이제 정치적인 암투는 계속 되고 있고. 암투라기보다는 국외적으로 서로 경고하고 그런 것이 있지만. 그런 의미에서 제가 보기에는 상당히 '중국이 한국과 어떤 입장을 같이 할 수 있는 위치가 아니냐?' 그런 생각을 합니다.

**우병국** 그런 방면에서 한국이 많은 노력을 해야 되겠다는 말씀인지요?

**황유복** 노력한다기보다 중국과 협력이 필요하죠. 그런데 이번에 가장 민감한 사안이 무엇이었냐 하면, 이번에 정상회담 할 때 '3자회담'이었죠. 3자회담 할 때는 미국과 남북한이다, 이렇게 얘기했는데, 그 당시 중국이 주요한 미국과 대등한 위치였는데.

**우병국** 당사자죠.

**황유복** 당사자인데, 4자회담으로 될 수밖에 없지 않느냐? 저는 그렇게 생각하는데 물론 거기에서 중국이 좋아할 이유는 없지요. 허허. 거기에서 뭐 중국이 이득을 취했다기보다도 정전담판(회담) 할 때는 뭐고 이제 와서 그러느냐 할 수 있잖아요? 이럴 때는 한국이 잘 챙겨줘야 하는 이런 게 됩니다.

**우병국** 예. 앞의 것과 유사한 문제인데, 우리 중국에 있는 동포 사회 내에서 한반도 통일에 대한 인식이랄까 반응은 어떻다고 보고 계십니까?

**황유복** 어, 제가 알기로는 중국의 동포 사회에서는 거의 이제 한반도의 평화통일을 빨리 실행했으면 하는 쪽으로 생각하는 사람이 절대다수라고 그렇게 생각합니다. 김대중 대통령의 평양방문 때도 그랬지만, 상당히, 예를 들어서 원래 김대중 대통령이 그 어떤 대통령으로서의 그런 이제 정치적인 어떤 실적에 대해서 불만이 있던 사람들도 거기에 대해서는 상당히 환영을 하는. 그래서 왜 그러냐 하면 이거는 우리 민족 전체의 어떤 가장 중요한 문제로 되어 있기 때문에, 거의 다 이제. 그 뭐, 식사할 때도 좋고, 회의할 때도 좋고, 얘기 나누는 거 보면 전부 '빨리 그런 식으로 통일이 되었으면 좋겠다.' 그러고. '그래야 북한 사람들도 이제 잘 살아갈 수 있지 않나.' 그런 생각을 하게 되는 것이지요.

**우병국**  예. 그래서 허락을 받지 못하는 상황이기 때문에, 그런 이름을 내건 단체는 결성될 수도 없지만, 어떤 단체들이거나 개인들이 이 방면에서 상당한 기여를 했다고 생각되시는 분들이 혹시 있으신지요? 그런 쪽으로 좀.

**황유복**  전 그런 쪽으로는 잘 모르는데, 왜 그런가 하면 이북에서 이전에 매년마다 뭐 태양절이 있고 그렇지 않습니까? 그리고 이제는 통일축제 해서 거기에 많은 분들이 초청이 되어 가지고 대부분 관광으로 가는 거고, 여기서 이제 북의 입장을 대변하는 우리의 조선족 동포들이 많이 있었습니다. 그런 분들이 많이, 그 가운데 문제가 되면 중국 정부에서 이제 구속되어 있는 사람도 있고, 이제 이북을 위해서 어떤 그런 단체 활동을 했다던가 뭐 이런 식으로 표현이 되고. 이 구체상황은 잘 모릅니다. 이제 그렇게 되어있는 경우도? 있고. 그 대신 한국 쪽에 가서 국민이 행사에 참석했다든가, 이제 그런 문제에 대해서는 누가 그렇다고 해서 제재하는 사람도 없습니다. 그리고 이제 말하면 학술교류에 대해서 남북을 잇는 쪽은 그래도 〈연변대학〉 찾아와 일을 하는 거죠. 이쪽에 평양도 쉽게 갔다 오고. 그쪽 서울도 쉽게 갔다 오고. 그런 쪽으로 일을 많이 했다고 봅니다.

**우병국**  예. 제가 알기로는 재중동포. 그 북한 국적을 갖고 여기에 사시는 조교들도 있는 걸로 알고 있는데, 그 〈재중조선인총연합회〉를 구성해서 각 지역에 지부를 두고 있다는데.

**황유복** 예. 알고 있습니다.

**우병국** 그 인구가 한 만여 명 되는 걸로 알고 있습니다.

**황유복** 원래는 만여 명이 넘었는데, 그러니까 문혁이 종결되고 두 나라 관계가 회복되면서 그때 많은 사람들이 귀국을 했습니다, 지금은. 원래 북경도 상당히 많이 있었어요. 그런데 지금은 거의 볼 수 없습니다. 왜 그런가 하면, 2세들이 중국 조선족으로 변경되는 경우가 많아요. 왜 그런가 하면 조선 교민과 중국 조선족 사이에 결혼을 했지 않습니까? 그러면 자식이 조선 국적을 택할 수도 있고, 중국 국적을 택할 수도.

**우병국** 아!

**황유복** 왜 그런가 하면, 아버지가 조선 사람인데 어머니는 중국 국적에 조선족이다 했을 때, 그럼 어머니 쪽의 국적을 택할 수도 있고 아버지... 그거는 이제 자식들의 자유입니다. 그러면 중국에서 예를 들어서 대학을 다니고, 또 이제 취업을 하겠다고 했을 때는 중국 국적을 가지고 있는 것이 편하지 않습니까?

**우병국** 그렇죠.

**황유복** 예. 그런 경우도 많이 있고, 또 그런 원인 때문에 조교의 숫자가 적어지는 경우도 있고. 그리고 이제 한 시기에 북과 중국이 상당히 그 좀... 사회주의 평양을 이제 좀, 조금 불편한 관계가 여러 번 있었죠. 이북 쪽에서 중국 화교들을 쫓아낸 적이 있고, 이쪽에서는 또 조교를 쫓아낸다든가, 그런 저기 때문에 상당히 많이 조교들이 줄어들었죠.

**우병국** 예. 그러면 큰 활동은 없는 걸로...

**황유복** 공개 활동은 없고, 뭐 그분들이 뭐 자기들끼리 모임은 있겠죠. 그분들은 상당히 뭐 단합은 잘 되어 있을 겁니다. 왜 그런가 하면 조직적으로 움직이기 때문에. 조직적으로 움직이지 않으면 유지가 안 되기 때문에. 그리고 여기로 찾아온 분들이 있어서, 북경지부장이다, 그래 가지고. 저 그림도 그분이 가져 오셨는데. 저거 수놓은 것입니다. 자수, 자수 작품. 저런 걸 갖고 선물한다고 찾아오는 경우도 그렇게 되는데. 그런데 어떤 정치적인 거는 그분들도 지금 얘기를 안 해요. 지금 와서도 자기들이 어떤 일을 하는데 도와 달라, 이제 보면, 거의 경제적 활동이나 이런 쪽에 많이 합니다. 어떤 공식적인 인사로 오는 경우도 있는데 지금은 많지 않아요. 지금은 거의 사람들이 없어지기 때문에.

**우병국** 그런데 제가 조사한 바로는 이제 그 저 2000년에 6·15공동선언 이후에 실천하기 위한 어떤 그런 협회가 결성이 됐는데요.

**황유복** 6·15요?

**우병국** 예. 6·15공동선언 실천을 위한 운동본부들이 각 지역에 설치가 되었습니다. 한국에서도 아마 대회를 열고 그랬었는데, 그 남북대표가 모이고, 해외동포들이 모였는데, 그분들이 중국 대표로 이렇게 한 번 참석하신 적이 있었습니다. 그래서 '어, 이상하다. 이분들은 중국 국적도 아니고 중국 재중동포라기보다는 아마 똑같은 북한 대표 격 같은데.'

**황유복** 조교?

**우병국** 예. 그러니까 이분들이 중국 대표로 이렇게 왔다 하는 그런 걸 제가.

**황유복** 그러니까 중국 대표도. 중국 국적을 가진 사람도 있을 수도 있어요.

**우병국** 아, 예.

**황유복** 왜 그런가 하면 중국 국적자들 가운데 제가 아까 말씀드리지 않았습니까? 중국 국적 가운데 아버지가 조선 교민이고. 어머니가 중국 조선족인데 걔가 태어나서 국적은 중국 쪽으로 선택했지만 아버지가 조교기 때문에.

**우병국** 여전히 그쪽 활동을 한다는.

**황유복** 예예. 그런 경우도 있고 하기 때문에. 예. 아주.

**우병국** 복잡한 문제군요.

**황유복** 다양한 문제죠. 그건 허허. 복잡한 문제죠.

**우병국** 예예. 지금까지 쭉 관련활동을 해 오시면서 교수님이 활동
하시는 것이 한반도 통일에 어느 정도 기여를 하셨다고 그렇
게 보고 계십니까?

**황유복** 저는 뭐 학문 쪽에 뭐 하는 사람이기 때문에 참 부끄럽습니
다만, 통일에 제가 별로 기여를 못했다고 그렇게 생각을 합니
다.

**우병국** 아. 제가 보기에는 교육하는 면에 있어서 상당한 공로가 있
으신데요.

**황유복** 아니, 더욱 많이 할 수 있는데 많이 못한 거죠. 사실 저는
뭐 아직 한 번도 북을 가지 않았어요. 북을 가지 않았는데, 물
론 뭐 원인은 있지만, 이제 말했어요. 저는 명분을 상당히 중
시하는 사람인데 당 중앙에서 정식, 공식적으로 두 번은 당
중앙이고 한 번은 이 사로청 중앙이었어요.

**우병국** 아하, 사로청.

**황유복** 뭐 둘 다 당 중앙이라고 말해도 봐도 되는데.

**우병국** 그렇죠.

**황유복** 그렇기 때문에 제가 대의명분을 따져서 가지 않았는데, 물
론 저도 가보고 싶죠. 대우도 잘 해줄 거고 그건 물론인데, 그
렇지만 가지 않은 게 바로 그런 쪽에. 대학이 초청하면 갈 겁
니다.

**우병국** 예. 다음에 아마 초청이 오겠죠. 하하.

**황유복** 뭐 그분이 돌아가서 대학초청을 하겠다고 하는데 그 후에
소식 없어요. 어떻게 되는지.

**우병국** 예. 지금까지 또 그렇게 활동 전개해 오시는 과정에서 남북 간이라든지 주변에서 여러 가지 사건들이 많이 일어났습니다. 그 중에서 교수님께서 특별히 영향을 받으셨거나 기억에 남는 그런 사건들은 어떤 것이 있으신지요.

**황유복** 물론 남북 사이에는 두 번의 정상회담이라든지, 뭐 이런 것들이 남북화해에 상당히 큰 역할을 하기 때문에 그런 것들은 이제 기억이 되는 거고. 그동안에 이제 어떤 불미스러운 일들도 많이 봤잖아요. 저 김대중 대통령이 갔다 온 후에도 또 서해 교전도 있었고, 그런 것들도 뭐 기억이 되는 거고. 이북에 참 김일성 주석 타계 후에도 어떤 경제적인 노력이라든가 이북동포들이 겪었던 어려움들, 저희들이 여기에 있기 때문에 자주 만난다든가, 제게 탈북자들도 찾아오는 경우가 있어요.

**우병국** 불미스러운 일들도 많이 있었다고 말씀을 하셨는데, 그 중에 가장 최근에, 작년이죠? 북한이 핵실험을 하고 핵무기를 개발...

**황유복** 예. 핵무기. 그건 더 말할 것도 없고요.

**우병국** 네, 이러한 일련의 움직임이 남북통일에 어떤 영향을 준다고 보십니까?

**황유복** 저는 그 핵개발은 상당히 전략적이라고 봅니다. 우리가 적대국이 되었다기보다도 북한은 그거는 코너에 몰렸기 때문에 그러한 어떤 전략을 택할 수밖에 없어요.

**우병국** 생존을 위한?

**황유복** 예. 생존을 위한 카드로. 그러기 때문에 미국이 지금. 하하. 이전에는 북한이 미국하고 얘기를 해도 만나주지도 않는다고요.

**우병국** 그렇죠.

**황유복** 그러니까 그런 면에서 상당히 어떤 조금 어떻게 말하면 지탄받을 일 같지만, 그러나 자기들의 생존을 위한 어떤 그런

게 아니었나, 그렇게 생각합니다. 그리고 지금은 핵포기를 수
락을 한 거 아닙니까? 이제 앞으로 사실상 어떻게 되는지 걱
정이지만 그것도 이제 그 사람들이 재겠죠. 그 사람들이 '니
들이 해주냐 안 해주냐에 따라서 그걸 카드를 써먹을 거라
고.' 그럴 거 아닙니까.

**우병국** 예. 그래서 조금 전에도 뭐 잠깐 얘기를 드렸습니다만, 중국
의 한반도 정책이 우리 통일에 어떤 영향을 미치고 있다고 보
고 계십니까?

**황유복** 저는 이제 우리가 일본이나 미국이나 러시아를 보더라도 주
변 4강 가운데 중국은 상당히 순기능을 하고 있지 않느냐 그
렇게 생각을 합니다. 왜 그런가 하면 김대중 대통령이 평양방
문 때도 가장 빨리 신속하게 환영한다는 그런 걸 얘기했고.
사실상 한반도가 긴장해지면 중국은 상당히 어려워집니다.
그 어떻게 말하면 북한과의 중국 관계가 그렇게 긴장해도 관
계가 그대로 유지될 수 있는 원인 가운데 하나가 바로 이제
미국의 견제, 어떻게 우리가 큰 틀에서 보면 지금 미국이 중
국을 전략적인 적으로 보고 있기 때문에 미국의 전략은 중국
을 포위하는 거 아니에요? 사실 이번 대테러 전쟁의 결과를
봐도 중국의 서부지역, 미군들이 다 주둔하게 되었잖아요. 중
국은 전통적으로 유럽을 공격한 적이 아직까지 없고, 그다음
에 이제 구소련에서 분리해 나온 중앙아시아 국가들 미군들
이 주둔하게 되었고 아프가니스탄도 말할 것도 없고 이랬을
때, 그리고 지금 인도에도 계속 미국이 러브콜을 하는 원인도
바로 중국을 무시하기 때문에 동남아시아는 말할 것도 없고
그다음에 이제 일본에 미군기지, 가장 중요한 기지가 일본에
있는 거고 그리고 이제 한국에도 미군이 주둔하고 있는데 바
로 이제 그걸 막아주는 게 북한입니다. 그렇기 때문에 중국
이, 만약에 북한이 없고 한국이 6·25전쟁 때 한국이 통일을

해 버렸다 그러면 압록강, 두만강 변에 중국이 상당히 그 어떤 미군을 막기 위한 군사적인 조치를 내려야 하는데, 그 돈은 확대하게 될 거예요. 그 돈을 북한이 줄여준 거죠. 그러기 때문에 중국이 왜 북한에 과거에 무상지원을 많이 했느냐? 그렇게 지원해도 그거보다 큰 이득이 남는 겁니다.

**우병국** 예. 그렇기 때문에 혹자는 중국이 결코 겉으로는 그렇게 얘기하지만은 내심으로는 한반도의 통일을 원하지 않고 있다고 그렇게 얘기를 하는.

**황유복** 그런데 한국이 그 2000, 그러니까 21세기에 들어오면서 중국과의 어떤 관계가 상당히 가까워지지 않았습니까? 어떻게 보면 북한보다도 더 가까워지는 그런 단계 아닙니까? 그러기 때문에 중국이 예를 들어서 한반도가 통일이 될 때 미군이 존재의 이유가 없어진다는 그런 쪽으로 중국에도 많이 변화를 할 겁니다. 그랬을 때 구태여 반대할 이유가 없죠. 통일되고. 제가 또 그런 논문을 하나 발표한 게...

**우병국** 아. 하하. 예.

**황유복** 바로 그런 쪽에 중국이 변하지 않는가, 그렇게 생각을 합니다. 통일은 됐는데 미군은 철수했다, 일본으로 건너갔다, 하면 중국은 환영할 일이죠. 그렇게 됐을 때.

**우병국** 아까도 한 번 질문을 드렸는데 중국 동포 사회에서 통일과 관련해서 어떤 많은 기여를 하는 분들이 계실 거라고 생각하는데 뭐 간단하게 생각나시는 분 몇 분 좀.

**황유복** 그런 쪽은 말하기가 상당히 힘듭니다.

**우병국** 곤란하시다?

**황유복** 예. 처음부터 마지막까지 누가 이런 걸 위해서 계속 노력했다는 그런 사람은 있는 것 같지 않고, 간간이 이제 뭐 그런 명분으로 평양 자주 다니는 사람 가운데 상당히 많이 감옥에 들어가 있는데. 결과적으로 봤을 때 그건 통일 운동이 아니고

미국의 어떤 뭐 간첩행위를 했다든가 이런 쪽으로 걸려 들어
간... 그 절대적인 상황은 저도 모르죠. 그건 이제 중국에서
그렇다고 믿을 수밖에 없는 것이, 그런 거 때문에 간단하게
말하기가 힘듭니다. 그래서 저는 학자이기 때문에, 역시 어느
개인보다도 〈연변대학〉 같은 경우, 상당히 학자들과의 만남
을 많이 주선했다고. 원래 〈북경대학〉의 최응구 교수라고, 그
분이 많이 활동을 했죠. 그런데 그분도 이제 황장엽사건 후부
터는 그런 영향으로 완전히 이제 상실해 버렸죠. 황장엽과 가
깝기 때문에 그런 작용을 했는데, 그게 이제 그 후에부터 안
되는데. 그리고 이제 그분의 경우가 업적이라고 하면 〈고려
학회〉를 만들었다고. 그렇게 됐는데, 뭐 어떻게 말할까요. 저
는 항상 이제 긍정적으로 보는 사람입니다. 그분 개인의 여러
가지 문제점이 있지만, 그런데 이제 시작 자체가 일본에서,
그분이 일본에 갔다가, 거의 동시에 저는 미국에 갔고 그분은
일본에 갔어요. 그때 보니까 〈조총련〉 쪽에서도 많이 받아 와
가지고 활동을 전개한 거지. 그렇기 때문에 저는 그런 건 싫
어합니다. 학자들이 정치단체나 정부쪽의 돈을 받아 가지고
활동을 한다는 거. 저는 그 일에 시종일관 참가를 안 합니다.
그렇다고 할 때에는 왜 그런가 하면, 제가 그러니까 일본에
있는 〈조총련〉이 싫어가지고 하는 얘기가 아니에요. 저는
〈조총련〉하고 관계가 발생할 이유도 없고, 연관도 발생할 이
유가 없어요. 왜 그런가 하면, 그거는 일본에서의 남과 북을
대변하는 그런 어떤 정치적인 단체 아닙니까? 학자가 거기에
이게 좋다, 저기다 할 이유가 하나도 없어요. 이제 그 사람들
은 자기 나름대로 어떤 존재의 가치가 있겠지요. 이유가 있
고. 그렇지만 우리가 거기의 돈을 가져다 쓴다? 그런 거, 저는
그런 데서 돈 줄 때 절대 안 받았습니다. 그런 면에서는 제가
이제 보는 견해가 있기 때문에 그렇지만, 그러나 우리가 객관

적으로 봤을 때 이런 일을 했다는 거 자체가, 이제 말하면 통일이라는 주제를 갖고 생각하면, 나쁜 일을 많이 했잖아요? 물론 이제 학회가 지금 완전히 그 시대를 비판하고, 새로운 학회의 지도자가 생겨가지고 새롭게 지금 학회가 전개되고 있는 거 같은데, 그래서 저희들에게도 투표해 달라고 계속 내려오고 그럽니다, 그쪽에서. 그런데 제가 원래부터 참가를 안 하는 건 바로 그거죠. 정치는, 정치적인 것은, 학자들은 정치를 배제해야 어디가든 할 말을 할 수 있는 거야.

**우병국**　예.

**황유복**　다만 내가 앞에서 말한 것이 미국이나 한국에 가서 북한을 욕하지 않는 거는, 그 당시 사회에서도 이것이 이제 통일이나 화해에 어떤 위반 작용을 할 수 있기 때문에 제가 안 하는 거지, 북한이 좋아서 내가 안 한다, 그런 말이 아니죠. 왜 그런가 하면 북한이 상당히 부조리한 것들이 많이 있고, 뭐 인권도 그렇지만.

**우병국**　실제로는 남한에도 많죠. 하하.

**황유복**　물론 그건 다 그렇습니다. 제가 그 올림픽 그거를 봤을 때도 제가 상당히 피부로 느끼는 것이, 그때까지도 상당히 그랬죠. 제가 미국을 갈 때, 그때 그 비행기가 미국 비행기였는데, 서울을 거쳐서 갔어요. 그러니까 중국에서 타는 사람들이 많지 않기 때문에 서울에 도착해서, 그 김포공항에서, 서울에서 많이 탑승해서 가는데, 그게 이제 한 시간인가 쉬었다 가야 되지 않습니까? 그때 이제 내리는데, 내려서 한 시간 쉬었다가 다시 타는데. 제가 길에서 보려고 이제 책을 한 권 들고 가고 있었어요. 뭐 이 친구들이 책을 자기들이 뺏어 놓고 있겠대. 내가 이제 '한국에 입국하는 것도 아닌데 니들 무슨 자격으로 이걸 뺏어 가느냐.' 내가 여행하는 동안에 책을 보려고 갖고 있고, 그것도 정치 책도 아니고 그건 학문에 관한 책인데, '내가 너희 나라 입국하면, 너희 나라 법에서 이런 걸 못 가져가면, 난 그거는 할 말이 없다. 입국하는 게 아니고, 이 비행기가, 나는 미국비행기를 탔는데, 여기서 쉬라 하니까 비행기에서 쫓아내는데, 내가 비행기에 남아 있을 수 없고, 그런 거 아니냐.' 신경질 내서 그쪽 사람들이 그대로 놔뒀어요. 그런데 그때까지도 느낀 것이 상당히... 중국에도 그런 게 사실 안 통하잖아요. 물론 이제 그런 점도 없는 게 아니죠. 지금은 상당히 많이 나아졌죠.

**우병국** 그때 당시 어떻게 한국의 어떤 사회상황이라는 것이 좀 그랬었습니다.

**황유복** 처음 갔을 때 나는 대접을 잘 받았기 때문에 좋게 생각하지만, 지나면서 보면 여러 가지 그런 부분이 있었다고요. 그때는 한국 신문을 계속 보기 시작했기 때문에 한국의 모든 사건들 보면서 그렇게.

**우병국** 예. 그러면 앞으로 동포 사회가 이제 중국도 점점 개방이 심화되어 가고 하는데 관련 단체 결성 문제에 있어서 좀 더 그러니까 포용력이 있어질 거라고 보는데 앞으로 관련 활동이 이렇게 활발해질 그런 전망에 대해서는 어떻게 보시는지요?

**황유복** 저는 그렇게 생각합니다. 남북통일을 위해서 중국의 우리 조선족들이 할 일이라면, 미국이나 일본이나 특히 한국 같은 이미지('이미지'로 추정, 녹취불분명) 단체 형태로 해서, 어떤 이제 그 남들에게 보여주기 위한 행사를 한다든가, 그런 일은 여기에서 불가능한 일이고 하기 때문에 하지 않는데, 물론 가능하다면 또 하는 사람도 있을 거예요. 그런데 지금까지 중국 동포들은 남이 알든 모르든 관계없이 실질적인 일을 많이 해 왔다 그렇게 이해하시면 됩니다. 그거는 누구를 보여주기 위해서 하는 일도 아니고, 내 동포기 때문에 도와주게 생겨서 하는 거예요. 탈북자들이 나왔을 때, 밤에 조선족 집에 왔을 때, 중국 시민권자 입장에서 그거는 신고를 해야 합니다. 그건 의무예요. 그렇지만 그걸 신고하지 않는 원인이 뭐냐? 바로 그겁니다, 대부분 그렇게 되어 있거든요. 신고하면 바로 잡혀가니까 먹을 거, 입을 거 제공해주고, 뭐 이렇게 이제 하는 경우. 이게 다 그런 거 아닙니까? 그러니까 이런 것들을 물론 이제 후에 한국 목사들이 연변에 와 가지고 막... 조선족 시켜 가지고 그런 사람들 불러가지고 아파트 거주하는. 그거는 물론 이제 그 사람들 입장에서는 탈북자를 돕는다는 명분은 있지만, 이 조선족들은 그렇게 못하죠. 그렇지만 모르게 그렇게 하는 사람들 많이 있다 그거지. 그런 쪽으로 모든 일들은 그렇게 되어 있고, 학문, 학자들의 교류도 공식적으로 초청을 하고, 해도 와서 공식적으로 응대를 하고 하는 겁니다. 공식적으로 접촉하면서 서로 대화도 많이 나누고 그런 식으로 많이 합니다.

**우병국** 어쨌든 현지의 실정법을 지켜야 되는 입장이니까.

**황유복** 예예. 그렇죠.

**우병국** 많은 말씀을 해주셨는데, 앞으로 우리 남북관계가 지속적으로 관계가 좋아지려면 어떤 방향으로 발전해 나가는 것이 바람직하다고 보십니까?

**황유복** 저는 이제 남북교류에서 경제교류를 더 추진시켜가는 쪽으로 해서, 경제적인 어떤 교류를 통해서 북한의 생산력이 제고되면서 북한 시민들의 생활 여건이 개선되고, 뭐 그런 상황에서 사회가 점진적으로 내부에서 조절되어야 된다고 봅니다. 한국에서 마치 구세주같이 가서 행세를 하면 그건 절대로 안 돼요. 그런데 자체로 우리가 도와주는 거는 마치 나무 가지가 붙듯이, 다만 우리가 여기에 투자해서 우리가 돈 번다. 이런 식으로 해도 좋다 이거야. 그렇게 해서 사실상에 이북의 경제

발전에 도움이 되는 일, 이런 것들을 많이 해야죠. 그리고 해외에도 그렇고 한국에도 그렇고, 그렇게 함으로써 이북의 생활 여건이 개선되면 그분들이 어떤 자신감이 생겼을 때 이제 마음이 돼서 문을 연다든가 대화도 거의 이제.

**우병국**  자유롭게 한다?

**황유복**  지금은 이제 한국에서 오라 하면 가고 그러는 거 아니에요. 그쪽에서는 오라해도 못 나오는 거 아니에요?

**우병국**  하하. 그렇죠.

**황유복**  그게 이런 내용만 되면 통일이 거의 다 된 거죠.

**우병국**  예. 제가 연길에 있을 때 어떤 교수님께서 말씀하셨는데 "한국 정부에서 직접적으로 하기 힘들면 중국에 있는 우리 동포 사회를 통해서 하는 것도 참 바람직할 것이다."라고 말씀하셨는데.

**황유복**  그 중국 동포들이 할 수 있는 일이 있고 할 수 없는 일이 많아요. 그거는 꼭 그렇게 될 겁니다. 왜 그런가 하면, 지금은 우리가 경제교류를 못해요. 우리가 경제교류를 구태여 중국을 거쳐서 하지 않아도 직접 할 수 있게 되어 있기 때문에. 뭐 개성공단의 경우 그렇잖아요. 그리고 그것이 서로 또 가장 바람직하다고 봅니다. 물론 중국 동포를 통해서 할 수도 있고 하지만.

**우병국**  예. 끝으로 이거는 뭐 하하. 구름 잡는 얘기인데 아까도 말씀하셨습니다만 언제쯤 우리 통일이 이루어질 걸로 보십니까?

**황유복**  적어도 위정자들이 다음 세대가 되어야.

**우병국**  다음 세대가 되어야 한다?

**황유복**  예.

**우병국**  근데 전쟁 세대는 지금 실제로 남한에서도 전쟁 세대는 점점 뒤로 물러나는...

**황유복** 북도 마찬가지이죠. 지금 김정일이 6·25전쟁 때 그때 김정
일이가 어디에 있었냐 하면 그때 길림 무리 내가 살던 〈길림
조선중학교〉 다녔어요. 그때 아직 소년이었잖아요. 실제로
참가한 사람은 아닙니다. 그렇기 때문에 전쟁은, 김정일 위원
장에게는 6·25전쟁 책임은 없어요. 사실은 그렇습니다. 옛날
엔 김일성 주석을 놓고 뭐 한국에서 이제 전쟁 책임을 물어야
된다 하는 그런 말이 있는데, 그거는 지금은 그거 하고는 관
계가 없죠. 그렇지만 이제 앞에서 얘기 했잖아요. 부자의 세
습이라든가, 이런 문제 때문에 아직은 상당히 어떤 부담을 가
지고 있다...

**우병국** 예. 자, 말씀 잘 들었습니다. 긴 시간 동안 이렇게 말씀해
주셔서 대단히 감사하고요. 다음에 또 제가 기회가 있으면 더
좋은 말씀, 더 좋은 주제로 찾아뵙고 말씀을 들었으면 좋겠습
니다. 감사합니다.

**황유복** 예. 감사합니다.

# 저자소개

## ■ 지은이

● 우 병 국
· 연세대학교 동서문제연구원 전문연구원
· 대만 국립대만대학교 법학박사
· 주요저서 / 논문:
　「북한체제 형성과 발전과정 문헌자료: 중국 · 미국 · 일본」(공저)
　「중국의 한국전쟁 연구현황에 관한 분석」
　「동아시아에서의 미 · 중간 세력전이가 양안관계에 미치는 영향」

● 곽 진 오
· 동북아역사재단 독도연구소 3팀장
· 영국 University of Hull 정치학 박사
· 주요저서 / 논문:
　「일본의 전후처리, 일 · 독 비교」
　「일본의 독도영유권 주장의 한계에 관한 연구」
　「한일간의 독도 · 죽도 논쟁의 실체」(번역)

● 김 면
· 연세대학교 HK연구교수
· 독일 베를린(T.U.Berlin)대학교 문학 박사
· 주요저서 / 논문:
　「독일 한인 통일운동의 형성과 전개과정」
　「독일지역 북한기밀문서집」

● 김 하 영
· 동국대학교 대외교류연구원 연구교수
· 미국 하와이대학교 정치학 박사
· 주요저서 / 논문:
  「미국 사회의 인종갈등과 거버넌스」
  「북한 체제의 초기 집단정체성 형성에 관한 연구」
  「항일무장 투쟁과 김일성의 초기 정치리더십 형성」

● 남 근 우
· 한양대학교 국가전략연구소 전문위원
· 한양대학교 정치학 박사
· 주요저서 / 논문:
  「북한의 복종과 저항의 정치-생산현장에 나타난 공식/비공식 사회관계
  (1950-70년대)」
  「북한의 생산현장에서 표출된 갈등에 관한 연구: 공업화시기를 중심으로」

■ 연구책임

● 조 한 범
· 통일연구원 선임연구위원
· 러시아 상뜨—뻬쩨르부르그대학교 사회학 박사
· 주요저서 / 논문:
  「북한'변화'의 재평가와 대북정책 방향」(공저)
  「북한 사회개발 협력방안 연구」